世界民族主義觀察與研究

疫苗民族主義的興起

羅志平———

著

▋自序

　　1985年我考進輔仁大學歷史研究所，攻讀西洋史，並從柯立德神父（Rev. Claude William Pollak, O.S.B., 1930-2004）學習「民族主義」（國家主義），從此之後，對這個意識形態便極為著迷。博士班時一度放棄，但從事教職後又再度燃起興趣，繼續閱讀相關書籍，未料竟以此題材撰寫成書，作為教授升等之用。因編印太匆促，錯誤甚多，只少量印行，提供審查委員參考。雖然花了很多時間撰寫，篇幅也大，最後並沒有以之作為主論文，而是以參考著作呈現。雖是參考著作，審查委員仍然花時間閱覽，指正諸多錯誤，給予寶貴意見。遺憾的是，通過升等之後，再無機會改正，2005年後便被擱置。近年來，新民族主義興起，尤其是「疫苗民族主義」一詞的流行，經媒體不斷報導，民族主義與國家主義再度成為人們關心的話題，順應此一時勢，我有了修訂再版舊作的動念。

　　雖然運用了舊作的資料，但已刪略一半以上不合時宜的章節，另加入對當前時勢的觀察所作的研究。整體而言，不論是文章結構或論述觀點，都作了大幅修正，且書名採用出版商的建議，更加貼近時代的脈動。民族主義研究已過了顛峰期，甚多大師級人物已紛紛作古，但其著作終究難以超越，後繼者有新著作，卻少有新理論。本書所介紹的學者與學術著作，仍是了解西

方民族主義研究重要的指引。民族主義究竟有多少種，可以簡單地說，只有一種──「政治民族主義」；也可以多到有多少民族，便有多少種。重要的不是何謂民族主義，而是人們想透過民族主義來實踐何種目的。它是一種情感工具，因人的情感轉換而變化。有情感依附的人，不論是依附於族群或依戀於土地，就會有民族主義需要，無需情感依附的人，不會產生民族主義。

這些年我在義守大學原住民族學院任教，實際接觸到一個「民族」，或者說「一些」民族，對族群意識與族群認同，有了新的體悟。當今世界各地都有原住民運動，一種族裔認同的民族主義正在發酵和傳播，這是全球化無法阻斷的浪潮。教育可以有很多目的，但對於原住民同學，教育還有一項使命，協助他們找回對土地與族群的愛。「台灣民族主義」曾經引發論戰，但「台灣原住民民族主義」卻仍是個不可思議的概念，在諸多原住民議題中，還沒能形成一個詞。近日，加拿大以具有原住民身份的西蒙（Mary Simon）擔任總督，讓世人感受到，民族主義也可以很優雅，很平和，解決族群衝突，不一定要暴力與流血。原住民的「運動」或「抗議」，要的無非「認同」與「尊重」，而這便是民族主義的精神內涵。回顧三十年的教學生涯，我以一個金門人的身份認同，在原住民的團體中思考族群意識，研究民族與民族主義，有此因緣，得以成就此書。僅將此書獻給我生長的土地、我工作的學校，以及我接觸的這一群人。

羅志平寫於高雄義守大學

目次 contents

自序   003

第一章   導論——民族主義研究概況   009

第二章   民族主義的定義   018
                 壹、前言   018
                 貳、定義的困難度與必要性   020
                 參、民族的界定   025
                 肆、民族主義的界定   032
                 伍、中文譯名的商榷   041
                 陸、結語   046

第三章   民族主義的新與舊
                 ——疫苗民族主義的前世今生   048
                 壹、前言   048
                 貳、類型學的困境   051
                 參、「疫苗民族主義」的產生與變質   055
                 肆、不被祝福的民族主義   060
                 伍、結語   064

第四章	民族主義研究理論	069
	壹、前言	069
	貳、原生論	072
	參、持久論	083
	肆、現代論	094
	伍、後現代論	163
	陸、族裔象徵論	171
	柒、結語	180

第五章	民族主義的種類	183
	壹、前言	183
	貳、歷史學家的分類	184
	參、社會學者的分類	206
	肆、政治學者與其他分類	247
	伍、結語	268

第六章	民族主義者的類型	272
	壹、前言	272
	貳、文化民族主義	273

參、政治民族主義   305

肆、經濟民族主義   321

伍、歷史學派   339

陸、結語   342

第七章   結論   345

參考書目   352

第一章
導論——民族主義研究概況

　　麥克阿瑟將軍（Douglas MacArthur, 1880-1964）曾說：「老兵不死，只是凋零。」民族主義亦如是，一直就潛伏在人們的心中，當時局需要，有人召喚，就會像神經抽搐一樣再度震動起來。比利格（Michael Billig）在《平凡的民族主義》一書中說，民族主義像一面旗子，不用的時候捲起來，想用時拿出來搖兩下。民族主義曾經是一門顯學，除了「卷帙浩繁、觀點歧異」外，新的資料還在不斷增加中。只是，經過一個世代的爭議，在社會科學的領域中，民族主義議題已有點疲乏，成為一門過時的（passé）學術，很難再引領風騷、鼓動風潮，但不表示已經「終結」。

　　一位很有名的英國出版商葛蘭克（Victor Gollancz）曾說：「在所有的邪惡中我最厭惡民族主義。」當代人對民族主義的情感是極端的兩極化，民族主義者和國家領導人希望藉由操縱民族主義（對內或對外）來取得政權或鞏固權位，而企求世界和平的人道主義者和知識分子卻經常大聲譴責民族主義。不論哪一種立場，都無助於我們理解歷史的真相。史家不是法官，不對個別的歷史現象做出判決，我們追求的是真相，也正因為如此，當民族主義寂靜無聲之時，正是史家辛勤耕耘之時。

這些年來台灣的政治氛圍使我們無法自外於民族主義的紛爭，仔細分析這些民族主義言論，不免為我們對西方民族主義理論的無知感到心慌，西方民族主義的研究已超過一個世紀，累積的文獻就算用「汗牛充棟」來形容也不為過。而我們除了翻譯幾本名家著作外，所有的研究似乎都還在起步階段，甚至無法純粹以研究西方民族主義理論為目的，一些前輩學者終究還是被「統獨論戰」的漩渦淹沒。霍布斯邦（Eric Hobsbawm）曾說：「一旦『民族』的概念離開了『民族國家』這個實體，就會像軟體動物，被從其硬殼中扯出來一樣，無法定出形狀。」我們的宿命卻是一旦不談政治，民族主義研究只是象牙塔中的「神主牌」，逢年過節拿出來擦拭一下，有些甚至不能觸碰。更令人扼腕的是「斷章取義」地各取所需，完全漠視學者研究的真諦。誠然，民族主義是很複雜的現象，但也不是完全沒有規則可循，可以任人隨意潑灑各種顏料。任何一種理論、一句話都有它的時空背景，不一定都適用於所有的世代，或被移植於別的民族，當我們在引用這些言詞時，必須審慎，否則只會讓民族主義的爭議更加沒完沒了。

　　為了不讓研究失焦，本書將研究重點放在「人」的議題上，包括被研究的人和研究的人。民族主義，不論如何定義，最後還是要回到「人」的身上，此處的「人」可以是民族主義者、學者、政治菁英或一般大眾，他們是民族主義的建構者，也是民族主義的承受者。因此，離開了「人」，民族主義只是一個空的名詞。安德生（Benedict Anderson）說民族是「想像的共同體」，是誰想像出來的？當然是某一群人。在不同的時空和場景，我們會用不同的名詞來稱呼「這群人」，包括族裔、種族、民族群體

或民族，但不論如何稱呼都不能否認它是一個有機的整體，不是個別人群的組合。這「一群人」有它的群體意志，它的發聲者就是倡議民族主義的人，通常被稱為菁英。如何了解「這一群人」的想法，有二個途徑：透過「民族主義者」去了解族群的集體意志，或是經由學者的研究間接地進入民族主義的體系。

按常理來說，不應將民族主義者與學者相提並論，前者訴諸於情感的煽動，後者需要理性的思考和解析，民族主義者是民族的產物，學術研究則要力求具有普世價值。在別的領域中，或許可以接受這種規範，但是在民族主義的領域，每一個人都是民族主義者，學者也不例外，這只是程度問題。而且，在本書的研究中，我們發現多數的學者之所以走上民族主義的研究之路，通常背後都有著與民族主義難以割捨的關係，學術研究往往只是他們表達民族主義情感的管道。這種現象尤其表現在近代的中國知識分子身上，像梁啟超和章太炎，他們兩人都是著名的學者，而且也是公認的民族主義者，章太炎一生都在追求所謂的新民族主義。「學者」的頭銜對他們來說沒有意義，能夠在民族的歷史中留下紀錄的不是他們的著作，而是他們身為民族主義者的身影。本書特別強調學者的民族主義色彩，旨在提醒讀者唯有了解學術研究與大環境的關係，才能善用學術研究的成果。

以人作為研究的主軸，是一種新的嘗試，方法上還不夠成熟。例如個案的選擇、學者的定位，與分類標準的建立都有太多個人的主觀意志。本書所選取的學者與人物，有一部分是「見仁見智」的問題，但大多數的例子都是這一領域中的一種共識。用「巨擘」與「經典」來形容或許太沉重，但是如果否決了他們的重要性就找不到人來指引我們研究民族主義了。民族主義的發展

至少有二百年，較具學術規模的研究至少也有一百年，因為涉及的範圍太廣闊，累積的文獻與資料也就難以細數。如此龐大的資訊確實令人望之卻步，理論與觀點之多常令人眼花撩亂，無所適從。事實上，這一門學術沒有想像中的複雜，只要把握幾個原則，文獻太多並不是負擔，理論太雜亂也不是問題，如果方向正確，焦點集中，有時候甚至會覺得典籍太少。

本書以「類型學」出發，參考了五種類型的資料：首先是「文獻」，即書信、講稿與文章，這類文件最能反映當事人的思想，這些「檔案」不須花太多時間去搜尋，類似的選輯與彙編相當多，這些書雖然只收錄了部分的資料，但是配合相關主題，仍有其價值，並且也是很好的指引。第二種資料是學者的重要著作，一些「大師」級的學者著作等身，但並不是都值得閱讀或必須讀，在二三十年的研究歲月中，他們的作品其實也是相當龐雜，未必都適合本書主題，但某些大家熟悉的「傑作」需要仔細分析，因為它們最常被引用，或被批判，它們是民族主義研究的基準。第三種來源是百科全書與工具書，因為本書提到很多不同的國家、民族、人名、地名與術語，都需要註解，或進一步解釋，以幫助讀者了解。第四種資料是期刊論文和論文選輯，或「讀物」一類的資料。民族主義曾經是歐美各大學與研究所中的顯學，各種編輯給學生閱讀的文章或著作摘要不勝枚舉，就深度而言或許不是很充足，但涵蓋層面絕對足夠作為我們的參考。第五種資料來源是網際網路，某些網頁確實提供我很多研究資訊，我雖然閱讀過很多網路文章，但在本書中很少加以引用（除非有詳細的作者與固定可查詢的出版單位）。網路上的資料，多數可以追溯到原先的書面資料出處，加上網路技術的不可靠，還是盡

量節制使用。

　　本書除〈導論〉與〈結論〉外，共分五章，第二章先解釋一些名詞，如何定義決定最終的結論。定義看似簡單，其實它關係到整個研究的成敗，好的定義會被後人一再引述，譁眾取寵地標新立異則只有短暫的光芒。然而，每位學者都不希望陷入他人的巢臼，因循前人的思想，畢竟，有創意的研究才有學術價值。這是民族主義研究的兩難，如何拿捏就看學者的功力。在本書中需要界定的詞語太多了，如果說民族主義研究有一半的時間都在做定義的工作，這話絕對不誇張。本章先分析民族與民族主義這兩個互為表裡的術語，任何人，不論是民族主義研究專家或一般人，或多或少都已對這兩個術語心存定見，而且可能已根深柢固，難以再容納新的詮釋。定義所呈現的意義不是「對或錯」的問題，而是符不符合時間與空間的需求。沒有一體適用的定義，也不會有可行之四海的定義。因此，了解定義的背景就變得相當重要。「誰說的」，將是本書的一項核心價值，將研究回溯到人本身，可以澄清很多無知與誤會。

　　第三章為新作，從民族主義的二元論分類出發，探討當前爭議性很大的「疫苗民族主義」，這個名詞雖新，但內容並沒有超越傳統的民族主義類型。因此，作者用了一個副標題，名為「前世今生」，用以闡明，所有的民族主義都是舊的。把民族主義一分為二是最簡單的邏輯，但通常問題也最大。在人類發展史上，有一種習慣，喜歡將知識簡單地分為二種，思想史上稱它為「二元論」或「二分法」。這種「二分法」幾乎出現在各種學術研究中，不是民族主義研究所專有，但是用於民族主義研究它的特色更明顯。二元論的思考是一種習性，嚴格說起來，不符合科學的

精神。被歸類的兩種類型，同時並存於光譜儀上，中間實在不容易找出明確的分界線，有一個範圍很廣的「模糊空間」存在，這個「灰色地帶」往往才是最值得研究的議題。事實上，「二分法」並不是A與非A的邏輯學，它只是眾多類型中較突出的兩種，也就是說，它的結果最終還是得回到「多元論」的架構。任何人都可以輕易地非難「二分法」，但是沒有人能否認「二分法」的效用和影響力，從某個角度來看，所有的民族主義類型，都是建立在「二元論」的雛形上。本章雖然只談新與舊，事實上它包含了空間的思考、時間的思考、道德判斷的思考，以及就民族主義內容所做的本質思考。

第四章分析各種民族主義研究的理論。不論主張舊或新，民族主義勢必要有個起點，不同的觀點，於是就產生了不同的理論。基本上，本書接受法國大革命作為民族主義的起始，相信現代意義的民族國家與民族主義運動都是近代才有的現象，在此之前可能已經存在民族意識或民族情感，但是作為一種世界體系下的政治單位和完整的政治學說，無論如何，民族與民族主義都是現代的產物。大致而言，最近二百多年的民族主義研究，約可分成四個階段：首先是十八、十九世紀的萌芽期，此時期主要是民族主義者的想法和宣傳，對學者而言，「民族主義」一詞只是不經意掠過的詞語。學者真正投入民族主義研究始於第二階段，即從第一次世界大戰結束後，在民族自決的原則上，歐洲的民族地圖重新洗牌，此時期的研究學者主要為歷史學家。第三階段大致上始於第二次世界大戰爆發以後，一方面是民族主義的激化引發戰爭，另一方面則是亞非國家反殖民運動的出現。民族主義研究的重心與對象由歐洲轉向了其他地方，此時期的研究

學者以社會學家居多，目的在建立一種「典範」，用以解釋各種民族主義運動。

1980年代末蘇聯解體產生了一些新的國家，民族主義研究進入另一個階段。這些國家雖是新的，民族卻是舊的。學者研究的重點通常是「族裔」與「認同」問題，參與的學者變得相當複雜，文學、語言、女性主義、心理學等都各自從不同的觀點來解釋民族主義。相較於前一階段的建立「結構」，這個階段所做的事可稱之為「解構」。這四個階段不單純只是歷史的分期，它也是某種形式的分類，也就是說每一個階段代表了一種民族主義的類型。

民族主義研究的第一前提是關於起源問題，認為民族主義是現代現象，並以此立場進行研究的學者，我們稱他為「現代論者」。認為民族自古即有，一直延續到現在，宣傳此種主張的學者稱為「原生論者」，介於二者之間的類型稱為「族裔象徵論者」。另外，又從「原生論者」分出「持久論者」，由「現代論者」產生「後現代論者」。1980年代以後，整個民族主義的研究市場幾乎都是「現代論者」的天下，這些學者分別就經濟、社會與政治的層面來解釋民族主義的起源和發展，成果相當豐碩，今日所看到的大部分文獻和知名的學者，不論他們是否願意被冠上「現代論者」的稱號，都明顯傾向於從現代化的觀點來解釋民族國家與民族主義。這一章主要用以介紹學者及其作品，透過學者與時代的關係，還原各種理論學說的時空環境。

第五章比較各個學術領域的學者所建構的民族主義類型。研究民族主義的學者相當多，從學術分業來看，至少有八個學門，包括歷史學、社會學、政治學、人類學、文學、國際關係、心理

學與國際法，甚至女權主義運動也開始關注民族主義的議題。就數量來看，能夠占有市場的大概只有前面的三種，即歷史學家、社會學家和政治學者。某些學者確實不容易加以定位，但是從他的主要學術訓練、教學與著作，大致上還是可以判別他的傾向。整體上來看，歷史學者傾向於從民族主義的發展進程來加以分期或分段，每一個進程就是一種類型。歷史學者分類下的民族主義類型通常都含有時間因素，而且大部分都是已完成的類型，他們所舉的例子因為有充分的證據，因此爭議性不大。社會學者傾向於從「族群」的角度來分類民族，從「運動」的進行來分類民族主義，以「建國」的完成來評判民族主義的成功或失敗。如果說歷史學者的分類是縱向的，那社會學者的分類便是橫向的。從社會學者使用於類型學中的詞語，很容易了解他們有意經由比較來呈現不同民族主義類型的含義。政治學者則傾向於從國際法或國際關係的影響來分類民族主義，尤其喜好比較民族主義與其他意識形態的異同。在政治學者看來，民族主義經常是菁英操弄的結果，它跟政治上的作為有密切的關係。多元論的類型不論如何「多」，總在個位數以下，雖然沒有任何一種類型足以包容所有的個別民族主義，但也沒有任何學者覺得有必要建立一種超級類型學。

第六章探討近代歐美國家民族主義學說的四種類型。本書將倡議和鼓吹民族主義的人（其身分主要還是學者）界定為民族主義者，他們也會著書立說，並且身體力行去實踐他們的理想。針對自己民族當時的需求而提出不同的救亡圖存主張，有些強調文化復興、有些強調經濟作為、有些強調政治行動、有些強調藉由「泛」運動來擴大民族的團結或維護區域的利益。這是民族主義

研究最常使用的分類方式，也是一般人對民族主義類型的理解。事實上，這只是學者強調的不同，任何類型的民族主義訴求都包含了上述的要素，這也就是為什麼某些民族主義者會重複出現於不同類型的民族主義論述中的原因。本章除了分析各種民族主義的定義外，並且列舉幾位具有代表性的民族主義者，闡釋其學說內容。

最後一章為結論，總結民族主義類型學的價值、意義與缺失，並且從「當下」的處境來定義民族主義。這些年來，我們目睹世界各地與兩岸三地的政治氛圍，民族主義依然是一股難以遏制的社會運動力量。族裔衝突、國家認同與區域和平一直在考驗政治領導人的智慧。民族主義會是「福祉」或「災禍」，也許仍是「見仁見智」的問題，但是努力提供可以將「災禍」轉化成「福祉」的知識，呈現民族主義真實的面貌，讓學術研究成為有用的工具，卻是史學家責無旁貸的工作，也是這本書的小小願望。

第二章
民族主義的定義

壹、前言

　　我們稱呼字辭典為工具書，因為透過工具書對詞語的解釋讓我們得以進入語言所建構的思想世界，去理解並感受作者心中的思想。但是，如果定義不夠精確，經由詞語所傳達的錯誤訊息必定會將讀者導入歧途，產生無法彌補的誤會。在西方思想史上，從未見過有任何一種學術像「民族主義」這般紛亂，不但每人心中都有一把尺，更糟的是還不止一把。「民族主義」的發展歷史至少二百年以上，有計劃的研究也超過半個世紀，投入的人力與物力，對單一種學術而言是前所未有的。然而，雖然研究的文獻與成果相當豐碩，可是「定義」的問題似乎愈走愈遠。研究「民族主義」的時間愈長久愈明白「定義」之困難，因為一旦用一個框框把「民族」或「民族主義」框起來，自然就必須將一些現象隔絕在外，任何的框框都無法大到包容一切，如何取捨與選擇正是「民族主義」研究的重要課題。也因為有取捨與選擇，才有「類型學」的建構。本文所要探討的不是「民族主義是什麼」的問題，而是要問為什麼他們會這樣定義「民族主義」，換句話

說，是關於「詮釋」「民族主義」的問題，「詮釋」是個別的感受和認知，因人而異。學者可以說「這是我個人的看法」，但編寫辭典的人卻不能也說「這是我個人的看法」。

　　若以「民族主義」的定義來看，代表的正是學者個人或「民族主義者」的看法，但因為這兩種人都有群眾基礎與支持者，所以它不再是一個人的思想，而是眾多人的思想。本章的目的就是要探討在不同陣營內，民族主義研究中的術語如何被建構起來，以及背後的意識形態和動機。首先討論時機的問題，即何時為詞語下定義最適當，然後分析有關「民族」與「民族主義」定義的分類，並探討當前兩岸學者對「民族主義」一詞的翻譯問題。「民族」的定義考量的重點是「起源」，相關的理論可以分成兩派，即「唯意志論」和「本質論」。前者認為民族的產生是來自集體的主觀認同，用淺顯的話說就是「我願意」——願意加入這個「共同體」，成為它的一分子。後者則正好相反，也就是說，不管願不願意，出生時命運就注定了，沒得選擇。「本質論」需要借助一些客觀的判別標準，尤其是語言與種族性格，一般字辭典都採用「本質論」的解釋，雖然簡單明白，但也把「民族」一字原來的包容性給窄化了。

　　在「民族主義」的定義上，本章以一些最常被學者所使用的定義為例，分別就「情感」、「學說」與「意識形態」加以析論。基本上，這種分類方式涉及筆者個人的主觀認知與研究心得，不一定能涵蓋所有的言論，但絕對不是武斷任意地分類。分類的建立通常無法以「對或錯」來論斷，而是要檢視它是否有助於我們的理解。中文譯名的問題也應該從這個層面來理解，不管是「音譯」或「意譯」，能夠為最多數的人所接受和採納的定義

就是好定義，有時候就算不是很正確，一旦「約定俗成」要加以更正是很困難的事，「積非成是」有時候是不得已的選擇。對學者來說，下定義並不困難，困難的是要讓人看得懂，不會產生太大的誤解。

貳、定義的困難度與必要性

　　有人嘲諷民族主義的研究，說每十位學者之中就會有十一種民族的定義。[1]也有人將民族主義的研究視為「術語叢林」（terminological jungles），[2]或「無政府狀態」（terminological chaos）。[3]這類反諷的話不勝枚舉，讓很多有志於民族主義研究的新手望之怯步。的確，民族與民族主義是當代最具爭議性的概念。各家學者、[4]政客與政治活動家競相以此充滿爭議性的字眼提出有利自己的解釋和定義，由於彼此間難以建立共識，導致探究此一複雜現象的努力顯得困難重重，問題的癥結往往就是因為民族主義與其他相關理念的糾纏不清。[5]另外還有一個原因，就是將「定義」與「解釋」的工作弄混了，以及不知何時提出定義才恰當。卡曼卡（Eugene Kamenka）說：「定義，如果對我們有

[1]　光武誠著，蕭志強譯，《從地圖看歷史》（台北：世潮出版社，2003年），頁197。
[2]　Benjamin Akzin, *State and Nation*（London: Hutchinson, 1964），pp. 7-10.
[3]　Walker Connor, *Ethno-Nationalism: The Quest for Understanding*（Princeton: Princeton University Pr., 1994），p. 89.
[4]　到目前為止，至少有九個學門的學者投入這個領域的研究。這些學門如下：政治地理學（political geography）、國際關係（international relations）、政治學（political science）、文化人類學（cultural anthropology）、社會心理學（social psychology）、政治哲學（規範理論）（political philosophy）、國際法（international law）、社會學（sociology）、歷史學（history）。
[5]　Monterrat Guibernau著，周杰譯，《無國家的民族：全球時代的政治社群》（台北：韋伯出版社，1999年），頁15。

幫助的話，應是在研究結束之後，而不是在研究一開始時就提出來。」[6]

卡曼卡的話與我們的認知有落差。我們發現大多數的民族主義文獻都在「導論」或「第一章」先討論詞語的界定，並以此定義作為該書論述的依據，僅有少部分著作在「結論」時加以申論。無論如何，不論是之前做或之後做，都說明了定義的重要性。誠如提利（V. Tilly）所說：「如果人們能夠先花點時間把名詞的定義搞懂，學術界大部分的爭辯都可以解決。」[7]民族和民族意識（或謂民族認同、民族主義）之間的關係不是單方面的衍生，而是一種相互的、緊密結合的關係。是否要將這些概念分開來討論，或是將民族視為民族主義的「衍生物」（derivative），[8]學者之間還是有爭議。

許多學者喜歡用「三位一體」（triadic nexus）來指稱這種複雜的關係，三種構成要素彼此牽動，互為表裡。若改變其中一個概念的意涵，某種程度上會改變其他二者的定義。舉例而言，如果民族的認定是以共同血緣為依據，則血緣關係便會成為認同的先決條件，在此氛圍下興起的民族主義運動必然會以血緣做訴求。至於是哪「三位」卻有不同的看法。吉本諾（Monterrat Guibernau）認為是「民族」、「國家」與「民族主義」，[9]布魯

---

[6] Eugene Kamenka（ed.）, *Nationalism: The Nature and Evolution of an Idea*（London: Edward Arnold, 1976）, p. 3.

[7] V. Tilly, "The Terms of the Debate: Untangling Language about Ethnicity and Ethnic Movements", *Ethnic and racial Studies,* 1997, 20（3）, p. 497.

[8] Miroslav Hroch, "Real and Constructed: the Nature of the Nation", in John A. Hall（ed.）, *The State of the Nation: Ernest Gellner and the Theory of Nationalism*（Cambridge: Cambridge University Pr., 1998）, p. 104. 羅奇不喜歡用「民族主義」（nationalism），因為他認為這個字已經被用得有點浮濫，寧願用「民族意識」（national consciousness）。

[9] Guibernau著，周志杰譯，《無國家的民族：全球時代的政治社群》，頁12。

巴克（Rogers Brubaker）用以指稱「少數民族群體」（national minority）、「歸化的國家」（nationalizing states），和「國外的祖國」（external national homeland）。[10]其他的尚有「民族」、「國家」與「民族國家」等。分與不分的關鍵在於描述的方法是否有用，以及對問題的解釋有沒有啟發性的作用或清楚的分析，特別是民族（或民族主義）與「現代化」進程之間的關係能否說得清楚。

史密斯（Anthony Smith）主張該分開討論。他認為「民族」、「民族主義」的解釋與定義，從經驗上來看，這項工作必然會重疊。但是若每次僅處理一個議題，就方法論而言，應可獲得更為明確的了解，至少在最初的時候。[11]紀登斯（Anthony Giddens）在《民族國家與暴力》中也主張應該加以分開。他說：「社會學和歷史學文獻中常使用（甚至特別使用）『民族國家』、『民族』以及『民族主義』這三個術語，其用法給人一種印象似乎這些術語是同義詞，但我要把它們區分開來。」[12]

所謂的分並不是說民族與民族主義是不同的概念，對某些人來說，它們是相同的範疇，對另外的人而言，則是不相干的兩回事。通常民族與民族主義關係密切的多是具有族裔傳統的民族國家，對一些依賴「公民民族主義」（civic nationalism）而建國的國家來說，有可能發展出「國家民族」（state nation），這種形式的民族與「傳統」民族的界定不同。「方法」是一種權宜之

---

[10] Rogers Brubaker, *Nationalism Reframed: Nationhood and the National Question in the New Europe*（Cambridge University Pr., 1996），pp. 4-7.

[11] Antony Smith, *Theories of Nationalism*（New York: Holmes & Meier Publishers, 1983），p. 148.

[12] Anthony Giddens著，胡宗澤、趙力濤譯，《民族國家與暴力》（*The Nation-State and Violence*，台北：左岸文化出版社，2002年），頁126。

計，為了方便了解問題，本身不是目的。

　　一般說來，大多數的學者都接受分開處理的原則，不過在處理程序上出現了「誰先誰後」的問題：「原生論者」（primordialist）和「現代論者」（modernist）各有堅持。[13]以代表「現代論」立場的左派史家霍布斯邦（E. J. Hobsbawm）為例，他主張在處理「民族問題」（the national question）時應先從「民族」的概念（亦即「民族主義」）著手，因為由「民族主義」孕育而生的「民族」，可如預期地加以辨認。他不僅認為民族是「特定時空下的產物」，而且斷言民族主義早於民族的建立。用他的話說：「簡單地說，為了分析的目的，民族主義先於民族。並不是民族創造了國家和民族主義。而是民族主義造就了民族和國家。」[14]

　　另一位「現代論」的大師葛爾納（Ernest Gellner）也認為：「民族主義的問題不是起源於還沒有國家時期，民族主義的問題也不是每一個國家都有。相反地，民族主義只有某一些國家才會有。」[15]「現代論者」的觀點是近年來學術界的主流思想，幾乎霸占了整個民族主義研究的市場。反對的聲音不但少，而且不容易引起注意。的確，「原生論」的主張很難禁得起科學驗證，不符一般大眾的認知。像阿姆斯壯（John A. Armstrong）和史密斯

---

[13] 有關「原生論」與「現代論」的定義和學者理論，參閱Umut Özkirimli, *Theories of Nationalism: A Critical Introduction*（New York: Palgrave, 2000），pp. 64-166; 有關「原生論」與「現代論」（建構論），以及「情境論」的方法如何用於個案研究，參閱David Brown, *Contemporary Nationalism: Civic, Ethno-cultural and Multicultural Politics*（London: Routledge, 2000），pp. 4-29。另參閱于蕙清，〈民族主義「原生論」與「建構論」之評析〉，《正修學報》2002年第15期，頁39-47。

[14] E. J. Hobsbawn, *Nations and Nationalism Since 1780: Programme, Myth, Reality*（Cambridge, 1990），pp. 9-10.

[15] Ernest Gellner, *Nations and Nationalism*（Cornell University Press, 1983），p. 5.

等少數幾位反對「現代論」的學者，同樣也不接受「原生論」的觀點，解決此一矛盾的辦法就是另闢戰場：「族裔象徵論」（Ethno-symbolism）。

　　阿姆斯壯在《民族主義之前的民族》一書的開頭就附上一份歷史年表，詳細記載「俄－土戰爭」（Russo-Turkey）（1877）之前一些與民族有關的活動，這種安排方式已經明確地表達了他的立場。雖然此書以民族和民族主義為標題，但是書中各章節的名稱無一涉及此一主題。[16]非「現代論者」的另一學者是葛爾納的學生史密斯。葛爾納指導過史密斯的博士論文，但「有其師必有其徒」在這兩人身上不成立。史密斯在《民族的族裔根源》中提出這個問題：「民族是現代的嗎？」[17]對安東尼來說當然不是。既然不是，自然就比現代的民族主義更早出現。究竟「民族」與「民族主義」何者優先，這個問題考倒很多人，連羅奇也無法回答，「至少在目前，就讓哲學家和觀念史家去傷腦筋吧」。[18]

　　定義有助於我們了解作者研究的方向和方法，但是，任何對定義的解讀都應考量做出該定義的脈絡，離開此一「文本」（text）之後，「定義」便失去意義。要將極其複雜的一種社會現象壓縮成一句話，可以想像這句話要承載多大的張力。定義不能成為只是一種口號或原則，若只從口號或原則去了解民族主義

---

[16] John A. Armstrong, *Nations before Nationalism.* The University of North Carolina Pr., 1982. 雖然在第一章和第九章中以「民族」為標題。事實上並沒有對一般所知的民族或民族主義加以界定。阿姆斯壯用「族群界限」（group boundary）和「族裔認同」（ethnic identity）或「族群認同」（group identity）作為論述的概念，嚴格說來，很難將它們視為與民族或民族主義同義。

[17] Anthony Smith, *The Ethnic Origins of Nations*（Blackwell Publishers, 1986）, pp. 6-18.

[18] Hroch, "Real and Constructed: the Nature of the Nation", p.104.

及其相關議題的研究，與「斷章取義」沒有太大差別。表面上看，民族與民族主義不管如何界定，似乎都相去不遠。最重要的是直接面對作品，才能經由此一管道解開被壓縮的定義。仔細回想卡曼卡的話，似乎頗有道理。讀完結論之後，不妨回過頭來再思索術語的定義，一定會有新的體會。

參、民族的界定

「何謂民族？」它的答案可以編成好幾本書。這些答案儘管修辭不同，大致上可以分為兩派：即「本質論」的觀點和「唯意志論」的觀點。但是這些爭論基本上都是現在學者的詮釋，與「民族」這個字詞原先的意思完全不同。對於這個字詞的意義如何演變到今天這種局面，霍布斯邦《民族與民族主義》一書中的第一章，和坎度里《民族主義》的第一章中都有頗為詳盡的說明。綜合他們二人的看法，nation這個詞源於拉丁字natio，意為「一個出生物」（a born Creature），[19]意指一群人，這些人由於有相同的出生地而被歸為一類，大於一個家庭，小於一個「氏族」（clan）或一個「人民」（people），因此人們說「羅馬居民」而不說「羅馬民族」。這個字詞尤其適用於「外國人」的群體。

到了中世紀，這個字詞被用來指大學裡的教師和社團按照各自的地區所組成的團體。當時的巴黎大學有四個這種「民族」：*nation de France*、*nation de Picardie*、*nation de Normandie*、*nation*

---

[19] 李宏圖，《西歐近代民族主義思潮研究》（上海：上海社會科學院出版社，1997年），頁1。

de Germanie。這些劃分表示的是來源地,不是地理位置,例如 nation de France指的是講拉丁語的人們,包括義大利人和西班牙人。十六、十七世紀時,nation這個詞發生了重大變化,開始具有不管其種族集團而把一國之內的人民統稱為nation的意義。狄德羅(Denis Diderot, 1713-1784)在其所編的《法國百科全書》中將nation定義為:「一個集合名詞,用來指稱住在一定界限的國家範圍內,受相同政府管轄的一大群人。」到法國大革命時期,nation也指貴族和主教,教會理士會被劃分成若干個nation。1484年時,法國三級會議由六個nation所組成。十八世紀時法國教士和政治理論家西哀士(Emmanuel Joseph Sieyess, 1748-1836)進一步闡釋。他問:「什麼是nation?」「一大群同夥人,生活在同一部法典之下,並由一個共同的立法機構來代表他們。」[20]

Nation這個字詞只有在羅曼語族(Romance Language)中是原生的,[21]其他地方都是外來語,在傳入歐洲各地後,意義也跟著轉變。從語言學上來看,十八世紀以前,這個字詞常以「人民」(*Volck*)的意義出現,有時候與社會中的某個「階級」(estate)或「社會團體」同義。[22]無論nation最初的意涵為何,它在現代的概念都跟以前大不相同,現代意義和政治意義上的民族是相當晚近才出現的。1908年以前nation的意義幾乎和族群單位是重疊的,之後開始愈來愈強調「作為一種政治實體及獨立主權的內涵」。

---

[20] Elie Kedourie, *Nationalism* (Oxford: Blackwell Publishers, 1993), pp. 6-7.
[21] 由羅馬帝國各地所用拉丁(俗)語或口語衍生而成的各種語言如:義大利語、法語、羅馬尼亞語、葡萄牙語和西班牙語,在各有關國家都是官方語言。參閱《劍橋百科全書》電子書版(台北:貓頭鷹出版社)。
[22] Hobsbawm, *Nations and Nationalism Since 1780*, p. 17.

一、本質論

葛爾納說：「每個人都要有民族性，如同擁有一個鼻子、兩個耳朵一樣。」[23]鼻子和耳朵是人的特徵，所以民族也有其特徵，也就是說有其客觀的構成要件。史達林（Joseph Stalin）在1913年時寫了一篇名為〈馬克思主義與民族問題〉的文章，後來被翻成多種語言，印行了數百萬份。綜合史達林的觀點，他認為民族必須具備四個要項：共同的語言、共同的領土、共同的經濟生活和共同的心理性格（mental make-up）。[24]雖然這種唯物論的觀點已不流行，但第四項卻值得注意。何謂「共同的心理性格」，語意不是很清楚。事實上，任何定義都會有「模糊」的空間，這樣才能滿足各方的需求。而且，大部分關於民族的定義是用來說明某些族群是否夠資格稱作「民族」（相較於「共同體」，是用來包含定義的），不是要闡述「民族」此一字詞的概念。早在1906年時義大利的社會學家鮑爾（Otto Bauer）便已歸納出一份超越史達林的民族構成要素：共同的居住地、共同的出生來歷、共同的語言、共同的道德和精神習俗、共同的經歷和歷史、共同的法律和宗教。[25]

近人史密斯在《民族認同》一書中也列舉了族群或民族應具備的六項主要屬性：一個適合全體的名字、一個源於共同血緣的迷思、分享歷史記憶、一個或多個不同要素所構成的共同文化、

23　Gellner, *Nations and Nationalism*, p. 6.

24　Hugh Seton-Watson, *Nations and States*（London: Methuen & Co. Ltd., 1977），pp. 3-4.

25　Otto Bauer, "The Nation", in Stuart Woolf（ed.），*Nationalism in Europe: 1815 to the Present.* London: Routledge, 1996），p. 67.

一個有特定「故鄉」的社群、族群中多數成員具有凝聚感。[26]

　　總結各家有關民族特徵的討論，柯逢（Craig Calhoun）列出了一張共計十項的民族基本面貌清單，終結了這場沒有交集的爭議。他所歸納的要件如下：

1、領土，或人口分佈的界線，或二者都有。

2、不可分割性——民族是整體的單位。

3、主權，或至少想擁有主權，與其他民族的形式平等，通常是一個自主且認定可以自給自足的國家。

4、一種「向上提升的」正當性觀念，也就是說只有當政府能夠符合人民的普遍意志並滿足人民的利益要求時，才有存在的價值。

5、普遍參與集體事務——一群在民族成員身分的基礎上動員起來的群眾（為了戰爭的目的或是公共事務）。

6、直接的身分，每位成員都是民族的一部分，人人平等。

7、文化，包括語言、共享的信念和價值觀、風俗習慣等的結合。

8、世間的深度——即一種觀念，認為民族不是永恆的，有其時間性，包括過去與未來的世代，有其歷史演進。

9、共同的世系或種族上的特色。

10、與某一塊土地有著特殊的甚至是神聖的關係。[27]

---

[26] Anthony Smith, *National Identity*（Reno: University of Nevada Pr., 1991）, p. 21.

[27] Craig Calhoun, *Nationalism: Concepts in Social Sciences*（Open University Press, 1997）, pp. 4-5.

這種界定方式太複雜，無法幫助我們理解民族。習慣上，我們對「定義」的要求是簡單扼要，最好能濃縮成一句話，而且要容易記住，就像一般的字辭典一樣。《時代英英－英漢雙解大辭典》對nation的定義如下：（1）在同一政府底下同一國家中的人民，中文解釋「國家」、「國民」；（2）人類中的一個種族，有共同的宗教、歷史等，中文意思為「民族」。《牛津英英辭典》解釋的字面意思如下：較大的人民社群，通常有共同的歷史、語言等，生活在某一塊領土內，有政府管轄。《朗文英英辭典》（Longman）的定義更簡單：（1）生活在同一地區的一群人，通常有一個獨立的政府；（2）人口中的一群人有共同的種族和語言；（3）部分用法與「種族」相同。顏元叔主編的《最新英漢大辭典》另有一條解釋，即「（中世紀大學或蘇格蘭大學中的）學生同鄉會」。這些字典幾乎都只是陳述上面定義中的部分要件，尤其是語言與種族最常被用作區分民族的標準，這是受到「本質論」觀點的影響。目前還找不到從「唯意志論」的觀點來界定「民族」的字辭典。試想如果有一部英文字典將民族定義為：「每日的公民投票」，有幾個人能懂？

二、唯意志論

「每日的公民投票」這句話是勒南（Ernest Renan）的名言，太多人用它來界定民族。勒南是法國的理性主義學者，專攻語言與宗教史，以《耶穌的一生》（*Life of Jesus*, 1863）成名，但是他最為人們所熟知的卻是1882年在索邦（Sorbonne）所發表的演說──〈何謂民族？〉。這篇文章被翻譯成英文，收錄在各種民族主義的文獻中，成了大學課程的基本教材。文章中的一些觀念對

以後幾個世代的民族主義理論影響很大，尤其在進入二十世紀後，這種言論更成為民族主義研究的踏腳石。在考察各種被用來區別不同民族的判別標準之後，勒南對以血緣和土地來界定民族的方法相當不滿，他得出結論說：一個民族是否存在，最終還是要由個人的意志來決定。

「民族的存在——請容我用這個比喻——是每日的公民投票，正如個人的存在是對生活持續不斷的肯定。」[28]勒南的定義，代表一種「唯意志論」（voluntarism）的觀點，不需要學術的虛飾語和附加語，任何人都看得懂，坎度里（Elie Kedourie）稱讚這個比喻是「絕妙好詞」。[29]它充分地表明了民族的形成最終是基於意志，個人意志是民族應否存在的依據。這句話也預示了一個每日都在行使公民表決的政治共同體，不久之後便會陷入怨聲載道的無政府狀態，或是盲目的服從局面。

以主觀的標準來取代客觀標準，以集體認同或個人認同來判定民族，除了勒南，一群奧地利的馬克思主義者（Austro-Marxist）也有這種看法。對他們而言，「民族性」（nationality）乃是個人的特質之一，不管他們住在哪裡或與誰共居，只要他們聲稱自己是，他們就是。這兩項主觀標準都跳出了「先驗」（a priori）「客觀主義」（objectivism）的局限，並以不同的方式將地域觀念納入民族的定義裡，以地域認同來取代原有的語言或其他「客觀的」標準。[30]

「認同」是民族形成的充分且必要條件，如果沒有共同體意

---

[28] Ernest Renan, "What is a Nation", in S. Woolf（ed.）, *Nationalism in Europe, 1815 to the Present*（*Routledge, 1996*）, p. 48.

[29] Kedourie, *Nationalism*, p.76.

[30] Hobsbawm, *Nations and Nationalism Since 1780*, p. 7.

識，再多的客觀要項都是假象。當安德生（Benedict Anderson）撰寫《想像的共同體》一書時，他已經很清楚「民族」這個字詞的定義已到惡名昭彰的地步，要解釋這段長期眾說紛紜的公案，必須跳脫「客觀特徵」的框框，設法從認同的「認知」面向來解釋民族。他說：「從人類學的角度看，我認為民族的定義是：一種想像的政治共同體——有限度的想像，而且是有主權的共同體。」[31]這句話需要進一步解釋。安德生說它之所以是「想像的」，因為不論是多小的社群，成員之間不可能都彼此認識，但透過想像可以讓大家有「連結在一起的感覺」。「有限的」意指疆界雖然可以變動，但總還是有個限度，沒有任何一個民族會把自己想像成等同於全人類。「主權的」則是民族作為「現代性」（modernity）的特色之一，是自啟蒙運動以來人們所追求的政治價值觀。安德生的定義承襲了勒南的精神，當勒南說：「我甚至會說，遺忘歷史的錯誤是民族創造的一項基本要素」、「民族是一種靈魂與精神上的原則」之時，[32]我們看到了兩人的相似性。「想像」與「遺忘」都說明了「民族」是源於主觀意識的隸屬感，不受特定的客觀標準之局限。

「唯意志論」的想法，在1960年之後廣為民族主義者所採納，欲藉意識啟蒙的手段來推動民族建國運動。霍布斯邦認為這是一種很不智的作法，身為史學家的他批評唯意志論者以主觀意識或主觀選擇作為「民族性」（nationhood）的判別標準，不啻是將人類界定自身集體認同的多元想像力，窄化到單

---

[31] Benedict Anderson, *Imagined Communities: Reflections on the Origins and Spread of Nationalism*（Verso, 1991）, pp. 5-6.
[32] Renan, "What is a Nation", pp. 50, 57.

一選項中──選擇歸屬的「民族」（nation）或「民族群體」
（nationality）。純粹靠主觀認同來界定「民族」，不論從文化上
或政治上都是行不通的。

　　民族的定義是件很棘手的事，不論是「本質論」的客觀標
準，或「唯意志論」的主觀認同都容易產生誤導。尤其是在當代
一些政治人物的操弄下，「民族」的概念已被濫用到足以混淆是
非，不具任何嚴肅的意義。總而言之，個人傾向於接受賽頓－華
生的想法：「民族」沒有合乎科學的定義，這種「實體」過去存
在，現在也存在。當住在同一共同體中的多數人（不一定要全部
的人，確實有人不受影響）認為他們想要形成一個民族或所做所
為就像個民族時，民族便存在了。[33]

肆、民族主義的界定

　　一般說來，界定「民族主義」的工作比定義「民族」容易，
雖然相關的文獻仍然是「卷帙浩繁，解釋紛歧」，但爭議性不
大，畢竟大多數人都可以接受民族主義是現代的東西，是法國大
革命以後世界歷史發展的產物。在這樣的共識下，大部分的定義
只是某些基本觀念的重複或闡述，沒有太大的創意，對研究影響
不大，可以不予理會。許多研究者喜歡說「學界對民族主義迄今
尚無統一的定義」，[34]試問有哪些名詞能有統一的定義。即便在
專制的政府底下，都還有異議分子，在自由民主的學術殿堂上豈

---

[33] Seton-Watson, *Nations and States*, p. 5.

[34] 參閱王立新，《美國對華政策與中國民族主義運動，1904-1928》（北京：中國社
會科學院出版社，2000年），〈導言〉。

有定於一尊的思想。以葛爾納為例，曾經有人說：「葛爾納之後還有民族主義研究？」然而，被批評最多的也是葛爾納。史密斯說葛爾納的理論「只說明了一半的事實」，葛爾納回答說就算只有一半，對我而言已經足夠，其他的一半是多餘的。[35]

對每一位為民族主義下定義的人來說，民族主義的意義只有一種，就是他所說的話。是否能說出真相，不是他們所關心的，民族主義從來就不是科學，也不是偉大的思想。誠如沙弗（Boyd C. Shafer）所說，民族主義是民族主義者所建構出來的，不是整齊劃一不變的概念，是各種信仰和情境的結合。其中有屬於迷思的部分，也有錯誤的地方，但錯誤會變成事實。迷思與真相、錯誤與事實總是糾纏在一起，難分難捨，這就是現代民族主義的特色。[36]拆解民族主義的迷思不是本文的目的，本文要探討的是如何將民族主義的定義內容加以分類，從而了解產生這種定義的時空背景。基本上，這是一種史學的事件陳述，不是社會學的理論建構。

「民族主義」這個字詞的由來不是很清楚。最早提到這個字詞的是在「萊布齊格大學」（Leipzig University），建立於1409年，在當時布拉格所發生的一場有關宗教與學術的論辯之後，包括波西米亞和非波西米亞（Bohemian）兩方陣營的「民族」（nations）。當時這個字詞的用法是很嚴格的，用以指稱一個為保障自己共同利益的結合，在萊布齊格大學教授群中，這類的「結合」（nation）有四個。根據1704年時Hübner的Staats-

---

[35] 參閱葛爾納與史密斯在「華威大學」（Warwick University）的辯論，全文刊載於史密斯主編的*Nations and Nationalism* 2（3）, 1996. 頁357-70。

[36] Boyd Shafer, *Nationalism: Myth and Reality*（London & New York, 1968）, p. 7.

Lexicon所說，這個字詞在十七世紀時是禁用的〔中古時期的大學，這類nation的組織已很普遍，但並沒有提到「民族主義」（nationalism）一詞〕。直到十九世紀初，文獻中還是很少見到「民族主義」一詞。1836年編纂的《牛津英語辭典》（Oxford English Dictionary）首次為這個名詞做出定義。1849年時（約在法國大革命五十年後）這個字詞已經到處可以聽到。[37]

任何的民族主義定義，如果要想滿足我們在十九世紀及二十世紀所看到的所有民族主義形式，它必須是很周延的，包括有國家的人民的民族主義，和無國家者的民族主義。波西米亞籍的社會學家和史學家林伯格（Eugen Lemberg）對此有很精闢的見解。在〈民族主義的社會學理論架構〉中，他認為民族主義的特色是「一個觀念、價值觀和規範的體制，是一種對世界與社會的想像」，能夠讓一個較大的社會群體了解到他們的歸屬，並賦予這種歸屬感特殊的價值。換句話說，它統合了群體並且定下其環境的界限。[38]事實上，我們找不到這樣的定義，我們只能就定義的內容歸納出一些要點，分門別類，確立範疇，據此來分析該定義在特定時空下的意義。

史密斯向來善於做分類與歸納的工作，在《民族主義的理論》中他列出八點內容，並分成兩個明確的範疇。第一種類型的定義指涉的是情感、知覺、態度、願望、忠誠等，或多或少是可以清楚表達的；另一種則是關於學說、意識形態、計劃、組織、行動和運動等。[39]許多定義經常會將「民族情感」與「民族

---

[37] Kamenka, *Nationalism: The Nature and Evolution of an Idea*, p. 12

[38] Peter Alter, *Nationalism*（London: Edward Arnold, 1994），p. 4.

[39] Smith, *Theories of Nationalism*, pp. 167-8.

主義」混用，史密斯很在意這種錯置，強調必須加以區分。引發「現代論」和「原生論」爭議的癥結常常出在對定義的詮釋不同，現代論者認定的民族主義，對原生論者而言不過是一種民族情感罷了。

　　美國史家海耶思（Carlton Hayes）要我們注意「民族主義」與「民族群體」（nationality）二字詞的區別。他認為「民族主義」這個字詞出現在歐語中的時間比「民族群體」此一字詞稍晚，大致上有四層意義：（1）一種實際的歷史進程，即建立「民族群體」作為政治的單位，或是擺脫部落狀態、脫離帝國統治建立一個現代制度的「民族的國家」（national state）；（2）為達成此一歷史進程的理論、宗旨和理想。就此而言，它既是一種「民族群體的意識」，也是一種「民族的國家」的政治哲學；（3）指稱某一政黨的活動，結合歷史的進程與政治理論。尤其是在使用「民族主義的」這個形容詞之後，字的意義就更明顯了。例如「愛爾蘭人的民族主義」或「中國人的民族主義」這些詞語；（4）指民族群體成員的心態，對建立「民族的國家」的理想，或已確立的「民族的國家」的忠誠超越對其他事物的忠誠。並堅信自己的「民族群體」比別人優秀。[40]海耶思肯定民族主義的價值，認為它讓二十世紀的思想變得多彩多姿，各種政治、文化，和社會領域的活動都受到它的制約，不論國內政治或外交關係，無不受其影響。不談民族主義，最近這二百年的歐洲歷史將無法理解。

---

[40] Carlton Hayes, *Essays on Nationalism*（New York: The Macmillan Company, 1926），pp. 5-6. 海耶思用「民族的國家」（national state），不用「民族國家」（nation state）；用「民族群體」（nationality），不用「民族」（nation）。

「何謂民族主義」，許多學者並不急著為它下定義，因為他們知道再怎麼界定都跳不出這些範疇，他們比較在意的反而是如何將這些定義加以分類，這種工作比起定義「民族主義」似乎輕鬆多了。不會有人去質疑柯逢為什麼民族主義只能有三個面向（dimension），[41]為什麼不是如海耶思所說的四種，或史密斯的八種。這種爭辯無意義，因為那只是一種方法，或如史密斯所說一種「透視法」，用以接近「民族主義」定義的途徑。在接近「民族主義」的定義之前，必須要有心理準備。做此定義的人是何種身分背景，是民族主義者的定義或是學者的定義；做此定義的時空背景，國際上重大事件的發生肯定會影響學者的價值取捨；學者做此定義的用途，即該定義出現在何種著作中。以下選擇一些較著名的「民族主義」定義，作為另一種形式的「個案研究」。

一、作為一種情感

孔恩（Hans Kohn）在1944年的《民族主義的理念》一書中說：「首先，也是最重要的，民族主義是一種心態——一種有意識的行為。」接著，在《民族主義：意義與歷史‧導論》中的第一句話也說：「民族主義是一種心態，強調民族國家是個人最高忠誠的對象。」[42]就孔恩來說，民族主義是一種情感，滲透進入大多數人的心中，並且要求所有的成員都要具備。承認民族國家

---

[41] 柯逢認為民族主義可以從三個層面來探討：作為教義的民族主義、作為計劃方案的民族主義，以及作為一種評價的民族主義。Calhoun, *Nationalism: Concepts in Social Sciences*, p. 6.

[42] Hans Kohn, *The Idea of Nationalism: A Study in Its Origins and Background*（New York, 1956）, p. 10.; Hans Kohn, *Nationalism: Its Meaning and History*（Van Nostrand Reinhold Ltd, 1965）, p. 9.

是理想的政治組織，民族群體是文化創造力和經濟福祉的動力和泉源。因此，個人對民族群體的忠誠必須是至高無上的，因為那是生命的根，是個人的幸福和事業的泉源。民族主義作為一種感情——一種從舊社會傳統束縛中解放出來的感情並不一定適用於所有類型的民族主義。在出版於1962年的《民族主義的時代》中，孔恩的民族主義界定在十九世紀歐洲初期與二次大戰之後的亞洲與非洲。[43]吉本諾曾經批評孔恩的「情感」定義，認為它太狹隘了，我想他可能沒有看到孔恩在此書中的論述。在孔恩的理念中，民族主義指的是「東方的」國家，在1960年代的西方已經不流行民族主義，一般人所看到的是亞非國家的反殖民運動民族主義，這類型的民族主義幾乎都訴諸於情感。

美國政治學者杜意奇（Karl Deutsch）將自1950年代以來的民族主義研究帶向更高的境界。他經常把「民族主義」定義為「一種心態：能夠產生『民族的』訊息、記憶，並且在社會溝通中想像出一種偏好的地位，對於決策的機制具有舉足輕重的地位」。[44]在杜意奇看來，民族主義者會專心致力於那些帶有特殊民族性象徵的訊息，或是那些源自特殊民族背景的東西，或是那些從民族的語言和文化規範中孕育出來的東西。

1918至1945年間，「民族主義」一詞幾乎與「不寬容」、「非人性」和「暴力」劃上等號，許多戰爭和罪惡都假民族主義之名以行，民族主義的情感是最容易被煽動的。然而，就算在那個最艱難的時代，誠如歐特（Peter Alter）所言，民族主義還是常

---

[43] Hans Kohn, *The Age of Nationalism: The First Era of Global History*（New York: Harper and Row, 1962），p.12.
[44] 引自Alter, *Nationalism*, 頁4。

常為人們帶來希望，希望一個更合乎自由、更合乎公義的社會秩序。事實上對許多人而言，民族主義是一種解放，用以擺脫政治、經濟和社會上的各種歧視。[45]套用韋伯的話說，民族主義是一種「情感共同體」。[46]不論韋伯所強調的情感是對於民族或對於國家，相信還有一種情感一直被學者所注意，即對領袖的情感。民族太抽象，不夠具體，比不上民族的領袖能吸引眾人的目光。文獻中很少提及一個相當深刻的民族主義特徵，即它與領袖人物的關係。民族主義情感平時是以一種分散的方式被體驗和被表達，當它們在某種環境裡被強烈喚起的時候，則往往有一個領袖會以某種方式成為這些表達的焦點。所有的民族主義領袖都提倡某種民粹主義的學說，但是，有時候被認同的民族主義領袖代表的是一種「民主」的民族主義形式，其他情況下則是更富侵略性的「排外」類型。這就是奈恩（Tom Nairn）所說的「雙面神」（Janus）特質，民族主義情感一方面引發啟蒙的民主理想，另一方面引發為禍甚烈的民族侵略。

二、作為一種學說、教義或理論

坎度里對民族主義的保守批評，在民族主義理論的論辯演進史中算得上是個里程碑。對他而言：「民族主義是十九世紀開始時產生於歐洲的一種學說，……簡單地說，該學說認為人類很自然地被分成許多民族，我們可以經由各民族的特性來辨別他們，而且唯一正當的政府形態，就是經過民族自決的政府。」[47]坎度

---

[45] Alter, *Nationalism*, p. 2.
[46] M. Guibernau, *Nationalisms: The Nation-state and Nationalism in the Twentieth Century* （Polity Press, 1996）, p. 33.
[47] Kedourie, *Nationalism*, p. 1.

里的觀念影響了很多人，最著名的就是葛爾納。葛爾納對民族主義所下的定義雖然很簡單，影響卻超過坎度里。他說：「基本上，民族主義是一種政治原則，主張政治與民族的組成單位必須一致。」[48]葛爾納這句話引來柯逢的批評，他認為民族主義不僅僅是教義而已，也是我們談話和做事的基本方式。把民族主義局限為一種政治教義如葛爾納「簡潔有力的總結」，其實窄化了我們對此一名詞的理解。事實上，如果我們繼續閱讀葛爾納在導論中的論述就會發現，柯逢誤解了葛爾納。葛爾納接著說，不論民族主義是被當作一種情感，或政治運動，都可以依照這種政治原則來界定。也就是說，這個定義本身已包含了民族主義的兩個面向──情感的與政治的。

葛爾納對自己定義的詮釋，明顯有賽頓－華生（Hugh Seton-Watson）的影子。賽頓－華生在這部高達五百多頁的巨著中說，他研究的重點不是「民族主義」，但這個字詞還是會經常出現在他的書中，因此仍必須給它一個明確的定義。在他看來：「如果我們把這個字詞的一些毛邊剪掉，只留下兩種基本的含義，應有助於澄清個人或公眾的想法。首先，民族主義是一種關於民族利益、性格、權利與義務的學說；其次，民族主義是有計劃的政治運動。」[49]

對布宜利（John Breuilly）來說，民族主義主要是一種政治形式，其他的定義都是誤解。[50]布宜利自己把民族主義分成三十幾種類型，所做的個案研究也超過二十種，但始終認為民族主義是

---

[48] Gellner, *Nations and Nationalism*, p. 1.
[49] Seton-Watson, *Nations and States*, p. 3.
[50] John Breuilly, *Nationalism and the State*（Manchester University Pr., 1993）, p. 1.

一種政治形態。他和葛爾納一樣,「任憑弱水三千,我只取一瓢飲」,對這兩人來說,定義的紛擾,其實是庸人自擾。

三、作為一種意識形態

對於其他的定義,布宜利當然不能視而不見。他也有一些關於意識形態的見解。首先,他承認民族主義是當代最重要的政治意識,是一個最無法獲得共識的意識形態。[51]是「寄生的」(parasitic),由它所反對的東西來決定它的性質。因此,它可能指涉很多意義及應用範圍極端不同的現象。如果我們將民族主義視為一種意識形態,那它大概表示「一群人,由於其中大部分的人自認足以構成一個既成事實或潛在的民族,因而起而追求自治、統一與認同」。[52]

當曼恩(M. Mann)說「我照慣例將民族主義界定為一種意識形態」時,[53]我注意到「照慣例」(conventionally)這個字詞所隱含的意義。曼恩寫這篇文章時,從意識形態的角度來定義民族主義已是一種風尚。這種定義主張族裔群體在文化、道德和政治上的優先性(真實的或建構的)。根據曼恩的研究,在這種「傳統的」定義下的民族主義可進一步分成二種次形態:文化與政治。在歐洲,這種「每個族裔群體都有其文化獨特性」的主張經常可以激勵人民來拯救自己的國家——如十八世紀時的愛爾蘭或德國,但是持這種見解的只是一小群的智識階層。政治民族主義

---

51 John Breuilly, "Reflection on Nationalism", in S. Woolf(ed.), *Nationalism in Europe, 1815 to the Present*(London: Routledge, 1996), p. 137.

52 Breuilly, *Nationalism and the State*, p. 396.

53 M. Mann, "The Emergence of Modern European Nationalism", in J. A. Hall & I. C. Jarvie(eds.), *Transition to Modernity: Essays on Power, Wealth and Belief*(Cambridge: Cambridge University Pr., 1992), p. 137.

則通常發生在沒有自己國家的族裔群體（如十九世紀時的義大利和捷克），但是幾乎都不易察覺。無論如何，在上述的兩種個案中，政治正當性被認為是一個「民族」（nation）獨特的德性。

民族主義作為一種意識形態，一般而言，爭議性不大，但也不必過度強調。如同紀登斯所說：「民族主義肯定不完全是意識形態。」他從三個範疇來分析此一「不完全的」意識形態。[54]首先，從政治的角度來看，在資本主義的社會中，「去政治化」對階級統治而言是根本的；其次，國家在行政上必須符合普遍利益的實踐；第三，從「歷史性」來看，所有的國家監管都包含了某種「歷史」的發明，即對過去進行文牘化的解讀，以便為未來提供可靠的支援。紀登斯的「階級利益」思考，無形中消解了民族主義的意識形態成分。

伍、中文譯名的商榷

一、問題的形成

台灣學界對於民族主義的研究，大致而言，有三個方向：首先是承續孫中山民族主義思想的闡釋、民族主義與中國的現代化，以及中西政治思想中有關民族主義之比較研究；其次是曾經引發統獨論戰之「台灣民族主義」論述與兩岸民族主義發展之比較研究；第三項，也是目前最薄弱的地方——有關西方民族主義理論之研究。

---

[54] Giddens，《民族國家與暴力》，頁229。

就第一項而言，可參考劉青峰所編的《民族主義與中國現代化》。[55]1992年底香港中文大學中國文化研究所舉辦「民族主義與現代中國」學術研討會，廣邀兩岸三地著名的知識分子參與盛會。會中共發表三十餘篇論文，內容涵蓋了大部分與民族主義研究相關的議題，該書正是與會學者之論文合輯。內容分成四個主題，包括「民族主義理念與比較觀」、「中國民族主義與現代化」、「從傳統到現代」和「近代思潮與人物」。[56]誠如該書的序〈中國知識份子的民族承擔〉一文中所言：「民族主義是一個介乎文化與學術之間，又介乎傳統與現代之間的問題。……從這個角度來看，民族主義的研究和討論，是中國知識份子當前最重要的一個課題。」很難界定誰是知識分子，於是，民族主義變成了街談巷議的話題，任何人都來談民族主義，民族主義本身不是研究主題，而是依附於「現代化」、「知識分子」、「傳統的變遷」，甚至成了民族情感宣洩的管道。對近代以來的中國「知識分子」而言，民族主義成了俗世宗教，[57]有太多信徒與香客，就是沒有專家。

專家不容易養成，因為在當前台灣詭譎的政治氛圍下，專業不受重視，專家很難生存，學術研究應該秉持的客觀中立精神已逐漸被腐蝕。令人不禁感慨霍布斯邦的話：「嚴謹的民族與民

---

[55] 劉青鋒編，《民族主義與中國現代化》，香港：中文大學出版社，1994年。

[56] 有關此書的評論，參閱王中江，〈評《民族主義與中國現代化》，（劉青鋒）〉，《香港社會科學學報》1997年3月。

[57] Carlton Hayes, *Nationalism: A Religion* (New York: The Macmillan Company, 1960), p. 11. 海耶思認為人之所以異於禽獸者在於宗教，從有歷史以來人類最重要的特性便是「宗教感」（religious sense），經由外在的儀式和慶典來表現他的崇敬之心。對近代以來的中國知識分子來說，民族主義猶如「圖騰」（totem），愛恨交織之外，還有恐懼。

族主義史家不應是忠誠的政治民族主義者。」[58]每個人都有民族情感，即使是葛爾納也不例外，[59]但他並沒有因為研究民族主義而變成捷克的民族主義者。相較於西方學者，投入民族主義研究的歲月至少都在二三十年以上，我們對民族主義理論的了解，還停留在「萌芽」階段。自史明出版《台灣民族主義與台灣革命》一書之後，[60]很多人不知該如何定位自己的「國家認同」，[61]民族主義與統獨問題耗掉太多學者的精力。雖然說，民族主義必然要關注「本土情結」，但是當民族主義研究從曾經的社會科學中的顯學，歷經半個世紀的發展，到如今成了passé（過時了），這門學術在台灣沒有引起太大的回響。為何會這樣，道理其實很簡單，癥結就出在近代中國知識分子對民族主義的定義上。

這幾年學界開始出現一些評介民族主義理論的文章，包括翻譯重要經典。對一些不常見或是一詞多義的術語，每一個人的認知和譯名都不盡相同，如何加以統一，建立規範，已是當務之急。

二、漢語的譯法

當兩種文化接觸時，經常可以聽到這樣的對話：「我們的語言裡沒有你們這種說法。」每種語言都有自己的詞彙庫，語言概念是人類思維的基本要素，有其特定的歷史、社會和地域淵

58　Hobsbawm, *Nations and Nationalism Since 1780*, p. 12.
59　有關民族主義對葛爾納從事民族主義研究的影響，見Ernest Gellner著，李金梅譯，《國族主義》（*Nationalism*，台北：聯經出版社，2000年），大衛·葛爾納（David Gellner）的〈前言〉。
60　史明，《台灣民族主義與台灣革命》，台北：前衛出版社，2001年。
61　參閱江宜樺，《自由主義、民族主義與國家認同》，台北：揚智文化出版社，1998年。

源，任何的翻譯都應考量這種文化背景。在漢語系統中，沒有「民族」與「民族主義」這些字詞，它們都是外來語，是由英文的nation和nationalism直接「意譯」而來。在中國翻譯歷史中，曾經有一段時期我們喜歡用「音譯」的方式來解決中文中沒有的字彙，例如用「德先生」、「賽先生」，或「百樂門」等字詞，現在中文語中仍然有很多這類的外來語。「約定俗成」，時間久了反而比所謂的「意譯」容易了解。翻譯強調「信、雅、達」，在一般性的對話中要做到這種地步並不困難，但是對一個本身在該語言中就已經不容易解釋的術語，是無法「直譯」的。

在一本於1869年編的《英華字典》中，將nation譯成「民」、「國」、「邦」、「邦國」，[62]還沒有看到「民族」這種譯名。漢語中何時出現「民族」一詞，向來也是眾說紛紜。原先都籠統地認為始於清末民初，而且孫中山可能是中國最先使用「民族」一詞的人（見於〈中國問題的真解決〉，1904年），尤其是在為1905年創刊的《民報》所寫的發刊詞，談到西方的民族主義淵源，這種思想正好與當時新潮思想合流，遂成為「家喻戶曉」的固定概念。另有一種說法，認為王韜才是最先接觸到nation一詞的人。他曾經應日人之邀到日本遊覽百餘日，寫下〈扶桑遊記〉，文中有提到「民族」一詞。對日本而言，nation和nationalism同樣是外來語，但日本接觸到這些字詞的時間比中國早，因此中文的名稱有可能從日文中譯出。但是比較確切的說法應始於梁啟超，至少他談論「民族」與「民族主義」的篇幅最多。其他人像章太炎、康有為或吳汝倫等都有「民族」之語，但

---

[62] Wilhelm Lobscheid（ed.）, *English and Chinese Dictionary, with the Punti and Mandarin Pronunciation, Part III*（Hong Kong: Daily Press Office, 1869）, p. 1211.

無從判斷他們是否真的了解nation和nationalism之意。[63]到二十世紀初，這個字詞已經很流行了。

現行的英文字典中「民族」、「國家」、「民族主義」、「國家主義」是最常見的譯名，也是一般人對這些字的理解。然而，在學術界卻有很多不同的譯名，像是「族國主義」、「國族主義」、「國民主義」、「邦國主義」等。[64]將nationalism譯成「國族主義」，[65]是受到「一個民族，一個國家」觀念的影響。如同江宜樺所說，這種譯名壓縮了我們理解歷史經驗以及尋找國家認同出路的空間。[66]對西方民族主義理論有研究的人都知道有些國家沒有核心民族，有些民族從未想要有國家，民族主義有時候只是一種情感，與國家無涉。「民族主義」仍是較貼切的譯法，我們可以從「三位一體」的觀念中去理解它，[67]但在同一文獻時而譯為「民族主義」，時而譯為「國家主義」等，只會增加無謂的困擾，雖然一律譯為「民族主義」也會誤導讀者。[68]目前相關的中文出版品或翻譯著作，仍以「民族主義」一詞為主流，

---

[63] 參閱韓錦春、李毅夫，〈漢文「民族」一詞的出現及其初期使用情況〉，《民族研究》，第2期(北京，1984年)，頁37。

[64] 有關討論可參閱陳儀深，〈二十世紀上半葉中國民族主義的發展〉，收入中央研究院近代史研究所編，《認同與國家——近代中西歷史的比較》（台北：中央研究院近代史研究所，1994年），頁39。

[65] 例如：Ernest Gellner著，李金梅譯，《國族主義》（Nationalism），台北：聯經出版社，2000年；Ernest Gellner著，李金梅譯，《國族與國族主義》（Nations and Nationalism，台北：聯經出版社，2001年。

[66] 江宜樺，《自由主義、民族主義與國家認同》，頁8。

[67] 芮逸夫1942年撰文說：「由中山先生之說，『國族』和『民族』是相同的；而『民族』和『國家』也可說是相同的。這三個名詞在西文本同作一詞：拉丁文作Nationem，英、德、法文並作Nation。所以我嘗以為中華國族、中華民族和中華國家三個稱謂，可以說是『三位一體』。」芮逸夫，〈中華國族解〉，載《中國民族及其文化論稿》上冊（台北：藝文印書館，1972年），頁4。

[68] 朱浤源，〈從族國到國族：清末民初革命派的民族主義〉，《思與言》，第30卷第2期（1992年6月），頁7。

學者之間的爭議很難擺平，但對一般大眾而言，已經形成某種
「固定」的看法。

陸、結語

　　紀爾茲（Clifford Geertz）在《文化的詮釋》一書中有一段話
可以用來作為這章的結論：「相信韋伯所說，人是懸盪在自己所
編織的意義之網中的動物。我認為文化就像那張網，因此，對該
『網』的分析，就不是一種找尋定律的經驗科學，而是一種意義
的詮釋。」[69]在紀爾茲看來，唯有通過這張意義之網，人與人才
得以相互溝通，並從中發展出對人生的知識以及對生命的態度。
各民族皆有其特殊的意義之網作為民族的生存憑藉，民族將自己
懸掛在那張意義之網上，發展出獨特的生命情態。本章探討了民
族主義研究中兩個最具爭議性的術語，包括字義的產生、演變與
通俗的界定。基本上，每位學者都有自己的界定方式，自己的意
義之網，「定義」的表面字意容易懂，但不同文化背景的人會有
不同的領會。

　　任何人都可以為「民族」和「民族主義」下定義，但是多
數的人都不懂這些定義，有些人是因循混用，有些人則是斷章取
義。混亂的不是定義本身，是人們對它的詮釋與錯誤解讀。從上
面的分析中我發現每一種定義都有它的時空背景，不論是放在研
究之前或研究完成之後，都有他的用意，必須在他研究的理論架
構內去理解它。換句話說，定義是有生命的，無法將某一定義安

---

[69]　Clifford Geertz, *The Interpretation of Cultures*（New York: Basic Books, 1973）, p. 5.

置於其他學者的理論中。尤其必須注意做定義者的立場，身分決定了定義的方向，個人的素養限制了定義的內容。對一般人來說，術語的混亂讓人無所適從，但對訓練有素的專家而言，再濃密的叢林還是可以走出一條路來。為何需要一個定義？定義可以為我做什麼？明白了自己在民族主義研究中的定位，如果你只需要一個定義，你又何必在乎定義太多。葛爾納說如果他的理論能對一半，另一半對他而言就是多餘的。布宜利說：「民族主義是一種政治形式，其餘的都是誤解。」這兩位大師的話應該可以給我們一些啟示。

第三章
民族主義的新與舊
──疫苗民族主義的前世今生

壹、前言

　　這一年多來，中外媒體最常見的詞彙應該就是「新冠肺炎」
（COVID-19）與「疫苗接種」（vaccinations）。這場「瘟疫」
（epidemic）讓全世界有點措手不及，束手無策，除了人命與經
濟的損失，恐怕也會對人類社會帶來無法回復的改變。當下，學
者專家都忙於思考如何對抗此災難，沒有多餘的精神去分析、理
解此一事件的來龍去脈，遑論預測未來的可能發展。也許是過於
突然，也有可能是歷史還在發展中，不到蓋棺論定的時候，學術
界目前仍未見較為嚴肅與完整論文。

　　「流行病」與「疫苗」，甚至「民族主義」，都是常用的
語彙，相關的研究多到不可數，但「疫苗民族主義」（vaccine
nationalism）卻是全新的名詞。名詞是新創的，[1]但仔細分析各家
的定義，不難發現其內容一樣了無新意，就是一種民族主義。雖

---

[1]　Amir Khan, "What is 'vaccine nationalism' and why is it so harmful?"《半島電視台》
　　（Aljazeera）2021年2月7日。

然如此，由於民族主義的類型太多，「疫苗民族主義」要歸到哪個範疇，勢必又會引發新的論戰。民族主義可以發生在一國之內，也應用於國與國之間。對內，「疫苗民族主義」用以凝聚人心，增進人民對統治者的信心；對外，自然就是國家富強、實力的展示。COVID-19不單純只是醫療衛生的問題，還參雜著國際間合縱連橫的政治角力。

本章從民族主義分類的觀點出發，試著解析此一意識形態在歷史上的發展與轉變。以今日的輿論來看，表面上各國都譴責「疫苗民族主義」，暗地裡大家都競相在運作民族主義，有的用疫苗做外交，有的用疫苗做政治籌碼。「疫苗」不是問題，一旦多數人都打了疫苗，「疫苗民族主義」也不再是問題，至於民族主義，依舊存在。鑑於民族主義對世界文明所造成的傷害，多數國家已不用這個詞，改用「國族主義」，或「愛國主義」。因愛國主義會讓人聯想到戰爭與軍國主義，於是又出現「樸素的愛國主義」一詞，雖然有點強詞奪理，至少說明了民族主義與愛國主義之間的曖昧關係。愛國主義的發展時間較短，[2]「愛國者」一詞則是歷史悠久，而且很難被批評。「愛國者治港」一詞不是憑空出現，是一種結合了民族主義與愛國主義的意識形態和謀略。

本章使用「前世今生」一詞為副標題，感覺上有點文藝腔，不夠嚴肅。事實上，民族主義本身就是一種浪漫主義，「想像的共同體」，[3]這「想像」一詞，充斥著各種想像的空間。另

---

[2] 參閱Eric J. Honsbawm著，李金梅譯，《民族與民族主義》（*Nation and Nationalism Since 1780: Programme, Myth, Reality*，台北：麥田出版社，1997年），頁111-117。

[3] Benedict Anderson著，吳叡人譯，《想像的共同體：民族主義的起源與散佈》（Imagined Communities: Reflections on the Origin and Spread of Nationalism），台北：時報出版社，1999年。

外，民族主義有其相對性，前世與今生具有舊與新的含義，雖然未必就是好與壞，但總是有所期待，總不至於希望未來是「黑暗」的。光明與黑暗，這種「二元論」是我們理解事物最簡單的方法，不精確，但有效。二元論可以延伸到各種相對的概念，例如全球化與反全球化、左派與右派（左翼與右翼）、傳統與現代、資本主義與社會主義，「族裔民族主義」與「公民民族主義」，雖然都有其對立性，但彼此之間未必就涇渭分明，其間仍有交集。以「疫苗民族主義」為例，能作為其對立面的應是covax組織。就精神而言，covax是一種「世界主義」（cosmopolitanism），其正義概念與普世價值正好是民族主義的解毒劑。民族主義與世界主義並不矛盾，中國諺語說「行有餘力則以助人」，在疫苗民族主義事件上，不難看到這種精神，是以，「疫苗民族主義」未必就是「壞的」意識形態。

疫苗民族主義的重點在疫苗的生產與分配，突顯的是全球化之下的貧富不均與不公不義，以及富國掠奪有限資源的惡質性。這是商品經濟的問題，雖然有「民族主義」的內涵，但二者沒有太多的關聯性。即便稱之為民族主義，也只是一種強調「本國優先」的自利主義。民族主義研究，大致上已走到盡頭，很難再出現大師級學者或新穎理論，再談何謂民族主義已無多大意義，預料「疫苗民族主義」無法引領風潮，很快就會消退。但是，在產生疫苗民族主義的當今世界，一股「新」民族主義氛圍正在擴散，英國的脫歐、美國的大選、民粹主義的崛起，乃至香港的「國家安全法」，都讓人感受到民族主義的陰魂不散。

本章雖打著民族主義的研究旗幟，但目的不在呈現前人的研究成果，或論斷民族主義的功過是非，只是單純地想要解析一

些觀念，或說「想法」的因果與實踐。若說民族主義是一種情感依附，那問題的癥結便出在喜不喜歡、要不要，以及想不想，沒有絕對非如此不可的宿命。蘇格蘭可以不公投，英國可以不脫歐，疫苗可以大方送人、「Taiwan Can Help」，一切作為仍是選擇的結果。既是選擇問題，那就是好與壞、對與錯的是非題，一種「二元論」的思考。要不要實踐「疫苗民族主義」是選擇的問題，一旦選擇了要，勢必遭遇來自世界主義與自由主義者的撻伐，產生道德的困境。民族主義無法盡如人意，但從未有像「疫苗民族主義」一樣，人人喊打。然而，疫苗民族主義究竟又錯在哪裡？

貳、類型學的困境

「民族主義」研究的理論相當多，其中最常被利用的應是「二元論」（Dualism）的分類方式。任何知識分類都是為了方便了解，類型再多，都會有例外。把事情一分為二是最簡單的邏輯，「正與反」、「好與壞」、「新與舊」、「光明與黑暗」等，不只是對立，通常也伴隨著道德的意涵。1944年孔恩（Hans Kohn）出版《民族主義的理念》（*The Idea of Nationalism: A Study in Its Origins and Background.*），[4]明確地將民族主義劃分為「西方的」與「東方的」。表面上只是區域上的不同，其實，同樣含有價值判斷在內。東方的民族主義是基於共同起源和共同文化的族群，特色為文化狂熱和祖宗崇拜；西方則是自由自願、開放包

---

[4] Hans Kohn. *The Idea of Nationalism: A Study in Its Origins and Background.* New York: Macmillan Company, 1944.

容、具有理性、代表公民精神。以後的學者延續這種思想，發展出「公民民族主義」（civic nationalism）與「族裔民族主義」（ethnic nationalism）。

這種相對論可以繼續延伸，包括全球化與反全球化，都可以聯想到民族主義的心理狀態——支持與抗拒，互相矛盾，也相互制約。最終結果是，「二元論」漸漸不適用，不論是左派或右派都會向中間靠攏，形成一個更具彈性的灰色地帶，「民族」與「民族主義」也有這樣的發展傾向。這兩個概念應是相生的，但是，先有民族，還是先有民族主義卻是個有趣的辯證，問題出在如何定義民族。勒南（Ernest Renan）在〈什麼是民族？〉的演說中說：「民族的存在，…是一個每日舉行的公民投票。」[5]因此，民族是建構的，不是與生俱來的，這與紀爾茲（Clifford Geertz）的說法不同。紀爾茲從人類學的角度來探討人的原生依附情感，他說：「所謂原生依附指的是一種『與生俱來的』社會存在事實，如果考慮到文化的因素，精確地說，應是『被認定為與生俱來的』。」[6]

若民族是既存的，那民族主義在後；但若是如同安德生（Benedict Anderson）所說，「它是一種想像的政治共同體，並且它是被想像成本質上有限的、同時也享有主權的共同體」，[7]那會先有民族主義的感情才有民族。辯論「先有雞或先有蛋」可能無意義，但「先有民族或先有民族主義」，不但決定民族主義

---

[5] Ernest Renan, "What is a Nation?", translated by Martin Thom, in Homi K. Bhabha ed. *Nation and Narration*（London: Routledge, 1990），pp. 8-21.

[6] Clifford Geertz, *The Interpretation of Cultures*（New York: Basic Books, 1973），p. 259.

[7] Benedict Anderson, *Imagined Communities: Reflections on the Origin and Spread of Nationalism*（London and New York: Verso, 1991[1983]），pp.6.

的發展，甚至影響到國家的定位。霍布斯邦（Eric Hobsbawm）在《1780年以來的民族與民族主義》一書中說：「並不是民族創造了國家和民族主義，而是國家和民族主義創造了民族。」[8]既然民族可以創造，形塑民族的傳統，自然也可以「發明」。在《傳統的發明》一書導論中，除了界定「民族」的意義，霍布斯邦認為，藉由分析民族的傳統我們可以清楚了解民族的本質和感染力，此一民族傳統是一種發明的傳統。[9]

顯然，霍布斯邦就是所謂的「建構論者」。史密斯（Anthony D. Smith）在一場與葛爾納（Ernest Gellner）關於民族主義的辯論中說，今日民族主義的研究有兩個陣營，彼此涇渭分明，此即是所謂的「原生論」（primordialism）與「現代論」。一邊主張民族一直就存在，且過去的歷史所扮演的角色非常重要；現代論者，像他一樣，相信民族的世界是在十八世紀末創造出來的，在此之前沒有民族的存在。[10]

「現代論」習慣上被稱為「建構論」（constructivism），也稱「現代主義」（modernism）。「原生論」者除紀爾茲外，較有名的尚有米勒（Roy E. H. Mellor）。米勒主張民族是一群人，分享共同歷史經驗、高等文化與語言，並生活在自己認定的祖國領土上。[11]屬於建構論的學者相當多，幾乎知名的學者都是建構論者，但彼此間還是有些差異，例如史密斯，雖然也接受民族國

---

[8] Eric Hobsbawm, *Nations and Nationalism Since 1780: Programme, Myth, Reality*（Cambridge: Cambridge University Press, 1990），pp. 9-10.

[9] Eric J. Hobsbawm and Terence Ranger（eds.），*The Invention of Tradition*, Cambridge: Cambridge University Press, 1983.

[10] 〈窩立克辯論〉（Warwick Debates）全文收錄在史密斯所編的*Nations and Nationalism in a Global Era*（Cambridge: Polity Press, 1995），pp. 357-70。

[11] Roy E H Mellor, *Nation, State and Territory—A Political Geography*（London: Routledge, 1989），pp. 4-5.

家、民族與民族主義都是現代特有的現象，但是對於安德生與霍布斯邦等人的理論便不完全同意。他認為不應說「想像」或「發明」，較貼切的說法應是被「重新建構」（reconstructed）。[12]

依「建構論」的說法，民族主義大約起源於法國大革命時期，由英國和法國傳播到美國和拉美地區。十九世紀開始在歐洲大陸興盛，二十世紀初傳遍全球，並最終在二十世紀時，影響亞、非、拉丁美洲殖民地、半殖民地國家的獨立運動。這二百多年來，各種民族主義都曾出現過，在《民族主義與國家》一書中，布宜利（John Breuilly）論述了超過三十種的民族主義個案，包含不同的歷史時期和不同的大陸。[13]雖然很多人不同意布宜利將民族主義界定為一種政治形式，但是對於他所建立的類型學規模大都持肯定的態度，稱讚此書是「有價值而且好用」的參考資料。[14]

民族主義到底有多少種，有點複雜，事實上，學者似乎也不大關心，卡明卡（Eugene Kamenka）便乾脆說，民族主義只有一種，那就是「政治民族主義」（Political Nationalism）。[15]卡明卡的「一言以蔽之」自是太過極端，關於民族主義的類型學，最具參考價值的應是史密斯的《民族主義的理論》一書。史密斯以孔恩的「二元論」哲學為基礎，建立了一套相當複雜，而且無所

[12] 參閱江宜樺，〈民族主義的國族認同理論〉，《愛學術》2021年3月20日檢索，（http://www.aisixiang.com/data/15942.html）。

[13] John Breuilly, *Nationalism and the State*, Manchester University Pr., 1993[1982].

[14] Konstantin Symmons-Symonolewicz, "The Concept of Nationhood: Toward a Theoretical Clarification", *Canadian Review of Studies in Nationalism*, XII（2）（1985）, p. 359.

[15] Eugene Kamenka. "Political Nationalism-The Evolution of the Idea", in Eugene Kamenka（ed.）, *Nationalism: The Nature and Evolution of an Idea*, London: Edward Arnold, 1976.

不包的類型學。或許是因為他經常批評其他學者的分類方式，清楚各種類型的優缺點，為了避開批評，都會先設定一些條件與前提，或縮小定義的範圍。偏偏他所舉的例子又多到涵蓋古往今來的各種族裔、民族與國家。他所編輯的「民族主義運動類型表」規模龐大，很難超越。但話又說回來，看不出這份清單有何價值，從目前所掌握的文獻來看，學者甚至不願提出批評。誠如史密斯自己所說，他的類型學也不是詳盡無疑，還是有很多著名的民族主義例子無法納入。[16]

史密斯教授已過世，無緣見識這一年多來令全球又愛又恨的「新型」民族主義——「疫苗民族主義」（vaccine nationalism）。COVID-19是新的，疫苗也是新的，但民族主義卻是古老的東西。二者所結合的「疫苗民族主義」究竟是怎樣的一種意識形態，以二元論的分類來看，新還是舊？好或壞？東方或西方、公民或族裔、全球化或是反全球化？顯然，「疫苗民族主義」看似簡單，卻包藏著「剪不斷理還亂」的錯綜複雜性。全世界現在都還在抗疫，疫苗民族主義也還在擾動，會如何發展，可能無法預測，也可能如同所有歷史上的民族主義，結局已注定。

參、「疫苗民族主義」的產生與變質

民族主義起源於何時，學者的看法較分歧，但何時開始有較完整的民族主義研究，爭議較少。賴斯（H. S. Ress）曾說，很多浪漫主義者是民族主義者，同樣，很多民族主義者也是浪漫

---

[16] 參閱Anthony Smith, *Theories of Nationalism*（London: Duckwoeth, 1983[1971]）, pp. 211-229。

主義者，浪漫主義的思想能夠證明民族主義原則的合理性。[17]德國文學評論家和詩人赫德（Johann Gottfried Herder），是第一位代表德國浪漫派思想的人。赫德將民族與文化相聯繫，認為民族不是國家，而是文化上的共同體，尤其強調語言對於民族存在的重要性，「語言讓人有了人性」。[18]雖然赫德生前從未說自己是民族主義者，但其民族主義理論被視為民族主義最早的完整學說。

民族主義研究與民族主義的發展環境有關，一次世界大戰、二次世界大戰與1990年代蘇聯瓦解後的歐洲局勢，都曾出現過民族主義研究的熱潮，名家輩出。第一階段有被尊稱為「民族主義奠基者」的海耶斯（Carlton Hayes）和孔恩（Hans Kohn），[19]以及卡爾（Edward Carr）、杜意奇（Karl Deutsch）、柯本（Alfred Cobban）和史奈德（Louis Snyder）等人。第二階段的著名學者有葛爾納、坎度里（Elie Kedourie）、賽頓－華生（Hugh Seton-Watson）、布宜利（John Breuilly）、史密斯（Anthony Smith）、安德生（Benidict Anderson）與霍布斯邦（Eric Hobsbawm）等人。第三階段雖然也有一些新秀冒出來，但大致上仍是老將的天下，陸續寫出新作品，或將舊作修訂再版。此時期著名的新秀有霍爾（Stuart Hall）、比利格（Michael Billig）、哈斯汀（Adrian Hastings）、柯逢（Craig Calhoun）、伊格納提夫（Michael Ignatieff）和吉本諾（Montserrat Guibernau）。

---

[17] H. S. Ress, *The Political Thought of the German Romantics*, 1793-1815（Oxford, 1955），p. 42.

[18] John Breuilly, *Nationalism and the State*（Manchester: Manchester University Press, 1993），p. 56-64.

[19] Eric Hobsbawm著，李金梅譯，《民族與民族主義》（台北：麥田出版社，1997年），頁5與18的註釋。

1980年代末以後，民族主義研究大致上已很難突破或說「創新」，「葛爾納之後還有民族主義研究嗎？」，這句話是有道理的。1990年蘇聯解體帶出了東歐的建國運動，讓沉寂一陣子的民族主義研究又活躍起來，研究的方法和方向雖然有所調整，修訂再版的舊作卻只是添加一些新章節，基本架構和觀點並沒有改變，從來就沒有任何一位學者說他的理論錯了。

民族主義是推動歷史發展的一股重要力量，但是，如果歷史已到「終結」的時候，民族主義即使不會被終結，可能也引不起波瀾了。如福山（Francis Fukuyama）所言，「民主國家」是歷史發展的最後階段。[20]這樣的國家，其國家認同是一種建立在對特定政治、經濟、社會制度的肯定所產生的公民認同。雖然依舊無法完全擺脫族群認同的糾葛，[21]但對奉行自由主義的國家而言，基本理念已與族群民族主義教義不相容。在民主政治體制下民族主義能發展的空間已日益微弱，若民族主義不以建國為歸宿，民族主義就單純只是一種浪漫主義情懷。這種愈來愈不引人注意的民族主義，比利格（Michael Billig）稱之為「平庸的民族主義」（banal nationalism）。[22]

雖然，「疫苗民族主義」仍可被歸入某種類型的民族主義，但是千萬別以為「平庸」。比利格的「平庸」一詞，其對應面為「極端」，1980與1990年代所見到的民族主義屬於這種類型。平庸也不表示無害，或以為是民族主義的弱化，事實上，其隱藏的

---

[20] 法蘭西斯・福山（Francis Fukuyama）著，區立遠譯，《歷史之終結與最後一人》（*The End of History And the Last Man*），台北：時報出版社，2020年。

[21] 江宜樺，〈自由民主體制下的國家認同〉，《台灣社會研究季刊》第25期（1997年3月），頁83-121。

[22] Michael Billig, *Banal Nationalism*, London: Sage Publications, 1995.

危險性更甚於生活中不停被洗腦的民族主義符號與象徵。「疫苗民族主義」從一出現便成為眾人探討的話題，攸關幾十億人類的性命，本身雖不極端，卻是相當危險。

在人類歷史上，不乏「大瘟疫」（pandemic），例如中古時代的「黑死病」（Black Death）、1918年的「西班牙流感」（Spanish flu）。以死亡人數和影響性來比較，「新冠肺炎」仍算粗淺。但這次「大流行」啟用了一些以前很少用的名詞，像是「壓平曲線」（*flatten the curve*）、「無薪假」（*furlough*），與「社交距離」（social distancing）等，其中「疫苗民族主義」一詞更是令人象深刻。雖然在2009年H1N1流行時，曾一度也有類似的用語，但未構成話題。相較於民族主義定義的複雜，「疫苗民族主義」就簡單多了。指的是病毒發生後，富有的國家拚命搶購、囤積疫苗，致使窮國百姓無疫苗可打，生命嚴重遭受威脅。這「我國優先」（me-first approach）策略，世界衛生組織與教宗稱之為「疫苗民族主義」，呼籲有能力生產應用疫苗的國家，不應奉行，要兼顧公平正義，唯有大家都安全，任何個別國家才能安全。

其實，「疫苗民族主義」不算是真的民族主義。因民族主義有凡事以自己族群為優先的意涵，不論經濟上或安全考慮，以致容易被套用。這種運作疫苗的模式沒有必然性，疫情趨緩或疫苗分配合理，「疫苗民族主義」便會自動消失。沒有人敢公然倡議「疫苗民族主義」，在此次的運動中，沒有菲希特（Johann Gottlieb Fichte），沒有馬志尼（Giuseppe Mazzini），但有譚塞德（Tedros Adhanom Ghebreyesus）和方濟各（Jorge Mario Bergoglio）。呼應教宗與世界衛生組織對「疫苗民族主義」的批

判，主流媒體輿論一面倒地對此一「新型」意識形態大加撻伐，「危險」、「威脅」、「悲劇」成了議論「疫苗民族主義」常用的詞彙。批評歸批評，一時間（尤其在最初段），用台灣俗語來說，就是「日頭赤炎炎，隨人顧性命」，[23]硬說這就是「民族主義」，不大符合學者對民族主義的定義。

民族主義通常都會塑造一個「假想敵」，作為組織動員的力量，明確區分「內」與「外」、「us」與「others」。「疫苗民族主義」當然也要有「對手」，此即是COVAX。COVAX是世界衛生組織（WHO）於2020年4月，聯合GAVI、CEPI，共同推出的全球計劃。截至2021年初，已有一百九十二個國家加盟，川普時代美國並未加入。不會有人反對分享疫苗，但人性總是「行有餘力，則以助人」。因為「不平等」，所以有民族主義，「疫苗民族主義」突顯國際貧富差異，掌握資源與享用資源的不平等。所謂的平等，有兩個層次，一是「均富」，一是「均貧」。COVAX的理想有一個前提，疫苗充足。「分配」最困難之處在於「公平」，而民主的精神就是平等的實踐。然而，如札卡瑞亞（Fareed Zakaria）的書所說，「疫苗民族主義」可能會使我們過去為改善不平等所做的努力功虧一簣，世界將重回嚴重不平等的狀態。[24]

---

[23] 林聰毅編譯，〈疫苗民族主義，賠上全球經濟〉，《經濟日報》2021年2月7日，「綜合外電疫情」。

[24] 札卡瑞亞（Fareed Zakaria）著，盧靜等譯，《後疫情效應：CNN「札卡瑞亞 GPS」主持人給世界的10堂課》（*Ten Lessons for a Post-Pandemic World*，台北：天下文化出版社，2021年。

肆、不被祝福的民族主義

　　這場災難，還看不到曙光，但以之而形成的「疫苗民族主義」，差不多已到了日薄西山的情境，變成另一種「平庸的民族主義」。「疫苗民族主義」的重點不在「民族主義」，而是「疫苗」。疫苗是一種商品，經由交易與分配，任何民族都可取得，只是時效問題，若不是因為傳染性和致死率太可怕，誰會在乎？訴諸於民族主義，無意義。美國可以繼續偉大，族群衝突與紛爭依舊每天上演。民族主義一直都存在，與疫苗無關，說它是新的可以，說它是舊的也可以。總而言之，作為一種思想體系，「疫苗民族主義」欠缺可供後續研究的內涵，嘴上說（on the lips）的多於紙上寫的。

　　民族主義是一種「相對」的稱呼，用以指稱別人，例如「這種」民族主義，「其」民族主義，不會說「我們的」民族主義。甚至，從事或奉行民族主義的人與團體，也不大會表明他們是民族主義者，比較常聽到的是「愛國者」。以漢字的語意來看，國家與民族不同，在西方多數是一個民族一個國家，中國則是多民族國家。因此，nationalism就可以譯成「民族主義」、「國族主義」與「國家主義」。就此而言，若將「疫苗民族主義」改為「疫苗國家主義」，便可合理化這種以自己國家人民為優先的政策。

　　民族主義的倡議，必然有個最終的目的。「分離主義」（separatism）是為了建國，蘇格蘭（Scotland）與加泰隆尼亞（Catalunya），建國之路還在進行，即便都是利用公投模式，但

命運大不同。民主政治的價值在於不必凡事訴諸暴力，但是依據歷史的經驗，武力經常是解決紛爭最好用的手段。「伊斯蘭國」（The Islamic State，簡稱IS）雖然建國失敗，但是這種極端的民族主義，讓西方世界驚恐至極，會不會死灰復燃，無人敢打包票。「伊斯蘭國」與「疫苗國家主義」，乍看之下沒有關聯，其實二者有很多的共通性，他們是「壞的」民族主義，對人類、對世界和平沒有好處。如同「分離」與「建國」，處在對立面，但很難區分好與壞。「伊斯蘭國」很殘暴，可還是有很多人嚮往。「疫苗國家主義」不好嗎？那要看誰在說話。當法國總統馬克宏（Emmanuel Jean-Michel Frédéric Macron）在歐盟視訊峰會後告訴媒體說「別再天真下去了⋯⋯」時，[25]已違背法國大革命所追求的理想——「自由、平等、博愛」。

奈倫（Tom Nairn）曾用羅馬神話中的雙面神「雅努斯」（Janus）來形容民族主義的雙面性：「它站在大門口的高處，一面向前看，一面向後看⋯⋯正如民族主義佇立在人類社會走向現代的道路上。」[26]奈倫認為所有的民族主義既是健康的也是病態的，既是進步的也是倒退的，民族主義的本質很曖昧。[27]原先奈倫只說民族主義具有雙面性格，有健全的一面和不好的一面。後來竟被演繹成民族主義有兩種：一種是好的，一種是壞的。「好與壞」的分類上承「西方東方」的邏輯，下啟「公民與族裔」的判別，所有的「二分法」都帶有某種程度的道德與價值判斷。江

---

25 陳怡君譯，〈AZ疫苗供應引罵戰，法國挺歐盟限制出口〉，《中央通訊社》2021年3月26日。

26 Tom Nairn, "The Modern Janus", *New Left Review*, No. 94, 1975, p.18.

27 Tom Nairn, *The Break-Up of Britain: Crisis of Neo-Nationalism*（London: NLB, 1981[1977]），pp.347-348.

宜樺認為十九世紀時的學者並不嫌惡民族主義，它和自由主義是可以相提並論的。進入二十世紀後雙方才開始漸行漸遠，最後竟成陌路，尤其是經歷了兩次的世界大戰，民族主義幾乎等同於戰爭。[28]所有民族主義都是「壞的」，有很多人會抗議，但是若說，有很多壞的民族主義，大致上沒有問題。

　　好的民族主義概念認為「民族性」是建立在共同的公民身分上，是自由的、民主的，其表現形式就是「公民的民族主義」（civic nationalism）。「公民」與「族裔」並不是兩個對等的概念，前者是一種「身分」，後者是一種「團體」，因此而形成的民族主義很難擺放在相同的水平上來比較，這種「二分法」顯現了「歐洲中心論」的偏執。一般而言，「公民」的民族主義都發生在西方國家，而「族裔」的民族主義則主要為亞非國家。「疫苗民族主義」之所以是迷思，在於它是「西方的」、「公民的」，但卻是「壞的」。比利格在《平庸的民族主義》中引述阿蘭特（Hannah Arendt）的話說：「平庸不等於無害」，[29]「公民民族主義」也會帶來災難。對杜脫洛夫（Tzvetan Todorov）而言，公民民族主義是一種優先選擇，對自己家園的偏好多於對別人的家園。因此，那是一種反世界主義的選擇。[30]

　　「疫苗民族主義」沒有可研究的深刻內涵，但是它所岔出來的話題，比較令人擔憂。例如「反世界主義」、「反全球化」、「極右思想」，以及「反智主義」等。「疫苗接種」向來就存在著爭議，這是一種「矛與盾」對決，病毒也可以有好處，疫苗也

---

[28] 江宜樺，《自由主義、民族主義與國家認同》，台北：揚智文化出版社，1999年。

[29] Billig, *Banal Nationalism*, p. 7.

[30] Tzetan Todorov, *On Human Diversity: Nationalism, Racism and Exoticism in French Thought*（Cambridge, Mass.: Harvard University Pr., 1993），p. 172.

有可能致命。於是,科學和迷信的糾纏不清,成了當下許多民主國家傷腦筋的問題。「疫苗民族主義」的問題容易解決,反對疫苗、不信任疫苗的心態,才是公民民族主義的難題,迫使政府必須用非民主的手段來遂行公民的利益。「新冠肺炎」是科學的問題,「疫苗接種」也是科學的問題,但是有很多人用非科學的態度來面對它。雖然科學不是萬能,但科學代表理性,有其一定的道理,也算是一種世界潮流。民族主義不符合世界主義的價值,基本上是反全球化的,「疫苗民族主義」更放棄了人道主義的追求,對奉行世界主義,支持全球化的人來說,「愛國」不徒不道德,而且是罪惡。

譚德塞曾多次表示疫苗公平最終關係到人權,疫苗民族主義違背了這一點。中國政府對「人權」一詞很敏感,當歐美各國奉行疫苗民族主義之時,中國卻以疫苗外交展現其關心人權的人道主義。中國的網路民族主義向來很強勢,但因西方國家普遍不喜歡民族主義,中國政府外交部發言人華春瑩說,這不是什麼民族主義,是一種「樸素的愛國主義」。顯然,一般人對區分這兩種意識形態也不大了解。盧卡斯(J. Lukacs)認為這很重要,民族主義的對象不只包括國家,而愛國主義的對象卻只有國家。[31]「維基百科」在定義「公民民族主義」時說它是一種反對排外的愛國主義,所以,愛國主義也是一種民族主義。霍布斯邦曾將愛國主義分成「民族的愛國主義」(national patriotism)與「政治的愛國主義」(state patriotism),前者對內,用以凝聚向心力;後者對外,用以產生敵我區隔。依此邏輯,「疫苗民族主義」更接

---

[31] J. Lukacs, "Nationalism and Patriotism", *Freedom Review*, Vol. 25(1994), pp.178-79.

近於愛國主義。

　　安德森（Benedict Anderson）認為，報紙、小說之類的「印刷資本主義」，對想像共同體的形成有無比的重要性。換言之，對安德森而言，「民族」這個「想像的共同體」，最初是透過文字（閱讀）來想像的。[32]印刷科技對日後民族的形成，扮演極其關鍵的角色。世衛一直呼籲「疫苗」是全球公共產品，任何國家都不應獨占。似乎搞錯方向，誤以為疫苗只是商品，殊不知疫苗代表「科技」成就。商品可以出售，但科技不可分享。加拿大可以購買足供全國人民打四次的疫苗數量，但碰到歐盟禁止出口，再多的錢也沒用。因此，世衛要譴責的不是富國，是科技大國，台灣也算是富國，一樣有錢買不到。台灣政府曾一度想要用晶片去跟人家換疫苗，只因晶片需求沒有很迫切，否則未嘗不可以有「晶片民族主義」。

伍、結語

　　用一種「瑣羅亞斯德教」（Zoroastrianism）的教義來看，這世界有光明與黑暗、善與惡，互相之間進行著長期、反覆的鬥爭，民族主義似乎就是如此。近代歷史上出現的民族主義不下數十種，沒有一種可以輕易實現。民族主義是一條漫長的路，支持的力量、反對的力量彼此抗衡，最終的結果可能不如預期，但要說就此結束，絕對不是事實。轉換一下麥克阿瑟（Douglas MacArthur）的話：「民族主義不死，只是凋零。」布宜利說民

---

[32] 吳叡人，〈認同的重量：《想像的共同體》導讀〉，2021/03/18檢索。https://whogovernstw.org/2015/12/15/rweirenwu3/

族主義是一種「寄生的」（parasitic）運動和意識形態，由它所反對的東西來決定它的性質。[33]以疫苗民族主義為例，支持者的想法不重要，反對者的理由才是重點，我們要從它所寄生的客體來解讀。反對疫苗民族主義，不是反對民族主義，反對的是列強（富國）對有限資源的掠奪，對智慧財產的獨占，一種商業行為與外交關係，不是「意識形態」。[34]

　　「疫苗民族主義」可做不可說，即便常被批評的英國和歐盟，也說他們反對「疫苗民族主義」，不曾禁止疫苗出口。的確，網路上找不到任何支持「疫苗民族主義」的言論，這是一種一面倒的不對稱，不是民族主義應該有的現象，讓人懷疑真有「疫苗民族主義」這種事嗎？作者支持「疫苗民族主義」，因為民族主義是一股動力，各國競相研發疫苗所為何來，不就是為了自己的國家，保護自己的國民嗎？根據瑞士聖加侖大學（University of St. Gallen）的統計，全球至少有六十九個國家在疫情初期，曾禁止或限制防護裝備、醫療設備或藥品的出口，[35]台灣也是其中之一。愛國永遠沒有錯，不接受愛國主義就不是國民，「本國優先」沒有錯，「疫苗民族主義」也沒有錯。

　　沒有人敢說「疫苗民族主義」是「好的民族主義」，但卻壞得有道理，壞得讓人不想放棄。或許，「疫苗民族主義」沒有所謂「好壞」問題，因為好壞總是相對的。既然民族主義與族

---

[33] Breuilly, *Nationalism and the State,* p. 396.

[34] M. Mann, "The Emergence of Modern European Nationalism", in J. A. Hall & I. C. Jarvie（eds.）, *Transition to Modernity: Essays on Power, Wealth and Belief* （Cambridge: Cambridge University Pr., 1992）, p. 137.

[35] Peter S. Goodman, Katie Thomas, Sui-Lee Wee and Jeffrey Gettleman, "A New Front for Nationalism: The Global Battle Against a Virus," *The New York Times*, April 10, 2020.

群有關，那就由個別的族群去決定是好是壞，要與不要奉行。「疫苗」是新的東西，但「疫苗民族主義」所牽涉的行為與想法，又似乎不那麼新。新舊不會只是單純的歷史發展時序，依舊藏著「好與壞」的理念。1965年歷史學家賽頓－華生出版《民族主義，舊與新》，[36]1999年布列宏尼（Kelvin J. Brehony）和雷索（Naz Rassool）合編了《民族主義舊與新》，[37]兩本書相距三十年，書名卻差一個逗點。這個逗點也許有它在文法上的意義，但是最讓學者困擾的是「舊與新」有那麼重要嗎？

即使用二本書的篇幅還是講不清楚新舊的區分，「疫苗民族主義」肯定不同於傳統的民族主義，但是，作為一種「新的」民族主義，究竟又新在哪裡？媒體報導，在「新冠病毒」抬頭之前，美國與歐洲的民粹思想和民族主義已在上升，[38]對全球化的風潮普遍不滿，病毒大流行加速了這種民粹與民族主義。2020年8月，譚德塞與教宗終於用了「疫苗民族主義」這個詞，自此之後媒體紛紛報導、轉述。以此推論，「疫苗民族主義」的出現還不到一年。但它並不是騰空出世，它是當時全球氛圍下的產物。這種氛圍成熟於1980年代末期，2010年在歐洲和北美崛起，史家稱之為「新民族主義」（neo-nationalism）。2016年的英國脫歐、川普的當選美國總統，乃至習近平的「中國夢」，都被視為是這種民族主義思潮表達的結果。

此處的「新」，不同於前述書中的定義，希臘哲學家赫拉

---

[36] Hugh Seton-Watson, *Nationalism, Old and New*. London, 1965.

[37] Kelvin J. Brehony and N. Rassool（eds.）, *Nationalisms: Old and New*. New York: St. Martin's Press, 1999.

[38] 王慶剛，〈川普下台就沒事了？中產階級的怒火將持續助長民粹主義〉，《天下雜誌》，第717期，2021年2月22日。

克利圖斯（Heraclitus）曾說：「萬事萬物都處於永恆的流動狀態。」對於民族主義的理解必須抱持這樣的心態。[39]「新民族主義」可能與不同地區風行的政治立場相聯繫，如右翼民粹主義、反全球化、本土主義、保護主義、反移民主義、反對伊斯蘭教和穆斯林、反華和歐洲懷疑主義等。以疫苗民族主義而言，明顯具有其中的某些特質。從新民族主義的框架內來看，「疫苗民族主義」完全沒有新的內涵，就只是一種反全球化的實務運作，參雜著愛國主義與民粹主義。

福山在《歷史的終結與最後一人》書中說，如果讓他打賭，五十年後，是美國與歐洲在政治上更像中國，還是中國會更像歐美，他毫不猶豫地選擇後者。個人認為，這場「瘟疫」會讓福山改變觀點，事實上也的確如此。2018年福山接受《新政治家》雜誌訪問時，已肯定馬克思（Karl Marx）所說的話有些是對的，甚至覺得「社會主義應該回來」。[40]這場防疫大作戰，暴露了民主政體的脆弱，「封關、封城、宵禁」，乃至「戒嚴」，以及各種行政命令的限制人民自由，這些屬於威權國家的統治手段，竟輕易出現在所謂「自由民主」的社會，讓人不禁懷疑，最後崩潰的不是威權國家，而是民主政治。

我們從疫苗行為學到的政治哲學是，和自體免疫疾病一樣，一個民主國家的實體政治因為社會經濟弊病而弱化時，就會爆發民族主義，但是實體政治復原後不見得能消滅此疾病。科學家相信人類有能力對抗這個疾病，福山也相信民主政治可以化解民粹

---

[39] 引自 Louis Snyder, *The New Nationalism*（New York: Cornell University Press, 1968），p. 4。

[40] George Eaton, "Francis Fukuyama interview: 'Socialism ought to come back'", *NewStatesman*, 17 October, 2018.

主義，只是，在全球化與反全球化的衝突中，民粹主義不會那麼快消失。[41]植根於民粹主義，被視為反全球化表徵的「疫苗民族主義」，同樣不會立刻消失。因為，如同葛爾納所說，[42]民族主義其實是某種非常獨特的愛國主義，只有在某些特定的社會條件下才能形成風潮，蔚為主流。「疫苗民族主義」便是這種「奇特的」愛國主義，只要人類不放棄以「國家」作為生活的群體，愛國主義永遠是一種「必要之惡」，類似的「疫苗民族主義」會再「似曾相識」地重現。

---

[41] 參閱埃尤爾（Nadav Eyal）著，胡宗香譯，《反抗：當激進變成主流，正在改寫世界經濟、政治、文化的反全球化抗爭》（*Revolt: The Worldwide Uprising Against Globalization*），台北：天下雜誌出版社，2021年。

[42] Ernest Gellner, *Nation and Nationalism*（Ithaca: Cornell University Press, 1983），p. 138.

第四章
民族主義研究理論

壹、前言

　　在民族主義理論的研究中有三項議題，一直處於支配的地位。在倫理學與哲學方面，學者關心的是民族在人類生活中所扮演的角色：我們是否該將民族視為本身就是目的，一種其他各種價值無法匹敵的絕對價值？或是我們應該將民族與民族認同理解為僅是達成其他目標與價值的手段的一種近似價值觀，因此會受時間、空間，與環境背景的影響，尤其是現代的形勢？在人類學與政治學方面，學者關心的是如何從社會的角度來界定民族：民族屬於哪一種共同體，個人與此一共同體的關係如何？民族的本質是否為族裔文化，也就是說共同體（真實的或虛構的）的成員來自共同的祖先，因血緣、親屬關係、共同的歷史，與相同的語言而結合在一起？

　　或者從別的觀點來看，民族是建立在共同的領地或與居住地、公民權與共同的法律，以及個人之間的關係，人民可以自由選擇他們想依附的對象嗎？在歷史學與社會學方面，學者關心的是民族在人類歷史中的地位：我們是否該將民族看作是永恆不朽

的共同體，有其久遠的歷史與文化？或者應該視民族僅是近代的社會建構與文化加工品，一方面被束縛住，另一方面又有延展性，是某一歷史階段的典型產物，特別是當代的成果，因此，注定要隨著時代的流逝而事過境遷，不再適用？

這三項議題與爭議始終縈繞在民族與民族主義的研究中，我們可以預料它們彼此之間一定會重疊而且糾纏不清，甚至可以預知民族主義的理論家無法清楚地劃出他們的立場界線。通常他們都會得出這樣的結論：民族會一再出現，但它也是不朽的；民族是手段也是目的；民族是社會與政治的共同體，但是有絕對的價值觀。這種混合多種風味的論述將成為新民族主義研究的特色。除此之外，第三項議題其實是合併了兩種不同的議題：

1、民族是古代的或是現代的。
2、民族是演化而來的或是社會的建構。

我們可以預期它們的答案一樣會充滿多重的風味，但是經仔細分析後還是會發現有一些共性足以讓我們拿來做分類的基礎。本章將最近學術界有關這兩項議題的爭論分成四個範疇，一般較常用的名稱是「原生論」、「持久論」、「現代論」，與「族裔象徵論」，探討各個範疇內的學者如何解釋民族的起源和演變。

大致說來，「原生論」與「持久論」者相信民族自古即有，年代不可考，但至少在十四至十六世紀時便已存在。「原生論」強調「民族」的不變性，也就是說今天的民族就是古代的「民族」。「持久論」者接受「民族」的演變性，雖有浮沉但不致消

失，喜歡用「睡美人」的故事做比喻。「現代論」者宣稱「民族」是法國大革命以後的近代產物，是工業化社會的結果，而且是先有「民族主義」才有「民族」。至於「族裔象徵論」則帶有妥協與中道的色彩，這一派的學者人數較少而且不受重視，主要是將「民族」與「族裔」做區隔，現代之前的「民族」稱為「族裔」，族裔與民族有關但不可以劃上等號，如此就可以擺平「原生論」與「現代論」的爭議。這四個名詞的英文會被誤以為是一種意識形態，這是一種誤導，誠如史密斯所說，我們最好當它們是一種接近民族主義、了解民族主義的「觀點」或「透視法」，[1]不是一種理論。

主張「原生論」的學者以紀爾茲、葛林非德、哈斯汀、凡登柏等四人為代表，主張「持久論」的學者以羅倍拉、費雪曼、康諾，和阿姆斯壯四人為代表。主張「現代論」的學者相當多，本章僅以葛爾納、安德生、奈倫、赫克特、布宜利、霍布斯邦、坎度里和曼恩等人為例。主張「族裔象徵論」的學者只有史密斯。另外則是一些所謂「後現代論者」如霍爾與比利格等人。這些學者的成就與代表性都是可以肯定的，較大的爭議點可能是分類的問題。布宜利說：「分類只是一些彼此有關係的定義組合，從經驗上來看，它們不是對與錯的問題，而是對我們理解民族主義是否有幫助。」[2]

---

[1] 參閱史密斯與葛爾納在華威大學的辯論，此為史密斯對「族裔象徵論」的界定。同樣的道理，也可以用來說明其他的方法。Anthony Smith, "Opening Statement: Nations and their Pasts", *Nations and Nationalism*, 2（3）, 1996, pp. 358-65。

[2] John Breuilly, *Nationalism and the State*（Manchester: Manchester University Pr., 1993）, p. 9.

貳、原生論

　　首先，「原生論」是一種方法，而不是理論或意識形態。這個字詞來自於primordial這個形容詞，意指「原始的」、「最初的」和「根本的」。這個字詞最早出現在席爾思（Edward Shils）於1957年時所寫的一篇文章中，他用這個字詞來描述家族內的關係，認為讓家族成員凝聚在一起的力量不是來自彼此的互動，而是一種與血緣有關難以形容的關係。[3]若從立論的精神來看，「原生論」受到赫德（J. G. Herder）與「浪漫主義」學者的影響，強調民族是自然的，是類似由上帝所創造的永恆實體，特殊的語言和文化在每一個民族的歷史發展中相當重要。維繫社群於不墜的不是經濟、社會與政治方面的因素，而是社群的情感與概念的構成。[4]

　　在1950至1960年間，大部分的「原生論」方法都被用在討論低開發社會的族裔衝突，其論點是：「落後」社會的政治行為主要是建立在情感和直覺，以及帶有「種族」（tribe）血緣關係傳統的基礎上。按照這個邏輯，隨著經濟的發展，現代化的進程應該會帶來更理性的政治行為，或出現一種接近現代化國家具有民主精神的「公民民族主義」（civic nationalism），而不是依賴共同祖先的社群。但是這種樂觀主義，從1960年代後期以後便逐漸被腐蝕，比亞法利（Biafra）、孟加拉（Bangladesh）、北愛爾蘭

---

[3]　E. Shils, "Primordial, Personal, Sacred and Civil Ties", *British Journal of Sociology*, 1957, 8（2）, p. 142.

[4]　M. Guibernau, *Nationalisms: The Nation-State and Nationalism in the Twentieth Century*（Polity Press, 1996）, p. 2.

和巴斯克（Basque）層出不窮的暴力事件和族裔衝突固然令人失望，卻也給民族主義的學者帶來新的研究契機。面對這些地區現代化的失敗，「原生論」再度受重視。但是，此時期的「原生論者」對族裔情結的道德評價已有改變，對1950至1960年代第三世界的族裔主張傾向於負面的描述，因為發生了太多內在且倒退的非理性暴力事件。無論如何，經由對當代少數族裔發展的研究，「原生論者」得到這樣的結論：族裔的維護對個人的自我滿足與集體自決，道德上說來是很有用的基礎。[5]

任何國家的圖書館都可以找到一大堆強調「原生根源」的歷史書籍，這些書多數由民族主義者所撰寫。坎度里（Elie Kedourie）編了一本文獻選輯，收錄亞洲及非洲各國民族主義者的論述，這本《亞洲與非洲的民族主義》對我們了解「原生論」思想幫助很大。本書收錄了二十五篇民族主義者的文章，包括孫逸仙的「民族主義原理」，坎度里並且為此書寫了一篇足以出單行本的〈導論〉。[6]坎度里認為：「現在大家都承認亞非地區的民族主義乃是對歐洲優勢的一種反動」，[7]但是有關這種反動的本質、方法等諸多問題卻沒有共識。亞非國家成了「原生論」學者最喜歡的田野調查對象，紀爾茲的《文化詮釋》便是來自對戰後第三世界國家的觀察，尤其是脫離殖民地統治運動。多數「原生論」的著作都有這種背景，這些例子說明了要了解「原生論」的觀點一定不能忽視亞非國家的歷史。

---

[5] David Brown, *Contemporary Nationalism: Civic, Ethno-Cultural, and Multicultural Politics*（Routledge, 2000），p. 9.

[6] Elie Kedourie（ed.），*Nationalism in Asia and Africa*, London, 1971. 共152頁，沒有分章節。

[7] 同上，頁1。

「原生論」的方法最初是用來解釋族裔認同的起源與用處，因受到「族裔淵源爭論」的影響，以致容易讓人產生一種誤解，認為「原生論」的爭議應該有兩種。一種是「持久論者」與「現代論者」之間關於民族的古老性之爭議，另一種是「原生論者」與「工具主義者」之間關於族裔關係的本質之爭議。[8]一般學者甚至無法細分「持久論者」與「原生論者」的不同，這兩種方法的確有重疊之處。「現代論者」通常也是「工具主義者」（反之亦同），而「持久論者」也是某種「原生論者」（反之亦同），但是這種過於簡單的二分法已因一些新理論的提出而變得更加複雜。並不是所有的「現代論者」都接受粗魯的「工具論」，「持久論者」也不一定會成為「原生論者」，我們甚至可以找到主張「工具論」的人其實是某種「持久論者」，但是，一個徹頭徹尾的「原生論者」用「現代論者」的觀點去解釋民族與民族主義，這種情形倒是很少見。[9]

　　「原生論者」自己並沒有形成一種獨占性的範疇，多數被歸為「原生論者」的學者並不以「原生論者」自居，這個專有名詞通常是別人對他們的稱呼，不像「現代論者」會清楚表明自己的立場。「原生論者」之間還可以再區分出次級類型，受到史密斯著作的影響，[10]奧茲克林里（Umut Özkirimli）將它分成三種版本，分別是「自然主義的」、「社會生物學的」與

8　Anthony Smith, "The Problem of National Identity: Ancient, Medieval and Modern", *Ethnic and Racial Studies*, 17（3），1994, pp. 375-99.

9　Anthony Smith, *Nationalism and Modernism: A Critical Survey of Recent Theories of Nations and Nationalism*（London; New York: Routledge, 1998），p. 147.

10　Smith, "The Problem of National Identity", pp. 376-377; *Nations and Nationalism in a Global Era*（Polity Press, 1995），pp. 31-3; *Nationalism and Modernism: A Critical Survey of Recent Theories of Nations and Nationalism*, Chapter 7.

「文化主義的」方法。另一種分類方法是由蒂蕾（V. Tilley）所設計，[11]她將原生論的方法再分成三種類型，稱之為「生物學的」、「心理學的」和「文化的」方法。但是，蒂蕾的分法主要是為了族裔認同的研究，與奧茲克林里的目的不同。史密斯則分成「生存適合性」與「既成文化論」。[12]分類的目的是為了方便分析，社會學家尤其偏好建立「類型學」。然而，任何的「歸納」方法都會有例外，選擇了這些學者，必然就會排擠其他的學者，因此，雖然本章所選的學者都有其代表性，還是會有遺珠之憾。

一、紀爾茲（Clifford Geertz）

紀爾茲是芝加哥大學的人類學教授，在文化人類學研究上堪稱是位指標性的人物。專攻印度尼西亞和摩洛哥的文化與社會，1973年時出版《文化的詮釋》，該書係由許多篇文章彙編而成。從1960年代開始，他剛從研究所畢業到應出版商之邀將之集結出版，前後達十五年之久。這十五年來世界局勢變化很大，他所論述的一些人物或國家都發生了改變，以至於重讀這些文章時會覺得與現實有落差。為了解決這個問題，紀爾茲另外寫了一篇文章，即本書中的第一章，當作是一種導論。一本歷經十五年的書，尤其是以個案經驗為基礎的論著，不可能維持前後一致的觀點。例如，早期的時候他非常關心「功能論」，但後來就很少再提了。

---

[11] Virginia Tilley, "The Terms of the Debate: Untangling Language about Ethnicity and Ethnic Movements", *Ethnic and Racial Studies*, 20（3）, 1997, pp. 497-522.

[12] Smith, *Nationalism and Modernism*, pp. 146-153。

紀爾茲主要是從人類學的角度來探討人的原生依附情感，他是「原生論」早期的代表性人物，他認為所謂原生依附指的是一種「與生俱來的」社會存在事實，如果考慮到文化的因素，精確地說，應是「被認定為與生俱來的」：一種直接的關聯或是主要的親屬關係，除了這些關係之外，與生俱來的「事實」讓他們生來就在一個特別的宗教社群內，用獨特的語言或方言，遵循著獨特的社會習俗。這些血緣、語言、風俗的一致性，被認為是一種難以形容，並有時候具有無法抵抗的強制性。[13]

　　這段話非常有代表性，幾乎出現在所有論述紀爾茲「原生論」思想的文章中，可以說就是紀爾茲「原生論」思想的精髓。紀爾茲強調文化的原生情感之重要性，他把文化視為是一種象徵體系，是我們對世界的看法及對事物的認知基礎，而且具有一定程度的強制性。「它們表達了我們個人的感情、日常需要、共同利益以及相關義務，還有一大部分是被我們賦予一些無法解釋，但又具絕對重要的意義。」換句話說，正是這些原生的情感依附構成我們的身分與認同的基礎。[14]

　　蒂蕾不同意將紀爾茲歸為「原生論者」，她認為從紀爾滋解釋文化的方法看來，他根本就是「建構論者」。蒂蕾引述紀爾茲《文化的詮釋》書中的一段話來說明這個事實。「相信韋伯所說，人是懸盪在自己所編織的意義之網中的動物。我認為文化就像那張網，因此，對該『網』的分析，就不是一種找尋定律的經驗科學，而是一種意義的詮釋。」[15]就蒂蕾看來，紀爾茲只是利

---

[13] Clifford Geertz, *The Interpretation of Cultures*（New York: Basic Books, 1973）, p. 259.
[14] 同上，頁263。
[15] 同上，頁5。

用「原生的」這個形容詞中所含的「首先」之意來突顯文化建構的方法，經由這種方法一些基本概念成了個人思想、價值觀、風俗習慣與意識形態建構的基礎。[16]

「建構」正是「原生論」的特徵。紀爾茲談到1945至1968年間新成立的「國家」高達六十六個，多數是在國際強權的安排下建構出來的，族裔認同相當複雜，如何取得統治的正當性必須重塑一種新的文化認同，文化是建構的，族裔認同也是建構的，至少在第三世界國家這種情形特別明顯。「原生論者」不接受「演化」的觀點，對於民族或民族主義的起源只好採用「建構論」的方法，「原生」與「建構」這兩個概念其實並不衝突。

二、葛林非德（Liah Greenfeld）

葛林非德是哈佛大學的教授，這本「巨著」（高達五百八十一頁）出版於1992年，構想始於1982年，但真正開始撰寫是1987年秋天。此時期的民族主義研究已過了高峰期，對一種被多數人認定已是過時了的學術進行如此大規模的研究，確實需要足夠的動機。這和他歸化為英國國籍有關，這次的轉變讓他對「民族認同」的建構本質有更深一層的體會。

《民族主義：走向現代的五條道路》的主題是：民族主義是現代世界的基礎，要了解它的重要性，只有從解釋民族主義入手。作者以五個國家為例，探討民族主義如何產生、民族認同與民族意識如何被移植進入不同的文化模式中，形塑那些自認為是民族者的社會與政治結構。基本上，本書用的是社會學的研究方

---

[16] Tilley, "The Terms of the Debate", p. 502.

法，書中的這五個案例是依據該國家的民族認同與民族意識形成時間的先後次序排列。首先是十六世紀的英國，其次是1715至1789年間的法國，第三是十八世紀後半期的俄國，第四是十八世紀末和十九世紀初的德國，最後是十八世紀末到十九世紀中葉的美國。

對葛林非德而言，民族主義在歷史上出現的時間是可以定出來的，透過一些字辭典、法律文件和文學作品我們可以掌握此一概念的演進。他強調民族主義始於英國，但是，「英國民族的形成並不是一個『民族』的形成，而是許多「民族」的形成，亦即「民族主義」的形成」，[17]英格蘭只是引發這種過程的開始點。葛林非德將英國的「民族性」（nationhood）形成時期追溯到16世紀，與「現代論者」觀點正好相反。民族主義不是「現代性」的結果，反倒是民族主義的發展產生了「現代性」，[18]起因於一些較落後的社會想要超越原先支配它們的英國。

葛林非德在書中特別強調「族裔」（ethnicity）不同於「民族」（nationality）。雖然對「族裔民族主義」而言，民族與族裔可能是同義字，而且民族認同也經常被看作是一種「原生的」或「與生俱來的」族群性格之表現。構成這種「族裔」的要素包括語言、習俗、籍貫，和身體的一些特質。無論如何，葛林非德認

---

[17] Liah Greenfeld, *Nationalism: Five Roads to Modernity*（Cambridge, MA: Harvard University Pr., 1992），p. 23.

[18] 參閱Charles Taylor, "Nationalism and Modernity", in John Hall（ed.）, The State of The Nation: Ernest Gellner and the Theory of Nationalism（Cambridge: Cambridge University Pr., 1998），pp. 191-218. 在這篇文章中作者闡釋了各種不同的民族主義理論如何與「現代性」產生連結，包括現代政治文化的主要特質，以及造成民族主義興起的緊張與壓抑環境。有很多人從心理因素的層面來解釋民族主義，認為民族主義是一種情感的紓解，只有當人們處於錯置的社會經濟變遷的壓迫下，加上政治環境的惡化時，才能體會出「民族主義」的需求。

為這些所謂「客觀的」族裔特質本身並不能成為一種認同，即使是族裔認同也不可能。雖然民族認同經常會利用族裔的特質（這種情形明顯出現在族裔民族主義中），但是「族裔」不會孕育出「民族」，它只能被視為是某種原料，經過加工後可以產生不同的意義而成為民族認同的要素。就這個觀點而言，葛林非德不同於「族裔象徵論者」，在「族裔」和「民族」之間建立一條線性臍帶。葛林非德同樣反對「持久論者」的「睡美人」理論。「族裔」是經過選擇的，而且偶然性很高，因此「存在與不存在，只有一種選擇」。它不可能像某些疾病一樣，潛伏一段時期後突然被喚醒。[19]

從葛林非德所選擇的例子來看，尤其是美國，「民族認同」肯定不會等同於「族裔認同」，美國人沒有族裔性格，因為它不是「族裔共同體」，美國的獨特性是經過設計和慢慢發展出來的。族裔有其古代性和統一性，是自然的人群聚合，其人民具有某些共同的特性，但這些所謂的「族裔」並不會產生獨特的認同。葛林非德區分族裔與民族的不同，對二者之間的關係他的解決辦法是：族裔是族裔，民族是民族。族裔源自古代，民族最早始於十六世紀。族裔是固有的，民族意識可以建構。

三、哈斯汀（Adrian Hastings）

哈斯汀是英國里茲大學（Leeds University）的神學教授，寫過很多的書，但以《民族性的建構：族裔淵源、宗教與民族主義》最有名。這本書主要是1996年5月哈斯汀在貝爾法斯特

---

19 Greenfeld, *Nationalism: Five Roads to Modernity*, p. 13。

（Belfast）的「威爾斯講座」（Wiles Lectures）一系列的演講彙編而成，「威爾斯講座」培育了許多著名的民族主義研究者，像是霍布斯邦，他的《1780年以後的民族與民族主義》一書也是他在1985年5月時在「威爾斯講座」發表的作品。[20]哈斯汀很敬重這本書，認為它是最近幾年從歷史的角度討論民族主義最具影響力的著作。原本他打算以這本書作為他研究的起點，但是在讀完該書後，哈斯汀發現他對民族主義的了解與霍布斯邦「大異其趣」，他要走一條自己的路。

哈斯汀在該書的〈導論〉中第一句話便是：「民族、族裔性、民族主義與宗教是歐洲與世界歷史的四大決定性因素。」[21]他的論述讓人想到葛林非德，以被視為該書重點的第二章為例，標題為〈作為原型的英國〉，讓人想到葛林非德《民族主義：走向現代的五條道路》中的第一章〈上帝的頭胎子〉。哈斯汀引述了詩人亨雷（William Ernest Henley）的詩，談到英國（指英格蘭）是「神意挑選的女兒」，我們看得出來「原生論者」都帶有濃厚的民族主義情感。

哈斯汀認為「民族意識」約在十四至十六世紀期間在英國出現，因此，對他來說，英國是第一個民族（就這點而言，哈斯汀的見解幾乎是與葛林非德的翻版）。十四世紀時，特別是在英法長期的戰爭中，已經可以察覺出一種「英國民族主義」的存在，這種民族主義發展到十六、十七世紀時已徹底完成。哈斯汀認為民族的根源可以追溯到很古老的時期。只有在這種意思之下，才

---

[20] Eric Hobsbawm著，李金梅譯，《民族與民族主義》（台北：麥田出版社，1997年），〈序言〉。

[21] Adrian Hastings, *The Construction of Nationhood: Ethnicity, Religion and Nationalism* (Cambridge: Cambridge University Pr., 1997), p. 1

能說民族是「建構的」：現代民族是一系列外在與內在的因素交互作用下不可避免的結果，[22]還得加上一種國語文學、宗教的發展，這些被認為是構成民族的主要成分。正是這些因素導致許多族裔社群「自然地」發展成民族內部的統合要素。

哈斯汀之所以重要，在於他結合了「原生論者」與「建構論者」的議題，並據此為現代民族主義及其核心族裔根源之間的連續性提出精妙的解釋。現代民族主義有意識的集體認同和記憶，經常藉由文學與宗教來傳佈和激發，而共同遺傳世系的神話則包含了「一種有關民族起源必要的真實精髓」。[23]

四、凡登柏（Pierre van den Berghe）

凡登柏代表一種「社會生物學」的「原生論」觀點，也就是說他對人類社會的了解部分取材自對動物社會的觀察。「社會學」中有一這樣一個基本問題：「為什麼動物會有群居性，亦即，為何牠們會相互合作？」[24]答案是：「動物之所以互相合作，因為合作對彼此有利。」合作是有選擇性的，也就是說那是一種「同類選擇」（kin selection）。對凡登柏來說，「民族」其實就是「同類選擇」的延伸，所以，「民族」如同「族裔群體」一樣是代代相傳的族群。動物的「同類選擇」或「近親匹配」在人類的社會中，也是一種重要的凝聚力量。事實上，「族裔性」與種族都是「親屬關係」的擴大，族裔與種族的情感都可以理解為一種「同類選擇」的形式。

---

22 同上，頁31。
23 同上，頁169（註釋6）。
24 Perrie van den Berghe, "Race and Ethnicity: A Socio-biological Perspective", *Ethnic and Racial Studies*, 1（4），1978, p. 402.

但是，光靠「同類選擇」無法完全解釋人類的社會性，凡登柏另外又加了兩個原則：「互惠」與「強制」。「互惠」是一種基於利益分享的合作，結果可以預期，不限於同類之間。「強制」則是使用武力或單方面獲利。當社會日益膨脹且趨於複雜，單純依靠族裔、種姓或種族等「同類選擇」關係已經無法界定社會。凡登柏追蹤研究許多小型部落的發展後得出結論：只有靠不是承繼自祖先的文化發明和異族通婚才能擴大「原生模式的社會組織，成為更大型的社會，包容更多的人群」。[25]

　　如何知道是「同類」？有無快速且可靠的指標？就人類社會而言，語言、宗教、習俗、服飾、髮型或其他文化上的特色可以發揮作用。這句話似乎意謂擁有共同的文化特徵的人可能來自共同的祖先，換句話說，共同祖先的神話與生物學上的真實血緣關係產生了關聯。如果這是凡登柏的推論，那他肯定會被批評。因為如果「族裔性」要靠部分的共同起源神話來界定，而神話又無法找到生物學上的證據，那這種理論有何價值可言。為了讓理論有用，必須將神話做這樣的解讀：「族裔性」或種族不能被「發明」或憑空想像，但可以加以操作、利用、強化、融合或再切割，但一定要使它和先前的族群連結在一起，這個族群是靠同族通婚優先並有共同的歷史經驗來維繫。總而言之，對凡登柏來說「族裔性」「既」是原生的，「也是」一種手段（強調這兩個字）。[26]

---

[25] 同上，頁403-4。

[26] Perrie van den Berghe, "Does race matter?", *Nations and Nationalism,* I, 1995（3）, pp. 357-68.

參、持久論

「持久論」這個字詞出自史密斯之著作，而且除了他之外也很少有人加以論述，史密斯用這個名詞來指稱一種較不激進的「原生論」。「持久論」係perennial這個字詞加上ism而來，目前還沒有英漢字辭典收錄這個字詞。在教育哲學中有這個術語，稱之為「教育持久論」（educational perennialism），意思不盡相同。perennial的定義在一般字典中的界定有以下幾種意義：「終年的」、「多年的」、「經久不衰的」。[27]因此，「持久論者」是指那些抱有這種觀念的人：民族是歷史的實體，雖然經歷了數個世紀的演變，但是其固有的特質大致上一點都沒變。

「持久論」的主要觀點是：「現代民族是直接從中古時代的前身延續下來的。」[28]照這種觀點看來，我們常常會撞見「中古」或「古代」的民族！現代的所有事情，不論是科技的進步或經濟的發展都沒能影響人類聚合的結構，相反地，是民族與民族主義產生了現代性。[29]「持久論者」承認在漫長的歷史旅程中民族有起有落，載浮載沉，但是悲慘的命運絕對不會破壞民族的「本質」。只需要點燃民族主義之火，就可喚醒民族。麥諾格（Kenneth Minogue）用「睡美人」（Sleeping Beauty）這個字詞來描述這種情形，他說：「民族猶如睡美人，等待一個親吻來喚

---

27 顏元叔主編，《時代英英－英漢大辭典》，台北：萬人出版有限公司，1997年。
28 Smith, *Nations and Nationalism in a Global Era*, p. 53.
29 有關民族主義與「現代性」的「誰先誰後」問題，參閱Greenfeld, *Nationalism: Five Roads to Modernity*，第一章〈上帝的頭胎子──英國〉。

醒，民族主義者就是那位王子，將會施展出他的神奇之吻。」[30]

「持久論者」不一定就是「原生論者」，但二者關係密切，容易弄混。二種方法都看重「民族」的「古代性」，但「持久論者」較在意民族的不朽與經久不衰的性質。「持久論者」反對「原生論者」的「既成文化論」，也就是說民族與族裔群體應該是歷史演變、社會發展乃至於自然的現象，沒有所謂「與生俱來的」文化基礎。對「持久論者」來說，民族或族裔如同人類社會的其他現象，都會經歷成長與變遷。證諸史實，這種變遷從未間斷過，這是人類社會的基本特性。對其成員來說，民族或族裔社群何時開始，年代久遠，已無法追憶。

事實上，「持久論」與「原生論」之間的差異性不大，這兩種方法之間的異同不足以做分類的標準。「持久論」很難吸引新的研究者，誠如布魯巴克（Rogers Brubaker）所說：「今天，任何嚴謹的學者都不會接受原生論者的觀點：民族或族裔群體是原生的，永遠不變的實體。」[31]

然而，我們還是發現很多人無法完全忘情於「原生論」的想法，許多學者依然相信民族與民族主義的古代性。就算「現代論者」如葛爾納，當他論述「民族有肚臍嗎？」，最後仍不得不承認「有些民族有，有些民族沒有」。[32]霍布斯邦與藍格共同編寫的《發明的傳統》，[33]他們所謂的「發明」，也不是憑空想像，

---

[30] Umut Özkirimli, *Theories of Nationalism: A Critical Overview*（Basingstoke: Macmillan, 2000），p. 69.

[31] Rogers Brubaker, *Nationalism Reframed: Nationhood and the National Question in the New Europe*（Cambridge: Cambridge University Pr., 1996），p. 15.

[32] 參閱Ernest Gellner著，李金梅譯，《國族主義》（Nationalism）（台北：聯經出版社，2000年），頁99-119。

[33] Eric Hobsbawm & T. Ranger（eds.），*The Invention of Tradition.* Cambridge: Cambridge University Pr., 1983.

隨意杜撰，總還是有些「材料」。就此而言，這些民族主義的研究觀點並沒有種類之分，只是程度有別而已。

誰是「持久論者」？回答這個問題比界定「持久論」還困難，主要的癥結在於能夠作為選項的資料太少。另外，「持久論」只是一些陳述性的語句，不足以建構出一套理論規範，甚至連所謂的框架都很困難。總而言之，每個人的選擇標準不同，被選擇者也不一定認同這種定位，重要的不是他或她是「原生論者」或「持久論者」，我們要探究的是他們對「民族」或「族裔」的起源與本質真正的看法，並評述這些觀點的價值。

一、羅倍拉（Joseph R. Llobera）

羅倍拉最重要的著作是出版於1994年的《現代性之神：西歐民族主義的發展》。一般而言，「持久論」者並沒有明確說出民族主義起於何時，不同學者所定的日期都不一樣。大致而言都以十四到十六世紀期間為起點，即所謂的「中古時期」。如同紀爾茲和哈斯汀，羅倍拉在本書中也將民族的起源追溯到中古時期。[34]對「原生論者」或「持久論者」來說「中古」是很重要的段代，哈斯汀用來和「現代論者」對照的不是「原生論」或「持久論」，事實上他們都不用這些術語，而是「中古論者」（medievalist）這個字詞。[35]

某種程度上說，對起始點的強調正是辨別「持久論」與「現代論」差別的標準。英國是個民族國家，但是英國的民族意識始

---

[34] J. R. Llobera, *The God of Modernity: The Development of Nationalism in Western Europe*（Oxford and Providence: Berg Publishers, 1994）, pp. 219-21.

[35] Hastings, *The Construction of Nationhood*, p. 2.

於何時，也就是說「英國民族意識的黎明在什麼時候」，史家的定位點從八世紀到十九世紀都有。[36]羅倍拉認為「前現代」（即中古）時期的文化和疆界的結構是近代歐洲民族形成的長期基礎。在《歷史記憶在（族裔）民族建構中的角色》中羅倍拉更以西班牙的加泰隆尼（Catalonia）為例，說明共享的記憶對塑造現代民族的重要性。[37]羅倍拉反對「現代論者」將民族主義當作一種現代現象，他認為早在中古時期一種初期的「民族認同」便已出現了，[38]他甚至認為在奈倫（Tom Nairn）的「不均衡發展理論」中有關資本主義的影響在中古時期便可感受得到。[39]把整個研究重心完全放在最近二百年的歷史，然後在此架構下來了解民族的形成，對羅倍拉來說，這不是最好的方法。[40]

二、費雪曼（Josua Fishman）

費雪曼任教於紐約耶希華大學（Yeshiva University），是社會語言學方面的傑出學者，專攻東歐的族裔問題與語言，主要著作《語言與民族主義》。[41]由於對前蘇聯統治地區新國家形成後語言標準化的興趣，使他開始注意語言在民族主義建構過程中的角色和意義。讀他的著作時很容易就可以發現赫德對他影響，尤其是赫德對語言的論述。費雪曼在這本書中首先簡短地回顧希臘人

---

[36] 同上，頁35。

[37] J. R. Llobera, *The Role of Historical Memory in (Ethno-) Nation-Building*, London: Goldsmiths College, 1996.

[38] Llobera, *The God of Modernity*, p. 202。

[39] 同上，頁215。

[40] 同上，頁3。

[41] Joshua Fishman, *Language and Nationalism*, Rowley, Mass.: Newbury House, 1973. 部分內容收錄在 S. Woolf（ed.），*Nationalism in Europe, 1815 to the Present*（Routledge, 1996），pp. 155-70.

和希伯來人族裔歸屬感的歷史，強調語言與族裔之間的關係相當密切，更重要的是他要證明這種還未被動員起來且無法追憶的族裔，在我們的日常生活中的無所不在的事實。他說，「族裔」是關於「是」（being）、「做」（doing）和「知」（knowing）的事。從「是」的角度來看，費雪曼說：「感覺上，族裔始終是一種親屬關係的現象，一種存在於自我或那些有共同祖先淵源者內部的串聯。有時候又像是一種『骨生骨、肉生肉、血生血』的關係。人的身體本身便被視為是族裔的展示，族裔就是我們的骨肉與血液。」[42]

換句話說，族裔具有生物學上的成分但又不僅僅是如此，它超越了身體的層次，涉及到「做」的層面。族裔「做」了很多事：保存、確認、提升集體認同與自然的秩序。像是歌謠、聖歌、典禮、諺語和祈禱文等，都是族裔「做」的成果。「是」的層次是靜態的，「做」是動態的，會改變「族裔」的方向。如果變化是真實可靠的，那麼，「過去」便會被重新詮釋或調整。至於「知」則是要來證明族裔的真實性，這是一種集體性智慧，需要透過可靠的媒介加以表達。因此，族裔性格會改變，但是這種「易變性」或「現代化」必須按照族裔自己的方法來進行，而且要符合族裔自己的特質。在整個變化進程中，這種根深柢固的歸屬感（即族裔的真意）必須保留下來。

費雪曼沒有解決「持久論者」關於「族裔持續」與「族裔再現」的問題，對他而言「族裔」是代代相傳的，當民族等同於族裔時當然也就沒有所謂的「民族主義」問題了。費雪曼沒有告訴

---

[42] 引自Smith, *Nationalism and Modernism*, 頁160。

我們在這個移民混雜的歐洲社會中，形同「馬賽克」的族裔認同
如何建構，沒能解釋層出不窮的戰爭征服、殖民歸化和種族屠殺
的問題。我們必須了解愈是強調族裔特性，戰爭的危險就愈高。
「持久論者」對於「變」的強調，正是族裔衝突的起因。南斯拉
夫貝爾格勒大學（Belgrade University）教授維思那（Vesna）說：
「族裔衝突源自對未來不確定性的恐懼。」[43]「變化」對族裔而
言是一種傷害，如果有一天「變」到面目全非時，我們還能說這
個民族就是古時候的那個民族嗎？

三、康諾（Walker Connor）

　　康諾的主要著作是出版於1994年的《族裔民族主義》，這本
書是一系列有關民族主義研究的文章彙編。全書共二百三十四
頁，依文章屬性分成三個單元：第一單元「族裔主義與學者」，
討論英國的思想傳統、戰後美國的學術界和最近有關族裔民族主
義的發展；第二單元「檢視理解的障礙」，討論有關術語的混
亂，同質或經濟解釋的迷思、西歐的「非歷史性」等問題；第三
單元「學者與民族認同的虛構世界」，討論人是理性的動物嗎，
以及民族起源時間等問題。書中所收錄的文章都在期刊上刊載
過，除導論外，作者另外在每章之前加註一段序言說明該章節的
主旨。

　　首先，康諾提出這個觀點：「民族的凝聚」基本上是心理
的因素，而且是「非理性的」（non-rational）。但是並非「不合

---

[43] David Lake and Donald Rothchild, "Containing Fear: the Origins and Management of Ethnic Conflict", in Michael E. Brown（ed.）, *Nationalism and Ethnic Conflict*（MIT Press, 1997）, p. 99.

理的」（irrational），而是「超越理性」（beyond reason）。康諾
說：「對於何謂民族這個老生常談的問題我們的答案是：這是一
個人群，他們自認為來自相同的祖先。民族是能夠召喚個人忠誠
的大型群體，利用的是成員對親屬關係的自覺。從這個觀點來
看，民族其實是個充分擴大的家族。」[44]

康諾接著指出許多學者總是將「民族主義」與「愛國主
義」，「民族」與「國家」的觀念弄混，但是對民族主義的領導
人而言卻能明確地利用上述的觀念來動員群眾。他舉了一些例
子，從希特勒（Adolf Hitler）、墨索里尼（Benito Mussolini）到毛
澤東與胡志明，他們幾乎都是以血緣與親屬關係做訴求來煽動其
國民。康諾引述了二百年前夏多布里昂（Chateaubriand）的一段
話：「人不會允許自己為了利益而被殺害；但是會因為情感而犧
牲。」[45]康諾將它改寫成：「人們不會心甘情願為了合理的事物
而損軀。」[46]對康諾來說，愛國主義指的是對自己的國家及其制
度的愛，民族主義則是一種更為強烈的情感，是對自己民族的
愛。兩種感情不一樣，必須加以區別。為了說明民族是從「族裔
群體」發展而來，康諾引述韋伯（Max Weber）的話來支持他的
論點：「族裔性」涉及共同祖先之情。韋伯說：「所謂的族裔群
體指的是那些主觀地相信他們來自相同祖先的一群人⋯⋯，族
裔成員的身分與由假定的認同所形成的親屬群體身分，二者不

---

[44] Walker Connor, *Ethno-Nationalism: The Quest for Understanding*（Princeton: Princeton University Press, 1994）, p. 202.

[45] 夏多布里昂（Chateaubriand, 1766-1848），法國作家和政治家，生於聖馬洛。1801年時寫出《Atala》，一舉成名。1802年出版《基督教真諦》，在人文社會占有顯赫的地位。波旁王朝復辟後擔任過各種政治和外交職務，可惜未能實現當首相的願望。晚年寫成著名自傳《墓畔回憶錄》，1902年才全文發表，卒於巴黎。參閱《劍橋百科全書》，台北：貓頭鷹出版社，1977年。

[46] Connor, *Ethno-Nationalism*, p. 206。

同。」[47]

經過康諾的闡釋之後，得出一個結論，即「民族之前的民族」（pre-national people）或「潛在的民族」（potential nation）確實存在。康諾對「族裔」的理解，帶有些許「原生論」的傾向。「族裔」是一種非理性的心理特質，一種有著共同血緣關係的情感，始於何時已無從追憶，但是就算不是「原始的」，至少是「原生的」。康諾沒說明族裔群體始於何時，但對民族的自覺何時出現倒是有明確的答案。在「何時有民族？」中康諾一再強調民族的形成是一種過程，不是事件或突然出現的事。不同的地方情形也會有不同，許多第三世界族裔的「民族狀態」（nationhood）甚至都還沒完成。[48]

所以，答案是：當大多數的族裔成員意識到（或體認到）他們是個民族時，民族便誕生了。這句話的爭議性很大，如果民族意識是一種群眾現象，那肯定是近代以後的事。康諾的答案讓我們想到安德生（Benedict Anderson）的《想像的共同體》，[49]民族的形成要靠「印刷資本主義」，而「印刷資本主義」卻是工業主義下的產物。康諾以「覺得有親屬關係」作為民族形成的基礎，但是這種情感無法計量，無法統計，究竟需要多少比例的數值才能產生效用，沒有人能回答。但是，無論如何，康諾說：「認為民族在十九世紀末之前便已存在，這種主張必須審慎處理。」[50]

---

[47] 同上，頁102。
[48] 同上，頁223。
[49] Benedict Anderson著，吳叡人譯，《想像的共同體：民族主義的起源與散佈》，台北：時報出版社，1999年。
[50] Connor, *Ethno-Nationalism*, p. 224。

四、阿姆斯壯（John A. Armstrong）

阿姆斯壯是威斯康辛麥迪遜大學（University of Wisconsin-Madison）的政治學教授，著名的東歐政治專家。曾經寫過《烏克蘭的民族主義》和多篇與族裔認同有關的文章。但是以《民族主義之前的民族》最著名，堪稱是這個領域中的「傑作」（*magnum opus*）。[51]光從這本書的書名來看或許已約略可以猜出作者的立場。阿姆斯壯寫這本書共花了九年的時間，足跡橫跨四大洲，到處蒐集資料。在倫敦時更受到當時已成名的民族主義研究專家賽頓－華生（Hugh Seton-Watson）的提攜與鼓勵，賽頓－華生的著作《民族與國家》對他的啟發應該很大，[52]尤其是第二章〈海外的歐洲民族〉。阿姆斯壯在〈序言〉中說：「身為西歐裔的美國人和天主教徒，我不會也不能割捨自己的文化傳統。我用客觀公正的態度盡力呈現別人的文化——這是本書的精髓，因為我當它們是人類歷史最珍貴的成分。」[53]

人生的歷練與遭遇經常影響民族主義的研究者，當我們聽到葛爾納說，「如果不能在喝點小酒後哼唱波西米亞的民謠，我寫不出民族主義的書」時，[54]應該就能體會葛林非德寫《民族主義：五條走向現代性的途徑》一書時的心境。本書共有九章，若就本文所欲探討的主題而言，第一章〈一種理解民族起源的方法〉和第九章〈時空轉換下的民族〉最值得閱讀。其他部分則

---

[51] John Hutchinson & Anthony D. Smith（eds.）, *Nationalism*（Oxford University Press, 1994）, p. 362.

[52] Hugh Seton-Watson, *Nations and States*, London: Methuen & Co., 1977.

[53] John Armstrong, *Nations Before Nationalism*（Chapel Hill: University of North Carolina Pr., 1982）, "Acknowledgments".

[54] Gellner著，李金梅譯，《國族主義》，頁Xi。

用於討論前現代時期伊斯蘭與基督教文明中族裔認同的形成過程。[55]為何會特別重視這些地方？因為作者認為這些地方的歷史最能闡釋「族裔」的發展。阿姆斯壯對族裔關係的解釋和「現代論者」及歷史學家對民族的解釋有相似之處。對阿姆斯壯來說，族群認同（即所謂的「民族」）完全是前現代時期的族裔認同之現代對應物。阿姆斯壯認為打開人類歷史，明顯可以發現族裔群體與「異邦人」的區別在各種語言中都存在，族裔群體疆界的劃分便是靠這種差別做基礎。

阿姆斯壯看見了我們稱之為「族裔性質」的認知與態度，[56]在人類的每一個歷史階段不斷地出現又消解。這些保存在各種神話和象徵之中的族裔遺跡為日後形成的「族裔認同」奠定根基。對阿姆斯壯而言，前現代時期的「族裔」與民族主義時代的「民族」是不相同的概念，前者是一種持續性的族群認同，與日後形成的政體之正當性不一定相符合；後者的形成則是在族裔認同的意識取得優勢地位後足以建構獨立的政治結構之時。[57]雖然二者不同，但是從猶太人、亞美尼亞人和俄國人的歷史來看，在前現代時期又確實有民族在緩慢形成之中。

阿姆斯壯以1800年左右作為分水嶺，之前的「族裔」與之後的「民族」是兩種不同的實體，但又不是完全沒有關係。因此，要如何來解釋這種關聯呢？要接受一般「持久論者」的看法：強調現代民族是前現代時期族裔群體的「連續」，或是視它們只是族裔和民族認同的「復發」，沒有太大的連續性？這兩種立場其

---

[55] Özkirimli, *Theories of Nationalism*, p. 170。

[56] 阿姆斯壯雖然強調族裔認同是一種態度，但也不否認這種態度會受科技、地理位置和生產關係的影響。Armstrong, *Nations Before Nationalism*, p. 283。

[57] 同上，頁4。

實都有，但從阿姆斯壯的著作來看他比較傾向於「再現」而非「持續」的「持久論」觀點，尤其是當他將「民族主義」界定為族裔認同循環過程中的一部分時。就阿姆斯壯看來，族裔意識的歷史很長遠，我們確實有可能「撞見」一些古代文明的遺跡——如埃及或美索不達米亞。

因此，現代的民族主義不過是族裔意識循環周期中最後的階段。理解族裔認同要從幾個世紀以上的時間觀點切入，有點類似法國史學界中「年鑑學派」（*Annales*）的見解，[58]唯有經由這種擴大的時間性觀點才能發現族裔依附的「耐久性」。族裔意識並不是一成不變，一些中東民族在長期的歷史發展過程中雖然還能保持神話與象徵事物的完整，但族裔認同已經歷了「浮現」、「變化」和「消解」的過程。因此，阿姆斯壯認為，從「復發」的角度來理解這種現象，比當它是前現代時期的「持續」更合理。

儘管阿姆斯壯的作品偏重在中古歐洲和中東的文明，他還是提供了很多的證據讓我們得以了解族裔認同的過程。尤其是他從行政、法律、宗教、語言、社會和神話學的立場所建構的民族認同緩慢形成模式，對我們了解現代民族認同的出現幫助很大。族裔的「持久」需要「象徵」、「神話」與「溝通」，神話是內容，溝通是手段。正如族裔認同的其他面向，「象徵」的意義不在於從何時開始，而是「經久不衰」的特性。最後，阿姆斯壯談到語言的問題，對「持久論者」來說，族裔的界限其實就是語言

---

[58] 這派史學家強調歷史研究要多注意分析長期的結構和趨勢，主張將社會、政治、文化和經濟的歷史加以結合而成總體性的歷史。參閱Alan Bullock and Oliver Stallybrass（eds.），*The Fontana Dictionary of Modern Thought*（Fontana Books, 1977），p. 25.

的界限，語言（口語）是辨別族裔的最簡單方法，對族裔認同的建構，是不可或缺的要素。但是和一般持久論者的常識相反，阿姆斯壯說：「大致上，前現代的經驗顯示語言對於族裔認同的意義完全是偶然的。」[59]阿姆斯壯的表現看起來不大像「持久論者」，反而比較接近史密斯和哈金森（John Hutchinson），屬於「族裔象徵論者」。[60]

肆、現代論

在英國華威大學（University of Warwick）曾舉辦過一場著名的民族主義大辯論，安東尼·史密斯以這段話作為開場白：「今日民族主義的研究有兩個陣營，彼此涇渭分明，此即是所謂的『原生論』與『現代論』之間的界限。一邊主張民族一直就存在，且過去的歷史所扮演的角色非常重要；現代論者，像我一樣，則相信民族的世界是在十八世紀末創造出來的，在此之前沒有民族的存在，這條清晰的分界線很重要。」[61]

「原生論」是民族與民族主義研究早期的典範，「現代論」則被認為是對早期由民族主義所主導的「原生論」解釋的一種反動。根據史密斯的說法，1960年代是「古典」現代論的顛峰期，

---

[59] Armstrong, *Nations before Nationalism*, p. 282。

[60] 這是另一種了解民族主義的方法，是一種介於「現代論」和「原生論」（含持久論）兩種極端之間的妥協觀點。意指那些想要為當今的民族解開其在前現代時期族裔認同的象徵承傳的一群學者。這派的學者較少，主要就是安東尼·史密斯，勉強再加上約翰·阿姆斯壯和約翰·哈金森。康弗西對此一觀點有較詳盡的定義。參閱D. Conversi, "Reassessing Current Theories of Nationalism: Nationalism as Boundary Maintenance and Creation", *Nationalism and Ethnic Politics*, 1（1），1995, pp. 73-4.

[61] 「窩立克辯論」全文刊登在安東尼·史密斯所編的*Nations and Nationalism*, 2（3），1996，頁357-70。

這個時期見證了亞洲與非洲的建國運動，他們的理論充滿了樂觀的精神，在社會科學領域中立刻吸引了眾多的讀者，成了學界的正統。雖然從1980年代初期開始屢遭「族裔象徵論」的批評，今天大部分的學者還是認同某些形式的「現代論」。

基本上，這派學者相信民族與民族主義是「現代的東西」（modernity），是在法國大革命之後才出現在歷史的舞台，尤其受到資本主義、工業化、城市化、俗世化與官僚政府發展的影響。[62]事實上，從社會學的角度來看，在現代社會來到之前根本沒有民族與民族主義發展的空間。簡單地說，「民族主義」先於「民族」的存在，不是「民族」產生了「國家」與「民族主義」，正好與此相反。[63]

除了一些基本信念之外，現代論者之間可以說找不到共同點，他們各自強調民族主義的不同面貌，所以不能盲目地將他們全部歸為「同一類型」，有時候他們彼此之間的差異還超過與其他方法的差異。奧茲克林里認為至少可以再分成三種類型來分析，即強調「經濟變遷」、「政治變遷」與「社會文化變遷」。當然，如同他自己所說，這種分類方式一定會遭致批評，因為任何的學者都不可能只用單一種方法來解釋民族與民族主義，這樣做會有「過度化約」的危險，事實上「過度化約」正是「現代論者」最常被詬病的地方。本章為了避免這種困擾，不再進一步細分，因為我要研究的主體是學者本人和他的想法，無意去將他們貼上標籤。

---

[62] Smith, *Nations and Nationalism in a Global Era*, p. 29。

[63] Eric J. Hobsbawm, *Nation and Nationalism Since 1780: Programme, Myth, Reality* (Cambridge University Press, 1990), p. 10.

民族主義研究的市場幾乎都被「現代論者」所霸占，以某一種理論而出名的學者相當多，但真正能發揮影響力的大致上有以下幾位。他們的言論和著作都算得上是一代宗師，包括葛爾納、安德生、奈倫、赫克特、坎度里、布宜利、布拉斯、霍布斯邦，與曼恩等。

一、葛爾納（Ernest Gellner）

　　奈倫說：「個人的人生經歷決定他研究民族主義的方式。」[64]這句話用來描述葛爾納是相當貼切的。葛爾納的成長環境使他無法不去關心民族主義，這點我們必須謹記，因為這是葛爾納民族主義研究的背景。1925年12月9日葛爾納出生在巴黎，[65]在捷克的波西米亞長大並就讀於當地的小學，因父母親具有猶太裔的血統，因而在1930年底當納粹德國威脅日益明顯時，不得不舉家坐火車越過德國，離開家鄉，移民至倫敦，但不是所有的親人都來得及逃出來。[66]葛爾納從小生長在一個雙語的家庭，他自己會講多種語言，同自己的父母講德文，和妹妹及朋友則用捷克語，到布拉格的英語文法學校後學會了英語。歐洲語言和民族的複雜性讓他印象深刻，當時的布拉格是個多民族的世界性城市，猶太人的復國主義（Zionism）、馬克思主義和民族主義對他而言都不是陌生的思想。

　　抵達英國後，葛爾納就讀於聖亞本斯男公學（St. Albans

---

[64] 引自David McCrone, *The Sociology of Nationalism: Tomorrow's Ancestors*（Routledge, 1998）.頁172。

[65] Özkirimli, *Theories of Nationalism*, p. 128.

[66] Gellner著，李金梅譯，《國族主義》，〈前言〉，頁xi。

County Grammer School for Boy）。[67]大戰後期在捷克徵調入伍，
隨後進入牛津大學就讀，攻讀哲學，但是對當時學院主流的語言
分析哲學感到很不適應。1945年他曾參與布拉格的勝利遊行，但
是這個他至愛的城市已經不適合他回來定居了。[68]牛津大學畢業
後，短暫任職於愛丁堡大學，教授哲學課程。1949年轉到倫敦政
經學院（London School of Economics），受到人類學家馬林諾斯基
（Malinowski）的影響，轉向社會人類學，並取得該校的博士學
位。1962年升任教授，講授哲學、邏輯與科學方法。到1984年，
這段期間是他人生最輝煌的階段，更由於他對牛津大學語言學理
想主義的攻擊使他在哲學界名氣響亮。1950年代，葛爾納發現到
人類學經驗的觀察方法，人類學方面的訓練使他得以跨越文化與
世俗的界限以追求社會的真實性。四十多年來他在這方面的貢獻
難以細數。

在劍橋做了十年的人類學教授，1993年辦理退休，回到家鄉
布拉格，在中歐大學（Central European University）任教，主持一
個新的民族主義研究中心。葛爾納對於重返布拉格生活覺得很興
奮，雖然他對社會主義一直以來都很嫌惡，但他也承認當權者對
這個歷史城市是有用心在維護。葛爾納是個口才很好的公開演說
家，而且善於辯論，同時也是個很好的教師，曾多次與左派人物
辯論，像是培利·安德生（Perry Anderson）、奈倫等人，他對西
方馬克思主義的蔑視從未動搖過。葛爾納雖然沒有創立學派，但
他依然吸引了很多的追隨者。他喜愛大自然，尤其愛爬山，晚年

---

[67] 中文譯名取自Gellner著，李金梅譯，《國族主義》，頁ii。
[68] John Hall（ed.），*The State of the Nation: Ernest Gellner and the Theory of Nationalism*（Cambridge: Cambridge University Pr., 1998），p. 2.

時生病無法繼續這項運動，但還是喜歡在劍橋划小船。1995年10月24日他應華威大學副校長墨特默（Edward Mortimer）之邀，參加一系列有關民族主義的辯論。會議結束後不久，於當年11月5日與世長辭，享年七十一歲，華威大學成了他最後論述民族主義的場合。

葛爾納的成長經歷促使他將民族主義予以理論化，我們可以找到很多民族主義研究的學者，跟葛爾納有著相似的背景，如孔恩、杜意奇、羅奇、霍布斯邦，以及坎度里等人。[69]葛爾納勤於著述，著作等身，作品包括：《語言與事物》（1959）、《思想與變遷》（1964）、《亞特拉斯聖者》（1969）、《民族與民族主義》（1983）、《心理分析運動》（1985）、《文化、認同與政治》（1995）、《耕犁、刀劍與書》（1988）、《自由的處境》（1994）等。[70]

葛爾納的政治信仰為他造成了一些緊張關係，雖然他對共產主義深惡痛絕，但他也很清楚一般人對共產主義的向心力，因為這個制度讓他們有安全感。對於回教徒的運動他甚為尊重。許多人批評葛爾納，說他太過於歐洲中心主義，其實葛爾納對他所研究的文化他不但尊重而且讚賞。在他逝世前，他正在籌劃一個大型的「東方主義」（Orientalism）研討會。葛爾納的理論帶動了人們對民族主義的關注，其析論的原創性即便是批評者也會認同。奈倫稱讚《思想與變遷》，說它是英語論述中最重要和影響最深的作品。[71]另一位批評者奇靖（Gavin Kitching）也稱讚葛爾

---

[69] Özkirimli, *Theories of Nationalism*, p. 128。

[70] 有關葛爾納論民族主義的詳細書目參閱Hall編，*The State of the Nation*，頁307-310。

[71] Tom Nairn, *The Break-Up of Britain: Crisis of Neo-Nationalism*（London: NLB,

納的《民族與民族主義》，說它「見解獨到」，[72]最後連史密斯也認為葛爾納的民族主義理論是「理解民族主義此一普遍存在現象，最錯綜複雜和具原創性的嘗試」。[73]

葛爾納是個真摯的現代論者，他認為民族不但是相當晚近的事，同時更是現代情境下的產物——那些初期的工業主義或是其預期的事，如社會流動、大眾讀寫能力的需求和公眾教育等。引發民族與民族主義的是一種自發性的轉變，從沒有識字能力的「下級」文化，進步到高度教養、能讀寫的「高級」文化。[74]葛爾納的學生史密斯曾說，基本上，葛爾納的現代論主張不是對或錯的問題，而是只說明了一半的事實：民族是現代經濟、社會和政治情境下的產物。這種解釋是一種「唯物論」的觀點，忽視了民族主義的文化層面，現代論的理論解釋了所有的事，涵蓋的層面太廣因此好像沒有解釋一樣。

身為現代論的大師，太多人論述過葛爾納的思想，不論是肯定或批評，都不是三言兩語可以交代清楚。我們暫且以他在「窩立克辯論」中所提到的兩種理論來了解他的思想。[75]

葛爾納善於辯論，而且非常幽默風趣，他所舉的例子經常讓人莞爾。他提出了這個會讓讀者哄然大笑的問題：「民族有肚

1981[1977]），p. 96.

[72] G. Kitching, "Nationalism: The Instrumental Passion", *Capital & Class*, 25（1985），p. 98.

[73] Anthony Smith, *Theories of Nationalism*（London: Duckwoeth, 1983[1971]），p. 109.

[74] 參閱Ernest Gellner, *Nations and Nationalism*（Ithaca: Cornell University Press, 1983），pp. 37-57.

[75] 葛爾之講稿收錄在遺作《民族主義》（1997）一書的第十五章〈民族有肚臍嗎？〉。按葛爾納在該書的前言中所說，此書定稿於1995年的8月15日，在辯論舉行之前，是以應該是葛爾納用此文為「窩立克辯論」的底稿。但兩種文獻的內容稍有出入，本文的資料取自Zuelow主持的*The Nationalism Project*，網址：http://www.lse.ac.uk/Depts/Government/gellner/Warwick0.html.，以及李金梅翻譯之《國族主義》。

臍嗎？」這是哲學思想史上的大問題，類似「演化論」和「創造論」之間的論戰。要擺平兩者之間的紛爭，葛爾納建議我們去看看「亞當」有沒有肚臍，答案立見分曉。若聖經的記載屬實，亞當是上帝在某一時間點所創造的（葛爾隨意推算為西元前4003年，不需要證明，因為時間點不重要），「它」應該沒有「肚臍」，也就是說亞當沒有經歷和人類一樣的出生過程，沒有道理非要一個肚臍不可。

「肚臍」包含兩層象徵意義：一是演化的痕跡，一是與母體的關係。尤其是後者，才是葛爾納的重點。我們可以輕易想像亞當有沒有肚臍，肚臍這種東西一旦產生之後就不再有進一步的功能，任何人都可以不靠肚臍而過活，有無肚臍不是問題。對葛爾納來說，族裔文化就如同肚臍，民族需要一個肚臍嗎？在久遠的古代，當人類剛被創造出來時，那時候的人也有像肚臍的東西，不過，那是因為放錯位置了。葛爾納認為確實有很多肚臍存在，但不是各地都有，肚臍並不重要。我們可以弄出一個肚臍，好比是杜撰的歷史，它不必是真實的，文化的「持續性」是偶然事件，沒有非要不可。

葛爾納以「愛沙尼亞」（Estonia）為例，說明「持續性」和「象徵事物」的存在雖然重要，但沒有到非要不可的地步。「愛沙尼亞」是典型的「沒有肚臍的民族主義」，在十九世紀開始之前他們連個名字都沒有，他們只是一群和瑞典或德國城市公民與貴族生活在一起的人。他們也不算是個種族，沒有族裔意識。但從那時開始，他們成功地建立了一座民族博物館，目標是讓每十位愛沙尼亞人都能擁有一件文物。當時的愛沙尼亞人口約一百萬，塔圖（Tartu）博物館共蒐集了十萬件的文物。透過博物館的

建構，形成了一種現代的愛沙尼亞文化。愛沙尼亞的民族主義沒有肚臍，但他們沒有自卑，他們甚至不屑去弄個肚臍。葛爾納常常以這個例子來解釋民族和民族主義之間的關係，[76]他並不期望所有人都認同他的想法，但只要有多數的人接受，其他的例外對他也就無關緊要了。

例外的存在並不影響葛爾納對民族起源的解釋。史密斯批評葛爾納的現代論，認為他只說明了一半的事實，葛爾納卻說就算只有「一半」也已足夠，甚至40%或50%，也不算太少。有了這一半，另「一半」就是多餘了。對葛爾納而言，「肚臍」這種東西可有可無，在現代民族的產生過程中影響不大。無論如何，有一點我們是可以肯定的，葛爾納相信人是民族主義的動物，民族是無可逃避的宿命。葛爾納以改寫莎士比亞（William Shakerspeare）《第十二夜》（*Twelfth Night*）中的一段話作為他對肚臍理論的總結。原文：「有人是生來的大富大貴，有人是掙來的大富大貴，有人是送上來的大富大貴。」[77]葛爾納改成：「有些民族擁有自己的肚臍，有些民族必須靠努力才有肚臍，至於其他民族的肚臍則是自動送上門來的。」[78]

---

[76] 其實葛爾納最熱衷的是捷克的例子，他的肚臍理論受到捷克「國父」馬薩瑞克（T. Masaryk）的影響。在他的分析中，捷克是個有肚臍的民族。但是這個肚臍是「創造」出來的或得自真實的歷史承傳，就沒有定論了。參閱Gellner, *Nationalism*，第15章。

[77] 《第十二夜》又名《各遂所願》、《悉聽尊便》，各家譯法不同。本文採用方平譯，《新莎士比亞全集》，第三卷（貓頭鷹出版社，2000年），頁332。

[78] Gellner著，李金梅譯，《國族主義》，頁111。譯者將nationalism一詞譯為「國族主義」，nation譯為「國族」。本文改為「民族主義」與「民族」。這兩個名詞的中文翻譯，至今仍然有許多爭議。常見的有「民族主義」、「國家主義」、「國族主義」、「族國主義」和「國民主義」等。每一種翻譯所指涉的內容，不完全一樣，必須由原文的上下脈絡去了解。「民族主義」與「民族」是目前最多數人使用的譯法。參閱朱浤源，〈從族國到國族：清末民初革命派的民族主義〉，《思與言》第30卷第2期（1992年6月），頁7。

「肚臍」的爭議不在於有或沒有，而是對「持續性」的認知，亦即古代的族裔文化是否會不受阻礙地承傳下來，而成為現代民族建立的基礎。對葛爾納來說，答案是否定的。肚臍就像文化，在農業時代，有其價值，但在工業化的社會——一個必須借助讀寫能力來維持的高級文化，[79]農業時代的文化絕對無法生存。為了解決這種歷史的不連續性，葛爾納提出了「野生文化」（wild culture）和「園藝文化」（garden culture）的分類方式。他說：「文化，就像植物，大致上可以區分為野生的和栽種的。野生種植物的生產和再生產是自發性的，如同人類生活的某些部分，每個社群都有其共享的溝通與規範體系。這種野生系統（換句話說就是『文化』）會代代相傳，不須刻意設計、督導、管制或特別施肥。」[80]

　　栽種或園藝的文化情況則不一樣，雖然是從野生種發展而來，但是內容較豐富而且相當複雜，沒有專業的特殊人士來維持，給予獨特的營養，園藝文化可能會走向毀滅。葛爾納善用「類比」的方式來解釋他的觀點，在這次辯論中雖然沒有用到這兩個字，但是「農業社會」、「工業社會」與「高級文化」等詞彙卻隨處可見。「文化，如同肚臍，二者在當時都很重要。文化偶爾會深受寵愛，其成員也知道，不會有人懷疑。……所以，文化有時可察覺，有時不可見；有時被寵愛，有時因看不見而被忽略；有時會與政治制度有關，並且渴望建立政治單位；……有時

---

[79]　有關讀寫能力與文化之間的關係可參閱Mann, "The emergence of modern European nationalism"，頁137-165。曼恩自己承認他和葛爾納一樣都是「現代論者」，他這篇文章受葛爾納的啟發很大，主要是探討十八、十九世紀時幾個歐洲強國，包括英國、法國、奧地利王朝和普魯士／德國等國家，在民族主義興起之前的「高級文化」發展情形。

[80]　Gellner, *Nations and Nationalism*, p. 50。

候，文化對政治會有期望，通常不會有；有時候，在工業時代來臨前被珍視的文化會延續下來，有時會中斷。」[81]

葛爾納用了這麼多個「有時候」，故意突顯他對史密斯「族裔淵源」理論的不以為然。史密斯說：「民族是長期的發展過程，歷經不斷的重演和重建。」[82]在史密斯看來，現代民族與民族主義只是舊的族裔概念和結構的延伸和深化。[83]對葛爾納而言，民族就像國家一樣，都是「偶然事件」，不是一種普遍的需要。[84]文化的持續性也是偶發的，不是「非要不可」。

閱讀葛爾納的著作，從字裡行間不時可以發現他的機智風趣。葛爾納引述《白蘭迪小姐沒有蘭花》（*No Orchids for Miss Blandish*）一書中一位人物的話說：「每一個女孩都應該有丈夫，最好只屬於她一人。」同理，「每一種高級文化都想要有個國家，最好是自己的」。[85]並不是所有的野生文化都會發展成高級文化，有些毫無希望的野生文化甚至連嘗試都沒有就退出了，對他們來說根本不會有民族主義。史密斯的「族裔文化」就像是野生文化，在農業時代很重要，但通常不會延續到工業社會時期。現代社會的高級文化是建構出來的，與野生種的植物雖然有點相似，但已經是新的品種，二者之間沒有太大的關聯性。

民族主義是一場沒完沒了的辯論，這半個世紀以來吸引了太多的智識分子參與這場思想史的宴享。民族主義是社會科學中

---

[81] 此為葛爾納在辯論中的陳述，《民族與民族主義》及《民族主義》中未見。有關文化意義的闡釋，參閱Gellner，*Nations and Nationalism*，第2章。

[82] Smith, *The Ethnic Origins of Nations*, p. 212。

[83] Craig Calhoun, *Nationalism: Concepts in Social Sciences*（Open University Press, 1997），p. 56.

[84] Gellner, *Nations and Nationalism*, p. 6。

[85] 同上，頁51。

被研究得最透徹的議題，幾乎每星期就會有新書擺上圖書館的架子。「事實上，要想和這個領域的出版浪潮並駕齊驅是不可能的。」[86]對葛爾納這位當代民族主義研究的巨擘，我們很難再找到別的「詞語組合」來形容他。布魯巴克在〈民族主義研究的迷思與誤解〉中說：「沒有人能像葛爾納一樣在拆毀迷思上獲得如此的快感。葛爾納的評論銳利無比，其對民族主義者自己的迷思，還有其他關於民族主義的迷思之破解，足可作為典範。……葛爾納的民族主義研究站在與奧林匹斯山神一樣高的距離上，從世界史的觀點來看待民族主義的興衰與變遷。」[87]

正因為這樣的位置，使他遭遇來自四面八方的批評與挑戰。面對這些聲浪，其中大部分是誤解，葛爾納也不得不做出回應，除了出版《遭遇民族主義》一書外，[88]又寫了一篇〈答辯〉，[89]表達他的抗議。他的內心世界，就算是跟隨多年的學生——安東尼‧史密斯——也不易了解。從葛爾納的答辯中，我們可以體會他那種無根的「民族主義情感」，當葛爾納講出這段話時，讓人不禁感嘆：學術的紛紛擾擾何妨就讓它隨風而去吧。

「我對民族主義的魅力特別敏感，我可以用口琴吹奏大約三十首的波西米亞民謠（或帶有這種風味的歌曲）。我有一位在三四歲時便認識的老朋友，他是個捷克的愛國主義者，常說他受不了我的琴聲，說我是『用口琴在哭泣』。如果不能因為這些民謠

---

[86] Smith, *Nationalism and Modernism*, p. ii。

[87] Rogers Brubaker, "Myths and Misconceptions in the Study of Nationalism", in John A. Hall（ed.）, *The State of Nation: Ernest Gellner and the Theory of Nationalism*（Cambridge: Cambridge University Pr., 1998）, p. 272.

[88] Ernest Gellner, *Encounters with Nationalism*. Oxford: Blackwell, 1994.

[89] 收錄在John A. Hall & Ian C. Jarvie（eds.）, *The Social Philosophy of Ernest Gellner*（Armsterdam: Rodopi, 1996）, pp. 625-87.

而流淚，藉由喝點小酒，我寫不出民族主義的書。」[90]

二、安德生（Benedict Anderson）

安德生是美國康乃爾大學（Cornell University）的國際關係學教授，專攻東南亞政治，他在民族主義研究上的重要著作是出版於1983年的《想像的共同體：民族主義的起源與散佈》，這年正好葛爾納的《民族與民族主義》也出版，這兩本書都成了當今民族主義研究的經典。民族主義的研究者尤其喜愛引用安德生書中的一些術語，如「印刷資本主義」、「空洞、同質的時間」和「想像的共同體」。[91]這些術語不但豐富了民族主義研究文化的內涵，也為「現代」與「後現代」研究搭起了橋樑。[92]

1936年安德生出生在中國雲南昆明，父親在中國海關任職，居住中國達三十年之久，中文流利並且熱愛中國文化。安德生從小在這樣一個充滿中國風味的家庭中長大，這樣的背景與他後來從事東亞歷史的研究不無關係。為了躲避日益升高的中日戰亂，1941年時安德生全家打算遷回故鄉愛爾蘭，未料返鄉計劃受阻而旅居美國，開始他的正式教育。此種「流亡」的童年經驗對他產生了深刻的影響，他在《語言與權力》一書的導論中回憶說：「從那裡開始了一連串的疏隔——在美國學校的英國口音，後來在愛爾蘭學校的美國口音，在英國學校的愛爾蘭腔——而這連串的疏隔經驗使得語言對我而言成為一種獲益良多的疑問。」[93]

---

[90] Gellner, "Reply to Critics", in: Hall & Jarvie（eds.），*The Social Philosophy of Ernest Gellner*, p. 636.

[91] Hutchinson & Smith（eds.），*Nationalism*, p. 362。

[92] 參閱Anderson著，吳叡人譯，《想像的共同體：民族主義的起源與散佈》，〈譯者的導讀〉。

[93] 同上，吳叡人，〈導讀〉。

語言是判別民族的一項重要指標，多數的歐洲學者都能說許多種語言，對他們而言，這未必是一件好事，有時候對他們的民族認同反而產生反效果，這種情形便曾發生在葛爾納身上，安德生的感慨是有理由的。他的「印刷資本主義」廣義來說，不就是一種語言嗎？在第五章〈舊語言、新模型〉中他強調新民族主義有兩項特徵，其一便是語言的問題。安德生認為西班牙語和英語在美洲從來就不是議題，但是「民族的印刷語言」在歐洲卻具有無比的意識形態與政治的重要性。安德生進一步引述十八世紀末赫德的話來論證語言與私有財產權結合的民族概念，如何在十九世紀的歐洲產生廣泛的影響力，並且，在一個較狹隘的範圍內，也影響了後來民族主義本質的理論化。[94]

　　雖然承襲了馬克思主義者的傳統，安德生的民族主義研究特別重視文化層面的意義，他將民族、民族屬性與民族主義都視為一種「特殊的文化人造物」，產生於十八世紀末。但是，以其將民族主義理解為像「自由主義」與「法西斯主義」的意識形態，不如將它們看作是像「親屬關係」或「宗教」這一類的概念，事情應該就會比較容易一點。依循這樣的精神，安德生為民族做出如此著名的定義：「它是一種想像的政治共同體，並且它是被想像成本質上有限的、同時也享有主權的共同體。」[95]

　　安德生進一步解釋說，它是想像的，因為如論民族多小，其成員都不可能彼此認識，但是就算無法與同胞相遇，或聽聞過他們，他們相互連結的意象卻鮮明地存在於每一位成員的心中。

---

[94] Benedict Anderson, *Imagined Communities: Reflections on the Origin and Spread of Nationalism*（London and New York: Verso, 1991[1983]）, pp. 69-70.

[95] 同上，頁6。

「有限的」指的是無論民族多大，總不至於大到等同於全人類，民族是有邊界的，雖然邊界會變，也還是有限。它被想像成「有主權的」，因為在一個啟蒙與革命的時代，民族想要自由，而自由的象徵就是主權國家。經由這樣的定義安德生想要解釋為何群眾甘願為民族犧牲性命，他的看法是：「二百多年來，驅使千百萬人勇於殺戮，情願拋頭顱、灑熱血付出性命的正是此種同志之愛，它讓『想像的共同體』成為可能。」[96]

　　這句話闡釋了人類的兩種宿命：死亡與「巴別塔」（Babel）。死亡產生了被淹沒的威脅，現世生活中我們渴望透過後代子孫讓記憶鮮明，民族的集體記憶和團結讓我們可以暫時放下「塵歸塵，土歸土」的寂寞。那些不知名的戰士墳墓、慶典象徵與遺跡像鬼魅般充塞在民族的「想像」之中。這說明了什麼呢？民族主義就像宗教一樣，需要死亡和犧牲。藉由連結死者與尚未出生的人，民族主義將宿命轉化成一種「延續」，經由民族此一媒介，民族總是讓人聯想到古老的過去，現在的情境和無限的未來，這就是民族主義最神奇的地方：把偶然轉變成宿命。

　　對安德生來說還有另外一種宿命，若無這種宿命就無法理解民族與民族主義。這就是「巴別塔」，或稱之為「語言的多樣性」。[97]語言的多樣性和民族主義者意識形態中那種特殊語言的宿命是不同的概念，不可混淆。某些語言會消失或被消滅，但是要將人類所有的語言加以統一卻是不可能的事。然而，正如同人終必一死，語言的多樣性在政治上原本也沒有任何重要性，直到

---

[96] 同上，頁7。
[97] 「巴別塔」（Tower of Babel），可能是巴比倫古城——重要廟宇聖地的遺址。在聖經《創世記》第11章1至9節中講到建造巴別塔導致了語言的混亂和各族人民的分居，這是上帝對人類驕傲的懲罰。

資本主義的時代來臨，印刷術創造了一群只熟悉一種語言的閱讀大眾，整個情況便改變了。只有在這個時候，作為一種想像政治共同體的民族才能支配人類的思想和社會組織。[98]

在安德生看來，如果人的終必一死和語言的多數主義是人類的兩種宿命，那麼，在民族與民族主義「看似真的」之前，必定有三種文化概念經歷了激烈的變遷。它們是神聖的書寫共同體、神聖的君主政體高級中心，和宇宙時間。安德生使用菲律賓、墨西哥和印尼的一些小說文本繼續闡釋他的「當其時」（meanwhile）的時間概念，透過小說中熟悉的場景我們因而可以和那些不知名的英雄人物結合在一起，分受他們的喜怒哀樂，建立起一個沒有時間的共同體。這種共同體的形成必須借助印刷文字，所以它是一個印刷共同體。

安德生說我們要感謝古騰堡（Gutenberg）的發明，[99]使俗世的、想像的，和語言的共同體觀念得以成真。但是，使「民族」這種共同體成為可能的卻是商品資本主義（commodity capitalism）。資本主義為印刷書籍的商品市場帶來了無限商機，造成這種局面的因素有三項：（1）原先掌握在古典文學或文物研究者手中的拉丁文，逐漸變成晦澀難懂，無法融入大眾的日常生活。（2）更重要的是新教（protestantism）已能夠在反抗教皇和王朝的戰爭中利用方言市場，將它們的教義灌輸給一般大眾。如果印刷資本主義有助於新教理念的傳佈，它就必須熟悉當地的語言。（3）某些方言，被法庭或官僚機構選擇作為正式的媒

---

[98] Anderson, *Imagined Communities*, p. 43。

[99] 古騰堡（Johannes Gutenberg, 1400-1468），德國印刷業者，被認為是活字印刷術的發明者。他排印過的最著名書籍是《42行聖經》，通稱為《古騰堡聖經》（約在1455年出版）。

介，然後慢慢將它提升到國語的地位，經由大眾印刷品的流通，這樣的發展自然就會衝擊到拉丁文及其書寫共同體的地位。但是安德生並沒有認為這三項因素就足以造就民族的興起，還有別的條件。他說：「從較正面的意思來看，這種新共同體之所以能夠被想像憑藉的是一種半偶然，但深具爆發性的互動，即生產體制與生產關係（資本主義）之間的交互作用，以及通訊的技術和人類語言多樣性的宿命。」[100]

從較長遠的觀點來看，安德生在現代論的民族主義研究中，所扮演的角色是「雙刃的」。一方面他強化了現代論的典範，重新將唯物論的解釋觀點導向心理與文化的層面。另一方面他破壞了民族作為一種真實的共同體之「本質論」的地位，使原本被認為建立在歷史與社會生活等文化集體性之上的民族概念產生動搖。如此一來我們就不用花時間去解釋民族群體的歷史結構，時間與地理位置變得無甚意義。對許多受此觀念影響的後現代學者來說，安德生創造了方法論上的傳奇，除了用他的文本分析取代因果關係的解釋外，更放棄了從社會學的角度來研究民族主義的起源、散佈和影響的方法。

在安德生之前現代論的研究方法仍然是屬於歷史學與社會學的因果分析，安德生引進了後現代的文本解讀方法，像是「想像的共同體」、「發明的傳統」等概念，無形中已預示了現代論的解體，1980年代開始現代論的方法已經產生質變，各種新的分析典範紛紛出籠，所以我們可以說，安德生的理論是「現代論」和「後現代論」的橋樑。[101]

---

[100] Anderson, *Imagined Communities*, pp. 42-3。
[101] 關於「後現代論」的方法參閱Smith, *Nationalism and Modernism*，頁199-220。本

三、奈倫（Tom Nairn）

奈倫是蘇格蘭馬克思主義的知識分子，在伯明罕大學（Birmingham University）和合恩賽（Hornsey）藝術學院講授哲學。1968年時因參與學生的反抗運動一度被解雇，1993至1994年間重返學術界，自此以後便一直在愛丁堡大學（Edinburgh University）教授民族主義。奈倫曾主編《新左評論》（*New Left Review*），有一陣子還曾擔任蘇格蘭BBC電視台的記者和撰稿人，專攻蘇格蘭與歐洲的民族主義。

年輕時奈倫曾經研究葛拉姆西（Antonio Gramsci）的思想，寫了一篇文章分析葛來姆西對英國階級歷史的看法，此一分析奠定了他以後研究英國政府與勞工運動的基礎。他的文章大都發表在《新左評論》，1962年時他也加入編輯委員的行列，與當時另一位新左派重要大將培利‧安德生齊名，[102] 人們稱他們為「奈倫－安德生觀點」（Nairn-Anderson thesis）。1975年奈倫寫了一篇幾乎像一本書的文章，反對當時英國左派對共同市場的立場。這大概是奈倫長期投入民族主義問題研究的開端，1977年時他將投稿在《新左評論》上的文章集結出版，取名《不列顛的崩解：新民族主義的危機》。奈倫自己說他寫《不列顛的崩解》目的不在於提出一種民族主義的理論，而是要呈現這種「最精簡的綱要」，說明民族主義的理論是如何形成的。他在〈現代的雙面神〉一文中以這樣的話做開場白：「民族主義的理論標誌著馬克

段有關安德生的論述參考該書，頁131-142。

[102] 班乃迪克‧安德生的弟弟，比班乃迪克少兩歲，被著名的左派文學理論家伊格頓（Terry Eagleton）稱讚為「不列顛最傑出的馬克思主義知識分子」，兄弟兩人同享盛名。

思主義的最大歷史性失敗。」[103]這種失敗可以在理論或政治實務中觀察得到，是不可避免的。除此之外，遭遇失敗的人也不是只有馬克思主義者，在那個時代沒有人能夠設想到一種民族主義理論，畢竟時機尚未成熟。奈倫認為，民族主義可以用唯物主義的詞彙來理解。理論家的首要工作就是要找出正確的解釋架構，以便據此適切地評估民族主義。

在奈倫看來，民族主義的根源不應從個別社會的內部變化去尋找，要從十八世紀末以後歷史發展的總體過程中去了解。因此，唯一有用的解釋架構就是「世界歷史」。就此而言，法國革命和工業革命以來到今天為止某些政治和經濟的特質決定了民族主義的發展。[104]此處我們可以看得出來，奈倫論此一主題的觀點顯然是受到「依賴學派」（Dependency school）的影響，尤其是法朗克（Andere Gunder Frank）、阿明（Samir Amin），和華勒斯坦（Immanuel Wallerstein）等人的著作，這些學者是研究資本主義剝削國際體系的專家。[105]

另一方面，奈倫對民族主義的起源也有獨到的看法，他說：「真實的根源到處都有，但不會錯落在廣大的人群中，也不是起因於個人的完整性和尊嚴受到壓迫的情感，而是起因於世界政治經濟的機制。無論如何，像這種經濟發展的過程也不會產生民族主義，民族主義不純粹是工業化和城市化不可避免的伴隨物，它們其實是與該發展過程的某些特色有關，將這些特性加以分類的

---

[103] Tom Nairn, *The Break-Up of Britain: Crisis of Neo-Nationalism*（London: NLB, 1981[1977]），p. 329.

[104] 同上，頁332。

[105] S. Zubaida, "Nations: Old and New. Comments on Anthony D. Smith's 'The Myth of the Modern Nation and the Myths of Nations'", *Ethnic and Racial Studies*, 12（3），pp. 329-39。

最好方法就是告訴大家：民族主義是十八世紀以後歷史不均衡的
發展結果。……這樣的陳述可以讓我們獲得一個令人滿意但有點
似是而非的結論：歷史現象中最惡名昭彰的部分與理想，事實上
正是這兩百年來的歷史發展中最殘酷和最無助的唯物層面之附產
品。」[106]

　　數個世紀以來人們所相信的正好與奈倫相反，認為物質的
文明可以均衡且逐步的發展。依據這種想法——這正是啟蒙思想
的特色，西歐的國家開啟了資本主義的發展進程，並且累積了必
要的資本好讓這種進程得以不朽。此種「均衡發展」的觀念認為
這種進步是可以直接跟隨的，其制度可以複製，因此，周邊地區
（即世界的鄉間）只要有充裕的時間，它們可以趕上那些領先
者。然而，歷史並沒有如西方哲學家所預期的，資本主義的發展
給人的感覺就是「不均衡」。

　　這種支配與反支配的情勢似乎是不可避免，因為核心與周邊
的鴻溝太大了，落後國家的人民立刻學到「進步意味著支配」。
無論如何，普遍的期待進步並沒有因為體認到自己的落後而受阻
礙，因為在物質的進步之前總是先有這類期待。對周邊國家的秀
異分子來說，他們沒有別的選擇，只有試著滿足人民的需求，承
擔起這項責任。對奈倫來說，「扛起責任」說明了部分民族主義
的本質。

　　換句話說，透過菁英對群眾的動員引發了民族主義，利用
民族主義來對抗「外國的」，或「異邦人的」剝削，求取自己物
質上的進步，菁英為資本主義與民族主義搭起一座橋，因此周邊

---

[106] Nairn, *The Break-Up of Britain*, pp. 335-6。

地區的民族主義被認為是一種反帝國主義，民族主義的出現對這些國家來說的確幫助很大。但是，核心國家面對這種民族主義也會有壓力，民族主義雖然不是它們所「發明」的，可是當民族國家成為一種政治基準時，核心國家也會變成民族主義者。簡而言之，「不均衡的發展」並不只是窮國的「不幸遭遇」，那些「奠基者」和「新貴」（parvenus）都被迫跟著改變，長期來看，核心區的民族主義如同周邊區的民族主義都是無法避免的。

奈倫反對將民族主義分成「好」與「壞」，認為這種分類法實在沒有太大意義。所有的民族主義都潛藏著進步與退步的種子，就像羅馬的雅努斯門神，一面往後看（看見古代與過去，可能是虛幻的），另一面向前看（看到現代與未來）。奈倫說，事實上這種雙面神的曖昧性有其歷史的「存在理由」（raison d'etre）。「正是民族主義這種力量讓許多社會強迫自己去追求某些目標（工業化、繁榮和與其他民族的平等），『採用的方法有點退化』，是一種向內尋求自己原本就有的資源，喚起人民對民族英雄的記憶，復甦關於他們自己的神話。」[107]

由此看來，民族主義的本質始終充滿著道德與政治的曖昧性，它佇立在通往「現代」（modernity）的道路中央，當人們通過此一狹隘的入口時非得往後看不可，拚命地想要找尋一些力量以便抵擋「發展」的嚴峻考驗。作為新馬克思主義的信徒，卻又批評馬克思主義是歷史的最大失策，這樣的立場會不會有矛盾呢？葛爾納有一段話頗能表達奈倫在民族主義研究上的定位，葛爾納不改其幽默本色，一方面稱讚奈倫的分析「大體上正確無

---

[107] 同上，頁348。

誤」，[108]另一方面卻又質疑奈倫如何調適馬克思主義與民族主義的困境。[109]

四、赫克特（Michael Hecter）

赫克特是美國亞歷桑那大學（University Arizona）著名的社會學教授，著作很多，以研究「內部殖民主義」理論出名。這本於1975年出版的《內部殖民主義：英國民族發展中的凱爾特邊緣》，詳細解釋了族裔在當代歐洲社會中的的持續與變遷。[110]後來研究重心轉向族裔民族主義與分離運動的「理性選擇」（rational choice）分析，認為文化與經濟的情境乃是理性政治計劃的基礎，[111]並在2000年時出版《遏制民族主義》。

赫克特曾經執教於華盛頓大學，並擔任「民族主義計劃」（The Nationalism Project）的顧問委員，與安德生、奈倫、霍布斯邦等人都是新馬信徒，在新馬陣營中他的民族主義研究獨樹一幟，尤其是引進列寧（Vladimir Ilich Lenin）的「內部殖民主義」（internal colonialism）概念於民族主義的研究。在此之前這個概念只在其他的領域中出現，最著名的是葛拉姆西用以討論義大利的梅佐喬爾諾（Mezzogiorno）地區，以及拉丁美洲的一些社會學家用以描述他們社會中的「美洲印第安區」（Amerindian regions）。[112]赫克特的另一項研究特色是，大概除了杜意奇

---

[108] Özkirimli, *Theories of Nationalism: A Critical Overview*, p. 88。

[109] 有關馬克思主義與民族主義之間的困境，參閱Ronaldo Munck, *The Difficult Dialogue: Marxism and Nationalism*, London: Zed Books Ltd, 1986.

[110] Michael Hechter, *Internal Colonialism: The Celtic Fringe in British National Development*, New Brunswick, NJ: Transaction, 1975.

[111] Hutchinson & Smith（eds.），*Nationalism*, p. 364。

[112] Hechter, *Internal Colonialism*, p. 9。

（Karl Deutsch）之外，他使用了很多量化資料和多變量統計分析來支持他的理論。

赫克特論述的出發點是1960年代以來困擾美國政治學者的問題：族裔衝突與同化。大致上說來，研究內族群的學者為這個問題提出了兩種解決辦法：「社會同化論」與「民族主義」。赫克特指出在當時大多數的學者都支持「社會同化論者」的立場，簡單地說，「社會同化論者」認為族裔／種族的少數民族比較貧窮，挫折感較重，因為他們被摒棄在民族文化之外。在此廣大的社會中少數民族共同體的傳統規範和習俗出現官能障礙，無法適應社會的變遷。解決之道就是：政府要投入必要的資源來教育並使少數民族社區的小孩適應社會生活，屆時失調的問題和所謂的「貧窮文化」（culture of poverty）便會消失。

按照赫克特的意思，同化論的觀點是一種獨特的民族發展模式，他稱之為「擴散模式」。在民族的發展過程中，這種模式可以分成三個階段：第一階段發生在前工業時期，此時期無所謂「核心」與「周邊」的問題，它們都是個別存在，彼此孤立的。除此之外，這些民族各自有其不同的文化、經濟和政治制度。隨著「核心」與「周邊」地區往來日益密切，於是進入民族發展的第二階段，此階段的形成大多與工業化的進程有關。「擴散論者」通常都認為互動將會導致「共性」的產生。[113]一般相信「核心」地區的一些制度會慢慢擴散到「周邊」地區，原先被孤立於世界之外的「周邊」地區的文化也會漸漸更新，或者用赫克特的話說，「升級」（up-date）。這種事的確發生了，工業化帶來了

---

[113] 同上，頁7。

社會失序，區域互動的擴張讓「周邊」地區產生文化的孤獨感。事實上這種傳統行為模式是短暫的，擴散論者認為不久之後工業化便能提升「周邊」地區人民的福祉，文化的差異性會消失。到了最後階段，不論「核心」或「周邊」大家一樣富庶，文化的差異性不再具有社會意義，政治的進步將由民族政治的架構來遂行。

赫克特認為這是一種過度樂觀的社會變遷模式，對他來說，「內部殖民模式」可能還比較實際一點。這種模式主張：「核心」與「周邊」的不斷接觸肯定會產生一種完全不同的關係。政治上「核心」會支配「周邊」，經濟上「核心」會剝削「周邊」。除了少數例外，工業化和逐漸增加的區域接觸並不會導致民族發展。

這種模式的主要主張可以摘要如下：不均衡的現代化浪潮吹向國家的領土上時會產生兩種群體，「先進的」和「較不先進的」。由於最初的偶然優勢，資源與權力並不會均衡地分配給這兩種群體。較強勢的群體（核心）會設法透過既存的階層體系來鞏固或獨占優勢地位。「核心」地區的經濟特色是多樣化的工業結構，「周邊」地區的經濟卻得依賴「核心」地區，或成為其附屬。赫克特說：「周邊的工業化，如果真的發生的話，一定是高度專業化並以出口為導向。因此，周邊的經濟對國際市場的價格浮動會很敏感，投資、信貸與薪資決策都可能以核心地區馬首是瞻。結果導致經濟上的依賴，周邊地區的人民財富永遠落後於核心地區。」[114]

---

[114] 同上，頁9-10。

利用馬克思主義的思想，赫克特指出兩種促使族群團結的情境。首先，個人必須感受到一種實質的經濟不平等，而且要認為這種不等是一種集體的壓迫形式。但是這種感覺並不足以產生集體團結，因為還要有伴隨發生的社會體悟，並且將這種情勢界定為「不公平」與「非法的」。因此第二種情境便是：在這些被壓迫的群體之間要有可以勝任的溝通管道。我們可以將他的理念總結成三項命題：（1）在全體人民之中的經濟不平等愈嚴重，那些「較不先進」的人民愈有可能處於團結狀態，以抗拒政治上的差別待遇。（2）人民內部溝通的頻率愈高，周邊地區人民的團結態勢就愈高。（3）族群的文化差異愈高，尤其是考量到可識別性時，文化上明顯不同的周邊人民愈容易趨向團結。簡單地說，當客觀的文化差異疊上經濟的不平等時，會產生一種「文化上的勞力分工」，而當族群內部的溝通可以暢行無阻時，要想將「周邊」人民結合到民族社會中的機會便會變渺茫。那些受到差別待遇的族群人民可能會開始宣稱他們的文化才是最好的，比「先進的」族群更優秀，進而要求分離與獨立。

赫克特斷言他的「內部殖民模式」比「擴散論」更能解釋民族的發展進程。像是工業化社會中持續存在的落後性與政治統合的反覆無常，只有他的理論才能解釋。除此之外，赫克特將群體內的經濟和職業差異與文化差異結合起來，並據此提出解釋，說明何以「周邊」地區的文化會「彈回」。

當我讀到穆克（Ronaldo Munck）所寫的《困難的對話：馬克思主義與民族主義》時，對二者之間的矛盾不是很能體會。但是在寫完赫克特的「內部殖民主義」後已經可以理解新馬學者內心的矛盾。如果說民族主義是一種原生的情感，那麼，馬克思主義

應是人對未來社會的期望。赫克特因為看到美國內部的族裔問題和全世界到處發生的族裔衝突，希望藉由「內部殖民模式」消除這些紛爭，但事與願違，1990年以後蘇聯的解體，民族主義的問題更加棘手，有關民族主義研究的文獻多到讓人覺得寫一本關於民族主義的書如同在射擊沒有固定方向的飛靶。但是，對赫克特來說，研究民族主義是他的使命，因為：「太多的生命假民族主義之名被犧牲了。」[115]在2000年時赫克特將他的一些論文集結出版，取了一個很能代表新馬精神的書名——《遏制民族主義》。

　　赫克特認為民族主義是當今一股極為強勢的力量，總是與恐怖暴力脫離不了干係，如何遏制其黑暗面是大家共同關心的事，許多國家及像「聯合國」等組織都投入了相當多的資源從事這項工作。然而，他們所採取的干預手段成效並未如預期。無疑地，假如我們對造成民族主義發展的局面清楚地了解，對遏制民族主義會更有信心。用什麼東西來遏制民族主義的黑暗面呢？其中一項辦法就是滿足民族主義者的願望——自決。但是這樣做必然會導致現存國家被解體的命運，無論如何，這種想法不是好的起始點。除了自決外，藉由調停以下三種普遍的進程可以舒緩民族主義。

1、民族的形成：由於民族是民族主義的基礎，只要能減低民族形成的必要性，就可以縮小民族主義的範圍。因此，遏制民族主義的方法就是制定一些策略，腐蝕民族的基礎。這需要先了解族群形成的機制、族群團結的原

---

[115] Michael Hechter, *Containing Nationalism*（Oxford University Press, 2000），〈序言〉，頁vi。

118　世界民族主義觀察與研究——疫苗民族主義的興起

因，以及民族認同的發展。

2、民族自治：民族的存在並不意謂就會產生民族主義，有一些民族從未有建立國家的意念，因此它們並不會威脅到國際秩序。民族主義最後的目的仍是自治權的獲得，因此遏制民族主義的方法就是減低這種要求。可以減低自治要求的方法就是建立非直接統治，國家制定制度要尊重個別群體的不同價值觀。

3、提高集體行動的代價：這種策略會很有效，至少會維持一段時間，尤其在第一、二階段失敗時。如果民族群體的成員集體行動要付出相當高的代價，想要擁有主權的慾望就不會那麼強烈。這種代價會因時間與社會性質不同而變化，大致上說來，受國家可用的技術、社會的政治制度，以及地緣政治環境的性質所決定。

了解這三項原則之後，我們才能來回答赫克特所提出的三個問題：

1、為什麼民族主義是現代的，為何民族主義主要出現在最近二百年的歷史中？

2、哪些人容易變成民族主義者？

3、哪些制度可以有效的遏制民族主義者走向極端？

正因為赫克特堅持民族主義是現代歷史的產物而被認為是「現代論者」，他對第一個問題的回答並沒有太突出的地方，尤其受到葛爾納「歷史三階段論」和「國家與民族界限相符合」的

定義影響，不同的是他用「統治單位」一詞，而不用「國家」。他認為現代之前的國家「統治單位」都不等於「國家」，統治者都沒有能力將他的意志貫徹到所有的領地上，只能進行「非直接統治」。在那個時代，沒有民族主義問題，正是因為「非直接統治」，因此解決現代民族主義問題的方法就是建立「非直接統治」，只有這樣做才能遏制民族主義。[116]

五、坎度里（Elie Kedourie）

在「現代論」陣營中，坎度里的《民族主義》與葛爾納的《思想與變遷》於1960年代先後出版，到1980年代為止，「現代論」的解釋一直是這個領域的正統，坎度里對民族主義的保守批評更是此一理論演進過程中的里程碑。[117]他看到的是民族主義的負面，這和他個人的素養與1950年代的政治發展有著密切的關係。坎度里是「倫敦經濟學院」的政治學教授，生於1926年，1992年6月29日於華盛頓逝世。主要研究興趣是政治學與中東現代史，重要的著作有出版於1960年的《民族主義》與1971年編輯的《亞洲與非洲的民族主義》。[118]一方面，坎度里嚴厲譴責民族主義，另一方面對歐洲與歐洲以外地區的民族主義起因和發展的解釋，卻是精闢獨到。坎度里尤其關心被邊緣化的智識階層，在尋求解決政治不滿中所扮演的角色。

1953年10月坎度里來到「倫敦經濟學院」，應系主任的要求開授「民族主義」的課程，由於坎度里在大學時專攻思想史，因

---

[116] 同上，頁24-29。赫克特的書名英文為 *Containing nationalism*，「contain」一詞中文譯為「包容」或「遏制」，這兩個字詞的概念並不相同。

[117] Özkirimli, *Theories of Nationalism*, p. 52。

[118] 參閱Kedourie, *Nationalism in Asia and Africa*, 1971.

此對這一門課自然可以勝任。當時的局勢確實提供了民族主義研究的好時機，但是坎度里之所以開始研究民族主義則是將它當作政治思想史的問題，用意在拓寬學生的視野，擴展他們的思想境界。這個出發點正好說明了為何坎度里會在總共才只有六章的《民族主義》一書中，竟然用了四章的篇幅來追溯民族主義的思想來源，考察其相互關聯的觀點，以及這些觀點的推演和內涵。

從1953年開始研究，到1960年時，坎度里將他這七年來的講授教材編輯出版。1961年時再版，做了一些改動和補充，1966年出第三版。目前看到的書則是由坎度里的太太席爾維雅（Sylvia Kedourie）於坎度里過世一年後所出版的第四版，在這一版中附上坎度里過世前的一篇文章作為導論。三十多年來世界局勢變化很大，包括蘇聯解體，但是這些歷史事件並沒有動搖坎度里的理論，意識形態的政治並沒有因此走入歷史，坎度里的洞見仍有其適宜性。坎度里這本《民族主義》篇幅不大，自初版以來便是學者引述和討論的焦點，不難想像它的重要性。

「民族主義是十九世紀初產生於歐洲的一種學說，它自稱要為適當的人口單位做出獨立享有一個自己的政府的決定、為在國家中合法地行使權力、為國際社會中的權利組織等，提供一個標準。簡言之，該學說認為，人類自然地劃分成為不同的民族，這些民族由於某些可以證實的特性而能被人認識，政府的唯一合法形式是民族自治政府。」[119]這是坎度里對民族主義的定義，坎度里之所以將民族主義當作一種意識形態，目的在於將它與憲政政治加以比較。在憲政政治中被期待的目標是關注某一社會的公共

---

[119] Kedourie著，張明明譯，《民族主義》，頁1。

事務，使該社會免於外國的攻擊，通過政治機構，通過公正的立
法和管理調節各種集團之間的分歧和衝突，並將法律置於無論何
等重要和強大的局部利益之上。

意識形態的政治則截然不同。這樣一種政治關注的是如何在
社會和國家中建立一種局面，好讓每一個人都能像舊式小說中所
描繪的——永遠幸福地生活。從歷史的發展來看，意識形態的政
治乃是一種出現於法國大革命時期的近代歐洲現象。1790年時康
德（Immanuel Kant）所寫的小冊子《論永久和平》正好表達並且
論證了這種意識形態的想像，即只有當所有的國家都成為共和國
時，人類的和平才能實現，只有當它們的國民按照絕對命令調節
自己的行為時，國家才能成為共和國。在坎度里看來，近代西方
政治思想史中有兩種極其重要的意識形態，都曾在歐洲與全世界
其他地方發揮過強大支配的影響。這兩種意識形態的產生都是近
代人類面臨了席勒（F. Schiller）在《論人類的審美教育書簡》中
所談到的「疏離」現象之回應，依據引起疏離事物之不同，意識
形態也不同。

第一種意識形態是「民族主義」。民族主義者認為人類自
然的分成不同的民族，這些民族是而且必須是政治組織的嚴格單
位。然而，在現實世界中，政治組織並不遵循此一原則，因此，
便經歷了人類的所有弊病——壓迫、疏離和精神枯竭。除非每
個民族都有自己的國家，享有獨立存在的地位，才能如馬志尼
（Giuseppe Mazzini）所說，世界上將出現永久的和平。[120]這種意
識形態狂熱出現在從1848年到第二次世界大戰結束之後的一百年

---

[120] 同上，〈第四版導言〉，頁8。

左右的歐洲和世界政治中，其最輝煌的勝利是民族自決被奉為國際法中的組成原則。但是這種原本為了解決人類的疏離和被壓迫而產生的意識形態，最後還是未能提供有效的治療辦法，坎度里舉了很多例子說，民族主義的發展背離了馬志尼與威爾遜（Woodrow Wilson）總統的夢想，成了國際生活中無秩序狀態的製造者。

第二種意識形態是「社會主義」。社會主義對人類疏離和不幸福狀態的診斷，提出的病因是「私有財產」。坎度里引述盧梭（Jean-Jacques Rousseau）的思想指出，第一個維護私人財產的人將不自由帶到世界，只有剝奪私有財產，人類才能擺脫壓迫和自我疏離而享有同等的自由。社會主義的產生便是對民族主義的一種反動，然而當社會主義在蘇維埃帝國及其衛星國的崩潰和失敗時，很多人誤以為民族主義這種意識形態早已消失，坎度里認為其實不然，它已經以一種對社會主義的逆反方式，復活了民族主義。最後坎度里得出這樣的結論：「事實上，民族主義意識形態顯然不是繁榮的保證書，或者是可信任的好政府的保證書」。[121]

「邊緣青年」是坎度里第二本書《民族主義在亞洲與非洲》的主題。坎度里在這本民族主義者「文選」的書中，寫了一篇「超級」導論分析民族主義傳佈到殖民社會的過程，這本書可以當作之前《民族主義》的續集。在前面的著作中坎度里主張民族主義是發生於十九世紀歐洲的一種政治學說，其歷史可以追溯到啟蒙時代的哲學傳統，最著名的是康德的學說：「好的意志」（good will）可以成為「自治的意志」（autonomous will）。由於

---

[121] 同上，〈第四版導言〉，頁10。

菲希特與其他德國浪漫派人物如施萊格爾、施萊馬赫等人的影響，再加上康德的個人主義學說與赫德的文化民粹主義（cultural populism），因此使得「自治」可以預測，作為一種純粹的語言共同體。為了在此共同體中達成真正的自由，個人必須被群體吸納。為了實現「自治」，語言的民族必須決定並開始它的宿命：個人的自我唯有在當他或她的民族努力尋求自決時才能體現。

坎度里繼續解釋為什麼浪漫派的民族主義會產生於德國，除了康德的影響外，法國大革命中的群眾政治新風格、說德語地區的社會與政治情境、各種大小規模不等的封邑，這種歷史經驗讓新興的德國知識分子英雄無用武之地，被排除於政治之外，對政治的疏離，使得這批知識分子在啟蒙的理性主義衝擊下顯得相當無助和憤慨，因而走向浪漫主義的幻想以解決他們的不滿。他們熱切地將自己關在菲希特的民族主義思想內，尤其是在1806年普魯士被拿破崙擊潰之後，他們是歐洲民族主義浪潮的第一波，以疏離的年輕知識分子作開路先鋒，對這群人來說父親輩的傳統已經毫無價值可言。「青年義大利」（Young Italy）、「青年波蘭」（Young Poland）和「青年匈牙利」（Young Hungary）等類似組織紛紛出現，這些對抗舊秩序的「孩童十字軍」要證明歐洲革命「彌賽亞思想」（messianism）中的「時代精神」（Zeitgeist），結果是產生了恐怖主義的無政府主義和族裔間無止境的仇恨，尤其在族裔混合的地區像巴爾幹。

在這本書中坎度里將他的分析延伸到非洲與亞洲殖民地，這些地方不幸淪為歐洲意識形態的祭品。坎度里認為，誠如列寧等人所說，殖民地建立的目的是為了資本的輸出，相較於策略上和心理學上的利益，資本輸出的經濟回報已無關緊要。殖民地不僅

僅是移民者的經濟機會天堂，當歐洲大陸本身無能力適應領土的擴張時，殖民地更是帝國用以對抗別的競爭者的前哨站。十九世紀時的一些帝國主義國家渴望「光榮」，為了這種策略考量而進行殖民地的政治兼併，這是「帝國主義」和「殖民主義」二詞最早的政治含義。[122]

當坎度里說民族主義是一種意識形態時，他已預示了民族主義是菁英分子的建構，這種情形表現在亞洲與非洲尤其顯著。被殖民的國家當局會鼓勵西方模式的群眾教育，然而群眾的識字率反而動搖了傳統的宗教威權和殖民地的文化，為亞非地區的新領導中心的形成奠下基礎。從文化衝突和精神混亂中產生一個新的「邊緣青年」階級，他們懷抱西方的獨立與自力更生理想，從他們身上可以明顯看出壓力與不滿，坎度里說這些人是：「對傳統的社會有敵意，是反對意見的核心與護衛者，其立場不但激進而且難以妥協，他們用來攻城略地的撞錘猛烈敲打著過時與蒙昧主義的制度。」[123]

在許多傳到亞洲與非洲殖民地的觀念中，最吸引「邊緣青年」的正是民族主義。該學說主張：「人類自然地劃分成為不同的民族，這些民族由於某些可以證實的特性而能被人認識，政府的唯一合法形式是民族自治政府。」[124]作為一種學說，對亞非的政治傳統（有些是帝國有些是部落王國）來說民族主義完全是舶來品，是歐洲歷史的產物。透過知識分子或「邊緣青年」的傳佈和操作，殖民地傳統走向了西化的路徑，但是認同的問題使這

---

[122] Kedourie編，*Nationalism in Asia and Africa*，頁4、8、10-14。
[123] 同上，頁27。
[124] 同上，頁28。或張明明譯，《民族主義》，頁1。

條路無法繼續下去，因而產生一種如孔恩所說的「東方民族主義」，[125]為此坎度里提出了三項聲明：

1、帝國的理想與殖民地現況之間的差異不可避免地會在知識分子之間產生對未能善用西方價值的不滿。

2、接著而來的認同危機只有透過一種倡議集體進步的政治「千禧年學說」（millennial doctrine）才能加以舒緩。[126]

3、我們經常將暴力與民族主義聯想在一起，其實它是「價值重新評估」（trans-valuation of values）、族裔宗教被政治化，和群眾情緒被挑起之後的結果。

坎度里提倡的是一種意識形態的現代論。無疑地，意識形態可以解釋民族主義的訴求和成就，可以用來結合共同體或國家之中不同群體的苦難與願望，可以活化「民族」。但是，如果認為意識形態只是知識分子，或某一些知識分子的創作可能與事實不符。坎度里太過強調「邊緣青年」的角色，忽略了民族主義其實是「多數人」的運動，這裡的「多數人」不一定是數目上的意思，因為有很多人並未參與此種政治組織。在歐洲大陸民族是政治組織的基準，民族主義是正當性的來源，認為民族主義只是知識分子的創作，或認為人們對傳統宗教與文化的執著可以輕易加以誘惑，那是對人性的過度樂觀。

作為現代論民族主義研究的里程碑，坎度里必須忍受來自

---

[125] Smith, *Nationalism and Modernism*, p. 106。

[126] 參閱Smith, *Nationalism and Modernism*，頁109-112。史密斯用millenialism一詞來嘲諷坎度里，因為坎度里將現代俗世的民族主義淵源追溯到中古時期的基督教傳統，以中古傳統作為十八世紀俗世民族主義的基礎。

四面八方的批評。相較於葛爾納與史密斯的「著作等身」，坎度里在民族主義方面的著述只有上述的兩部書，[127]其中一部還是編輯而已。但是他的影響卻無人能漠視，此處僅將葛爾納與史密斯的意見加以綜合整理。前者是坎度里在「倫敦經濟學院」的同事，[128]後者也任職於「倫敦經濟學院」，是葛爾納的學生，這兩人的評論對我們理解坎度里幫助很大。

坎度里強調康德學說對民族主義的貢獻，認為康德的識見造就了民族主義。葛爾納不同意這種觀點，在葛爾納看來，如果在康德和民族主義之間有任何關聯的話，民族主義也只能說是對康德學說的反動，不是其結果。[129]史密斯的立場與葛爾納相同，他認為坎度里對康德思想的解釋是正確的，但他忘了盧梭對康德的影響。史密斯在《民族主義的理論》中用了一章的篇幅來評論坎度里與康德，他說：「坎度里的論點真的是一種解釋嗎，或僅僅是一種經驗上的『套套邏輯』（tautology）？如果自決是民族主義的本質，康德的倫理學學說如何能成為一種『起因』？更不要說作為主要原因了。」[130]

葛爾納在《民族與民族主義》中有一章專門談論「民族主義與意識形態」，內容也是針對坎度里的理論。葛爾納要我們不要花太多精神在民族主義的「宣揚者」身上，因為民族主義本質上

---

[127] 坎度里的其他著作有：*Afghani and Abduh*, London and New York: Frank Cass, 1966；與*Politics in the Middle East*, Oxford: Oxford University Press, 1992；以及他的太太席爾維雅（Kedourie Sylvia）所編的*Elie Kedourie CBE, FBA, 1926-92: History, Philosophy, Politics*, London and Portland OR: Frank Cass, 1998.

[128] 參閱大衛・葛爾納（David N. Gellner）為他父親所寫的〈前言〉。葛爾納著，李金梅譯，《民族主義》，頁ix。

[129] Gellner, *Nation and Nationalism*, pp. 132 & 134。

[130] Smith, *Theories of Nationalism*, p. 35。

是一種現象，不是民族主義者的「學說」。[131]同樣地，史密斯也指責坎度里的「知識分子決定論」（intellectual determinism），許多社會與政治的因素如德國智識階層被堵塞的流動性、傳統方式的崩潰等，都沒有被坎度里列入考慮。

史密斯反對坎度里使用「想要成為集體的一分子」，認為這項因素不能解答以下的問題：「為什麼只有在某些時間和地點民族才會取代家庭、宗教共同體和村莊的地位？」「為什麼這種需求似乎只影響人口中的某一部分人，對其他人卻無效？」「我們如何衡量它與其他因素的關係？」史密斯說，如果無法回答這些問題，坎度里的理論只能算是「片段的循環心理學觀」。[132]坎度里在《民族主義》的〈第二版序言〉中回答別人對他的批評，他說：「在第一版時，許多評論者說我沒有討論是否該對民族主義者加以安撫或抗拒。像這樣一個議題的決定必須考量每種個案的特殊環境，其結果是幸運或是災難取決於有決定權者的勇氣、智慧和運氣。對一位學者來說，對此問題提出自己的建議實屬不妥：學者不是預言家，正如黑格爾所說，只有在黃昏時米涅瓦的貓頭鷹才會展開牠的翅膀。」[133]

坎度里已作古多年，米涅瓦之鷹是否展開翅膀已不重要，但是這隻「米涅瓦之鷹」在三十一年後又出現在霍布斯邦的《民族與民族主義》一書的結論中。霍布斯邦以這句話作為他研究民

---

[131] Gellner, *Nation and Nationalism*, p. 136。

[132] Smith, *Theories of Nationalism*, p. 35。「心理學觀」認為對知識領域的探索應研究心理作用的哲學觀點。持此觀點者有人強調內省法的重要性；有人主張知識研究必須考慮人的心理能力以及和現有知識之間的因果關係。

[133] 本段譯文部分參考Kedourie著，張明明譯，《民族主義‧第二版前言》。「米涅瓦之鷹」（The owl of Minerva），「米涅瓦」是羅馬神話中的手工藝女神，與希臘神話中的雅典娜為一體。

族主義的總結，他說：「帶來智慧的米涅瓦之鷹已經飛出，如今正盤旋在民族與民族主義的上空，這顯然是個吉兆。」[134]霍布斯邦是新左史家，相信隨著民族國家的式微，民族主義也會逐漸消失，只是時候未到。

六、霍布斯邦（Eric Hobsbawm）

霍布斯邦出生於1917年埃及亞歷山大城的一個猶太中產家庭，1919年舉家遷往維也納，後徙居柏林，1933年因希特勒掌權而轉走英國，在英國完成中學教育並進入劍橋大學攻讀歷史。1947年時成為倫敦大學伯克貝克學院（Birkbeck College, University of London）的講師，1959年升任高級講師，並於1978年獲聘為該校經濟及社會史教授，於1982年退休。退休後仍任教於紐約社會研究新學院。

霍布斯邦是英國著名的左派史家，十四歲便在柏林加入共產黨，未曾脫離，就讀劍橋大學期間便是共產黨內的活躍分子。1952年麥卡錫（Joseph Raymond McCarthy, 1909-1957）白色恐怖氣焰正盛之時，[135]與朋友創辦著名的新左史學期刊《過去與現在》。馬克思主義者的政治背景雖然讓他的教職生涯進展艱辛，但卻讓他有更多的機會與國際社會往來，從而建立他在國際上的崇高地位。霍布斯邦的研究時期以十九世紀為主，並延伸至十七、十八和二十世紀。研究的地區從英國、歐洲，到拉丁美洲。

---

[134] Hobsbawm, *Nation and Nationalism Since 1780*, p. 192。

[135] 麥卡錫（Joseph Raymond McCarthy, 1909-1957）是美國共和黨政治家、檢察官。麥卡錫之所以出名是因為在1950年代初他信口指控有二百五十名共產黨員滲透到美國國務院。1953年他成為權力很大的常設調查小組委員會主席，虛張聲勢地採用反覆盤問和含沙射影的手法傳訊許多無辜的官員和公民，後來甚至與軍方發生直接衝突。這種反共的迫害行為當時被稱為「麥卡錫主義」。

除專業領域外，霍布斯邦經常撰寫當代政治、社會評論、歷史學、社會學理論，以及藝術、文化批評等。他在勞工運動、農民叛變和世界史範疇中的研究成果，居當代史家的頂尖之流，影響學界甚巨。尤其是他那種宏觀通暢的寫作風格，更將敘述史學的魅力擴及一般的閱聽大眾。如《新左評論》（New Left Review）著名編輯培利・安德生（Perry Anderson）所說：「霍布斯邦不可多得的兼具了知性的現實感和感性的同情心。一方面是個腳踏實地的唯物主義者，提倡實力政治。另一方面又能將波西米亞、土匪強盜和無政府主義者的生活寫成優美哀怨的動人故事。」[136]

霍布斯邦的著作很多，至少有十四部以上的專書問世，與民族主義研究有關的主要是出版於1983年與蘭格（Trence Ranger）合編的《傳統的發明》，和出版於1990年由「懷爾斯講座」（Wiles Lectures）的講稿改寫而成的《1780年以後的民族與民族主義：計劃、迷思、事實》。[137]以後面這本書最出名，但讓人聯想到霍布斯邦的卻是「發明的傳統」這個概念。

在《傳統的發明》一書〈導論〉中，霍布斯邦首先對「發明的傳統」、「民族傳統」和「民族」的意義加以界定。他的意思是說：藉由分析民族的傳統我們可以清楚了解民族的本質和感染力，此一民族傳統是一種發明的傳統。如果我們能夠了解「發明的傳統」的起因和功能，我們便能正確解釋民族的傳統與民族的形成。何謂「發明的傳統」？霍布斯邦的解釋如下：「『發明的

---

[136] 有關霍布斯邦的簡介在各種中文譯本中皆有，英文名稱則是我的查證與附註。此處的安德生為培利・安德生，是《想像的共同體》一書作者的弟弟。

[137] Eric J. Hobsbawm and Terence Ranger（eds.），*The Invention of Tradition*, Cambridge: Cambridge University Press, 1983；和*Nation and Nationalism Since 1780: Programme, Myth, Reality.* Cambridge University Press, 1990，李金梅譯為《民族與民族主義》（台北：麥田出版社，1997年）。本節資料多數參考李金梅之譯文。

傳統』用以指稱一組習俗，通常由一些大家都視為理所當然的習慣所決定，以及一種儀式或具有象徵意義的東西，這些常規會設法經由不斷的重複來灌輸某種價值觀和行為規範，在不知不覺下建立起與過去的連續。事實上，它都會盡可能地找尋一段合適的歷史，與之建立某種承繼關係。此處有一個非常顯著的例子可以說明它是經過慎重的選擇：仿自十九世紀哥德風格的英國國會之重建。二次世界大戰之後，國會房間的改建更是刻意地仿效以前的基礎。

霍布斯邦認為這種參考過去就意味著一種「持續性」，大致上是人工做出來的，因此他得出結論：簡單說，「發明的傳統」乃是一種對新處境的回應。這些處境可能以舊處境的形式為範例，或經由半強迫的重複來建構自己的過去。那是一種介於持續性的變遷和現代世界的創新二者之間的對比，並且試著在變遷和多樣化的環境下結合某一部分的社會生活。正因為這樣，「傳統的發明」才會讓過去二百年來的歷史學家為之心神不寧。

「發明的傳統」必須與「習俗」和「常規」或「慣例」加以區隔。[138]傳統，不論舊或新，都是不變的。我們所參考的過去是固定不變的模式，「習俗」較有彈性，它的約束力會改變。習俗像是法官所做的事，而『傳統』（在此例子中指的是『發明的傳統』）則是指圍繞在真實行為上的那些假髮、法衣，和各式各樣的隨身用具，及儀式化的常規等。[139]

至於「常規」，雖然它們也會變成是「不變的」，但是其

---

[138] 這三個字詞的英文為custom、convention、routine，一般字典的解釋幾乎可以相通。它們共同的地方是「long-established」，這才是霍布斯邦要強調的地方，從中文的字義上看不出來。

[139] Hobsbawm和Ranger編，*The Invention of Tradition*，頁2-3。

功能純粹是技術性的，用來促進可隨時重新界定的實際運動，當實際需求改變時它們也會改變，就像遊戲規則可以改一樣的道理。因此，阿兵哥戴鋼盔是「常規」，狐狸狩獵時穿著粉紅色的獵裝和安全帽則是一項傳統。霍布斯邦並沒有否認舊傳統的重要性，他也未否認在過去的時代傳統便已曾被「發明」過，他真正的意思是：在現代，因為變遷的速度太快，我們可以隨處發現「傳統的發明」，不論這些傳統是由一個人發明的（例如貝登堡的「童子軍」），或整個群體所發明的（如納粹黨的「紐倫堡大會」），[140]霍布斯邦的理由是：「快速的社會變遷減弱了（或摧毀了）『舊傳統』的社會模式，產生了『舊傳統』難以適應的新模式，當這些舊傳統及其制度的承載者和傳播者不再能夠證明它們的適用性和彈性時，舊傳統便會被淘汰。」[141]

如今每個社會都會累積相當多的古代東西用以建構新式的「發明的傳統」，目的各有不同。有時候新的傳統會嫁接在舊的傳統上，有時候則是從官方的儀式、象徵符號和道德訓誡中設計出來。霍布斯邦以瑞士的民族主義為例，他們的民族主義係利用現存的傳統習俗如民謠、體育競賽和射擊術加以延伸、形式化和儀式化，將宗教的行為和愛國思想結合在一起。

當民族國家興起時也會伴隨一些完全是新的象徵與設計，諸如國旗與國歌等，同時也必須創造出歷史的持續性，有可能是半真半假，也有可能根本就是偽造。「發明的傳統」和使過去活化起來的運動都有一項缺點，無法發展或提供一個活生生的過去，

---

[140] 紐倫堡（Nuremberg）是德國弗蘭肯區商業和製造業城市。1933年「納粹黨」在紐倫堡舉行年會，1943年盟國也在這裡對納粹戰犯進行控告和審判。
[141] Hobsbawm和Ranger編，*The Invention of Tradition*，頁9。

而且，在舊的生活方式仍然充滿生氣的地方，傳統不但無法復興，也無法「發明」。霍布斯邦說，現代的「發明的傳統」有三種部分重疊的形態：

1、第一種形態是要建立或將社會凝聚力與族群的成員身分予以社會化，不論它是真實的或人為的共同體。
2、第二種形態是要建立或將官方的制度、地位和與當局的關係予以合法化。
3、第三種形態的目的則是要經由灌輸信仰、價值觀和行為誡律使符合群體生活之需要。

霍布斯邦認為第一種形態最重要，其他形態的功能會隨著人對共同體及其制度的認同而產生浮動。[142]

舊的習俗和新的習俗之間有很明顯的差異，前者是具體的，有強烈的約束力。後者則是非具體的，對所訴求的群體成員來說價值觀與義務的內容不是很明確，例如「愛國主義」、「忠誠」、「責任」與「為人正直」這些觀念等。但是，將這些理想予以象徵化的習俗卻是具體且具有強制性，例如美國學童的升旗典禮。[143]對霍布斯邦來說，像國旗與國歌這類能夠引起族群成員強烈情感和象徵的發明才是最重要的「發明的傳統」。即便「發明的傳統」在舊傳統式微後所留下的社會空間中只占到邊邊角角，尤其是在私人的領域中，「發明的傳統」影響力不大，但是在像學校等公民的公共生活中這種新傳統習俗卻很搶眼。

---

[142] 同上，頁9。
[143] 同上，頁10-11。

從歷史的發展來看，它們都是新的，是發明出來的，像是旗幟、圖紋、慶典和音樂等。在結論時霍布斯邦宣稱，「發明的傳統」的研究乃是：與一項相當晚近的歷史創新──「民族」，及其伴隨的現象──「民族主義」、「民族國家」、「民族象徵」、「歷史」等有密切的關係。如果歷史的新奇指的就是創新，那麼以上的這些創新都是建立在經常是深思熟慮，和向來都是創新的社會工程之上。雖然猶太人和中東的穆斯林有其歷史的持續性，但是以色列和巴勒斯坦的民族主義或民族卻是新的東西，因為領土國家的觀念在一百年前從來沒有人聽過，要到在第一次世界大戰以後才成為嚴肅的議題。[144]

為了證明自己的理論，霍布斯邦和本書中的作者們提出了很多個案研究來闡釋發明的傳統，霍布斯邦自己也在最後一章中論述十九世紀歐洲群眾製作的傳統。舉例來說，像以下這些東西都是「發明的傳統」：「童子軍」、「勞動節」（May Day）、「奧林匹克運動會」、「閱兵」、「民族節日」、「五十年節」、大型的公共建築與紀念碑、大量的學校手冊等。某種程度上，這類「發明的傳統」都是國家所設計的，因為國家的統治菁英認為這些發明有助於掌控快速變遷的社會，並引導公民參與政治事務。第三共和時的法國、第二帝國的德國，其「傳統的發明」都在第一次世界大戰之前達到顛峰。有些新傳統如同朝露，瞬間即逝，有些群眾慶典卻能經久耐用。霍布斯邦說，無論如何，唯有那些「能在聽眾等待收聽的波段上廣播」被刻意發明的傳統，才能在歷史的長流中獲得成功。[145]

---

[144] 同上，頁13-14。
[145] 同上，頁263。

1990年霍布斯邦將他在「貝爾發斯特」（Belfast）「皇后大學」（Queen University）的演講大綱集結成書。在《民族與民族主義》書中，霍布斯邦分析了1830年以後到第二次世界大戰之後，民族與民族主義的興起與歷史發展。像葛爾納一樣，霍布斯邦也主張不論是從觀念上來看或從歷史發展來看，民族都是民族主義的產物。但是他也強調民族主義的主要特色和目標（也是它的唯一訴求）就是要建立一個「民族國家」。民族主義是一項政治計劃，離開了創建「民族國家」的目標，這種民族主義沒有任何價值可言，更無談論的必要。他說：「簡而言之，民族主義早於民族的建立。並不是民族創造了國家和民族主義，而是民族主義創造了國家和民族。」[146]

對霍布斯邦來說，民族是民族主義者建構的，是特定時空下的產物，而且是一項相當晚近的人類發明。民族的建立和當代基於特定領土而創立的主權國家（territorial state）是息息相關的，如果我們不將領土主權國家跟民族或「民族性」放在一起討論，所謂的「民族國家」將會變得毫無意義。將「民族」視為天生的、是上帝對人類的分類，這樣的說法實則是民族主義的神話。民族的構成有其一定的要件，霍布斯邦以一代經濟學宗師李斯特（Friedrich List）為例，李斯特對我們研究民族主義的幫助在於他清楚地建立了一套「自由主義」的民族概念。李斯特將民族、幅員、人口的關係陳述如下：「大量的人口、廣泛的疆界，豐富的自然資源等，這些都是民族構成的要件……，民族深受人口與領土的限制，尤其是當它還有分立的語言問題時，因為如此一來它

---

[146] Hobsbawm, *Nation and Nationalism Since 1780*，p. 9。

的文字與制度都將陷入癱瘓，無法全力提升藝術與科學發展。幅員狹小的國家，永遠無法在自己的國境之內使各項成果達到完美的境界。」[147]

以往認為民族必須擁有足夠可供發展的幅員，若其領土小於一定的「門檻原則」（threshold principle），這個民族將不具歷史合法性。這種論點聽來極易引發爭議，但卻很少有人詳加辯論，李斯特至少使它成為一個議題。如果不依循「門檻原則」將會出現「小國林立」（Kleinstaaterei）的情形，這是相當難堪的稱呼。「巴爾幹化」（Balkenization）原本指的是土耳其帝國在風起雲湧的獨立浪潮之後，分裂成許多敵對小國的情形，至今這個名詞仍帶有負面貶損的意味。馬志尼在1857年重劃未來歐洲的地圖時便大加宣揚這種「門檻原則」，在他的地圖上，歐洲是由十二個國家與聯邦所組成，根據日後的標準來看，其中只有義大利一國不是「多民族國家」。到了美國總統倡議「民族自決原則」後，「門檻原則」受到挑戰，歐洲在巴黎和會後被劃分成二十六個國家，加上愛爾蘭自由邦（Irish Free State）共計二十七個。另外，根據一項研究發現，以西歐一地的分離運動而言，先後計有四十二個地區意圖獨立。由此可見，當各國都不再奉行「門檻原則」時，便會出現小國小邦爭相獨立的情勢。[148]

「民族自決」如今已成了共識，在自由派民族主義那個時代，沒有人會想要放棄「門檻原則」。在那個時期，「民族自決」只屬於有生存能力的國家，即文化與經濟大國。馬志尼對「民族自決」的看法肯定與威爾遜不同，我們要強調的正是這個

---

[147] 同上，頁30-31
[148] 同上，頁40。

觀點：民族自決的定義會隨著時代的演進而有所轉變。霍布斯邦要我們注意，即使在威爾遜那個時代，「門檻原則」也沒有完全被揚棄。兩次世界大戰期間出現的盧森堡與列支士登這兩個國家，確實令人有點尷尬，樂見其建國的，大概只有集郵家了。

我們必須了解，因為霍布斯邦將民族主義界定為以追求民族國家為目標，所以「門檻原則」才會成為一項議題，如果民族主義只是一種意識形態或情感，「門檻原則」便毫無意義可言。1870至1914這段期間霍布斯邦認為是民族主義發展最重要的階段，原來的大眾、公民與民主的政治民族主義轉變成族裔語言為主的民族主義。這種新式的民族主義與馬志尼時代的民族主義的內容至少有三個地方不同：

1、放棄了在自由派民族主義時代認為很重要的「門檻原則」，從此以後任何一群認為自己是一個「民族」（nation）的「人民」（people）都有權要求自決，也就是說有權建立一個獨立有主權的國家。

2、在考慮到可能會增加一大堆「非歷史的」民族後，族裔與語言的問題將會愈來愈重要，甚至成為判定民族屬性的標準。

3、第三種變化所影響的不只是民族國家的民族運動，現存民族國家內的民族情感也會受波及：突然轉向民族的政治權力和旗幟的意義，就是在十九世紀最後這數十年，我們才能說「民族主義」這個字詞是「發明的」。[149]

---

[149] Hobsbawm, *Nation and Nationalism Since 1780*，p. 102。

對霍布斯邦來說，這種以本國語為主的新語言民族主義只是少數通過考試階級所關注的事，當面臨「外國人」的威脅時，這些階級的人會特別想要取得政治權力。這種族裔民族主義，基本上是一種建立在害怕心理上的政治，會導向建立一個族裔上同質的共同體，並且最後會將少數民族根除掉。

1960年代時美國的社會學家貝爾（Daniel Bell）曾經寫了一本書論「意識形態的結束」，[150]三十年後一位服務於美國政府的日裔學者福山（Francis Fukuyama）也寫了一本書，談到「歷史的終結與最後一人」。[151]「民族主義」是否也走到這個地步了嗎？對霍布斯邦來說，民族主義確實已過了顛峰期，雖然在二十世紀後期我們又看到族裔——語言形態的民族主義再度興起，但已經不再是歷史發展的主要力量，充其量它們只能算是十九世紀東歐小型民族運動的繼承者或遺緒罷了。霍布斯邦說：「二十世紀後期的民族運動本質上是負面的，或者說，導致分裂的。因而，堅持族裔與語言的差異，通常都會跟宗教扯上關係。」[152]以族裔和語言作為民族的原則，對身為左派史家的霍布斯邦來說，當然是不能接受的事。在霍布斯邦看來，族裔與語言的召喚根本無法保證未來的發展，這種召喚只是用來抗議「現狀」，或更準確地說，用來對付威脅到他們的族裔群體的「其他人」。[153]

今日的民族主義已不再以「製作國家」和考量經濟功能為訴

---

[150] Daniel Bell, *The End of Ideology*, New York: Free Press, 1962.

[151] 福山（Francis Fukuyama），*The End of History and the Last Man*, London: Hamish Hamilton, 1992，李永熾譯，《歷史的終結與最後一人》，台北：聯經出版社，1994年。

[152] Hobsbawm, *Nation and Nationalism Since 1780*，p. 164。

[153] 同上，頁168。

求。[154]十九世紀時民族主義顯然是歷史發展的中心，開創了國家並促成了以疆土為界的「民族經濟」之發展。但是，全球化和國際性的勞力分工扼殺了原來的功能，大眾媒體與跨國移民破壞了民族國家追求同質族裔的可能性。民族主義與當代的經濟和社會發展已是「風馬牛不相及」，多數重要的政治衝突不再與民族國家有任何瓜葛。因此，霍布斯邦得出這樣的結論：民族主義是逝去的夢想之替代品，是一種因為希望與願望落空後的反應，雖然在今天它還是很亮眼，但畢竟是：「從歷史發展來看，重要性已大不如前。不再像以前一樣是全球性的政治計劃（指十九世紀和二十世紀初時期）。現在，它充其量只是一個攪和的角色，或成為其他發展的刺激因素。」[155]

民族主義這種現象雖然已過了顛峰期，但是否真的就此消失，埋入歷史的灰燼中，「米涅瓦之鷹」有可能就此歸隱嗎？恐怕一切都還在未定之天。

七、布拉斯（Paul Brass）

布拉斯是美國西雅圖華盛頓大學的政治學與南亞研究的教授，以研究南亞政治享譽國際，尤其是《北印度的語言、宗教與政治》、《獨立後的印度政治》和《族裔與民族主義》更是大家耳熟能詳的名著。布拉斯一直強調菁英的中心性，認為他們對族裔認同政治的形塑（尤其是在南亞地區）扮演舉足輕重的角色。

史密斯在《民族的族裔根源》中說「現代論」有兩派：一派從現代社會的經濟基礎來解釋現代民族的「無所不在」。他們認

---

[154] 參閱Hobsbawm, *Nation and Nationalism Since 1780*，頁31-39。
[155] 同上，頁191。

為從十六世紀開始一些「核心」國家便已能夠利用他們在初期市場資本主義的優勢，和有效的行政體系從周邊和半周邊的地區獲得利益。因此，英國、法國、西班牙和荷蘭（最初時）能夠將東歐、中南美洲納入它的經濟體系內，成為依賴的關係，並因此播下帝國主義的種子。[156]1800年之後，西方的中產階級已經能夠直接將帝國主義加諸在亞洲和非洲的許多國家上，這種行動很快就引起「周邊地區」菁英的抗拒，這種抵抗運動的形式便是群眾動員。失去各種資產的菁英被迫向他們的群眾訴求，煽動他們來抗拒不均衡的資本主義擴張所帶來的政治威脅，雖然這些菁英很想獲得西方的資本與技術，卻不願接受伴隨而來的政治和經濟支配。[157]周邊不一定指海外的領地，在自己的「國內」地區，數世紀以來許多「核心」國家也經常剝削內地的族裔和周邊的社群，這種剝削往往隨著工業化所帶來的經濟互動增加更為惡化。無疑地，今天我們目睹了蘇格蘭、威爾斯、法蘭德斯、不列塔尼、科西嘉、巴斯克和加泰隆尼這些共同體的抗議與運動，原因都是在面臨經濟與文化的威脅時想要重新肯定、找回自己的認同。

　　另一派「現代論」者傾向於在分析中多關注政治的因素。史密斯認為近年來一些研究族裔的學生或學者主張族裔與民族的單位是很方便的「地點」（sites），當菁英在追求財富、權力和尊嚴時，正好可以用來激勵群眾的支持，群眾的支持是稀有的資源，卻也是高層次的溝通。族裔象徵與疆界足以喚起更大的承

---

[156] 這是一種華勒斯坦觀點。華勒斯認為在世界體系內，強力國家的創建乃是民族主義興起的必要條件，不論這種民族主義產生自強大的國家之中或在周邊地區的國家。
　　I. Wallerstein, *The Modern World System*（New York: Academic Press, 1974），p. 149.
[157] 關於這方面較完整的理論參閱奈倫，《不列顛的崩解》，第2章和第9章。

諾，在簡單的旗幟下，重新整頓各種不同派系的利益。從這種觀點來看，族裔根本就是一種「工具」。族裔的存在是為了結合經濟與政治的利益和文化的「影響」，就此而言，族裔與民族共同體通常比「階級」還好用，更能成為動員群眾、整頓群眾行動，引起共鳴的基礎，用它來支持集體政策和菁英的權力追求，這種觀念其實是受到挪威人類學家巴斯（Fredrik Barth）的影響。[158]

布拉斯就是史密斯在第二種「現代論」類型中的學者之一，他們同樣以「族裔」作為研究的主題，但是不同於「原生論」者將「族裔」視為人類情境中「與生俱來的」屬性。這群「工具論者」認為「族裔」與民族的依附都會隨著環境的改變和政治菁英的操作而不斷地調適，正如布拉斯所說：「族裔與民族性的研究，在相當程度上是一種由政治所引起的文化變遷之研究，更精確地說，是對菁英操作進程的研究：族裔群體內的菁英和與菁英對立者如何篩選族裔文化、如何灌輸新的價值觀、如何利用選擇的文化作為一種象徵來動員群眾，以及維護自己的利益並且與其他族群競爭。」[159]

布拉斯認為民族主義與族裔性都是現代的現象，與現代中央集權的國家之活動關係密切，難以分割。原生論的觀點是錯誤的，布拉斯強調族裔和民族主義不是「與生俱來的」，它們是社會與政治的建構，是菁英創造出來的。他們從族群文化中汲取材料，其中有些是曲解，有些則可能是偽造。這樣做的用意在保障他們的財富和存在，或是為他們的族群（包括自己）爭取經濟與

---

[158] Smith, *The Ethnic Origins of Nations*, pp. 9-10。

[159] Paul Brass, "Elite Groups, Symbol Manipulation and Ethnic Identity among the Muslim of South Asia", in D. Talor and M. Yapp（eds.），*Political Identity in South Asia*, London: Curzon Press, 1979），pp. 40-1.

政治上的權利。[160]

　　布拉斯的理論架構係建立在一些基本假定上：

1、關於族裔認同的善變。布拉斯認為在族裔認同的興起和
　　轉化成民族主義的過程中，沒有所謂不可避免的事。相
　　反地，文化認同的政治化只有在某些特殊情況下才有可
　　能發生，這些情況必須加以辨明並審慎分析。
2、族裔衝突不是因為文化差異，但有可能起因於邊界的政
　　治與經濟環境，這種環境同時也決定了菁英群體之間競
　　爭的內涵。
3、這種競爭的本質會影響我們對族裔群體及其持續存在的
　　界定。這是因為族裔群體的文化形式、價值觀和習俗已
　　成了菁英用以獲取權勢與尊嚴的政治資源。這些資源會
　　轉化成象徵符號，加速政治認同的形成並帶來更多的支
　　持者，因此，族裔群體的意義和內涵取決於政治環境。
4、所有的假定都說明了：族裔認同的形成及其轉化成民族
　　主義的過程是可逆轉的，也就是說根據政治環境與經濟
　　環境的不同，菁英們可能選擇淡化族裔差異，或是尋求
　　與其他族群合作，或是訴諸於國家權威。[161]

　　根據這樣的基本假定，布拉斯建立了一套總體性的分析架
構，將焦點放在「認同形成」與「認同變遷」的過程。首先，他

---

[160] Paul Brass, *Ethnicity and Nationalism: Theory and Comparison*（New Delhi: Sage, 1991），p. 8.
[161] 同上，頁13-16。

認為所謂的「族裔類型」應是任何人民群體，只要從客觀的文化標準來看，它與別的人群不同，並且在其成員中（實際上包含的，或理論上應包含的）具備了可以作為完全的勞力分工和複製的要素，它就是族裔類型。[162]

所謂「客觀的文化標準」，在布拉斯看來並不是一成不變的，相反地，它們很容易改變和變形。除此之外，布拉斯進一步強調，在前現代社會時期族裔轉化的進程尚未開始，隨著後工業化社會時代的到來，開始出現大規模的文化同化現象，族裔的界限變得愈來愈模糊，在族裔轉型的過程中疆界的問題日益嚴重尖銳。這種轉型的過程和人口中單純的族裔差異之持續情形不同，不可等同看待，也就是說文化標誌常被用來作為鑑別族群的基礎，作為強化族群內部團結的焦點，作為一種獨特社會地位的聲明，而且，如果族裔群體被政治化，也可作為一種正當性的理由：在現存的政治體制內要求族裔的權利，或是要求分離，另建新的民族。[163]

布拉斯指出，客觀文化標誌之存在對族裔轉型進程之啟動雖然是必要的，卻不是充分的要件。還有一些其他的因素，不過，同樣也不足以成為決定性的因素，像是菁英對領導權的爭奪和對各種有形與無形資源的操控。在布拉斯看來，爭奪本土領導權有四種形式：

1、地方上的地主與外來當權者之間的爭奪。

2、不同的宗教派系菁英之間的競爭。

---

[162] 同上，頁19。
[163] 同上，頁63。

3、當地的宗教菁英與處於協助者身分的本土特權人士之間的抗衡。

4、本土宗教菁英與外來的特權階級之間的競爭。

　　其他的競爭類型則是起因於不均衡的現代化進程，其形式主要是爭奪公職、工作機會和大學教職等。無論如何，正如前面所說，不論是族裔差異性的存在，或是菁英的競爭都不足以造成族裔的轉化。

　　布拉斯舉出一些例子：如識字率的成長、大眾溝通媒介的發展（尤其是報紙）、本土語言的標準化、以本土語言所寫的書籍、學校教育的普及化，在學校中使用的本土語言是促進階級之間溝通的最佳媒介。通訊設施的發展產生了新的社會族群，他們要求受教育，要求在現代的經濟體系下獲得工作，簡單地說，需求與供應同等重要。布拉斯順便提到，只有在以下兩種情況時高度的社區動員才容易達成：

1、存在著一個宗教菁英，控制著當地的廟宇、神壇，或教會與附屬於他的土地，與宗教教育有關的網絡也要很發達。

2、當地的本土語言被國家當局所承認，是教育與行政的合法媒介物，因此成為本土智識階級的好工具，用以滿足想要受教育和獲得工作的新社會群體。[164]

---

[164] 同上，頁63-64。

依據布拉斯的說法，族裔轉化的必要且充分條件必然也是成功的民族運動發展的前提，所以對他來說，作為一種菁英現象的民族主義在任何時間都有可能出現，即使是在族裔轉化的早期階段。但是，若要受到群眾的支持，必須超越菁英競爭的局限。民族主義的群眾基礎在以下的情形出現時，它是可以被創造的：來自先前在人口比例上占多數的鄉村群體，或來自未能進入被其他族群所霸占的經濟部門之劣勢族群所引起的大規模群眾運動，產生了廣泛的階級內部競爭。倘若這種運動遭到支配族群的抗拒，但政府當局卻公開的支持或默許，那麼此一胸懷大志的族群便很容易被民族主義的訴求加以動員起來，挑戰現存的經濟結構和相關的文化價值觀。[165]

另一方面，如果處於支配地位的族群能夠感受到劣勢族群的野心已經威脅到自己的地位，那麼他們也會發展出自己的民族運動。布拉斯認為由於城鄉族裔群體的分配不均，可能會使這種情勢更加惡化，因為這種情形通常會導致對稀有資源的激烈競爭，或是對掌控國家結構的競爭。

當民族主義的基礎建立在族裔對經濟機會的爭奪上，或如布拉斯所說「以行業為基礎的國家權力的爭奪」上時，他們所聲明的要求和民族主義運動是否能成功就要取決於以下的政治因素了。在此，布拉斯舉出三種因素：是否有民族主義的政治組織和追求的目標存在、政府回應族裔要求的本質是什麼、一般的政治背景為何。

---

[165] 同上，頁65。

1、政治組織：

在布拉斯看來，民族主義是一種政治運動。因此，得要有健全的組織、技巧熟練的領導者，和可以實際上在體制內競爭的資源。布拉斯進一步將它細分為五點主張：

（1）能夠掌握社群資源的組織通常比無此能力的組織更能發揮影響力。

（2）能夠清楚地讓人知道他們與社群是一體的組織通常比那些「僅僅」代表社群，或只追求自己利益的組織更能有效運作。

（3）高效率的民族主義組織必須要能夠塑造他們所領導的群體之認同。

（4）他們必須要能夠建立與前輩領導者之間的連續性，並禁得起領導權的變動。

（5）民族主義運動若想成功，必須要有一個政治組織處於支配性的地位，能夠代表族裔群體的利益，對抗競爭者。[166]

2、政府政策：

布拉斯斷言政體中的制度機制和政府對族裔要求之回應是決定某一群體是否能生存的關鍵，也就是能否自決或達成最終的目標。政府用來避免「族裔之火復燃」的策略因人而異，各國有別。有最極端的壓迫形式，如「種族屠殺」、「驅逐出境」；透過學校教育來破壞族

裔群體的根基，如「同化」、將族裔領導人納入政府體系等。政府可以視情況選擇多樣化的政策來滿足族裔的要求，包括建立像「聯邦制」的政治結構，或是採行某種特別權，如賦予使用自己語言來教育族裔人民的權利。

3、政治背景：

民族運動是否能成功當然得看當時一般的局勢。就此而言，布拉斯認為以下三種情況特別重要：各種政治與社會力量和組織有沒有重新洗牌的可能性，來自支配族裔群體的菁英是否願意與其他族裔群體的領袖分享權力，有沒有別的政治競技場可選擇。

布拉斯指出政治洗牌的需求不會發生在社會走向現代化的早期階段，這個時候的政治組織都是以族裔為背景，主要的領導組織也是以本土民族主義為訴求。只有當現存的政治組織無法應付社會的變遷時這種政治上的洗牌才會發生，因為這種社會變遷已經腐蝕了他們的支持根基。另外，在革命的動盪時期這種洗牌情形也會發生。布拉斯主張：全面的政治洗牌會導致新的民族主義組織的出現，並為他們帶來獲取群眾支持的新機會。

另一方面，處於支配地位的族裔菁英是否願意與別人分享權力，也是族裔衝突能否解決的關鍵：如果沒有這種意願，該社會就容易發生衝突，甚至走向內戰或分離運動。無論如何，存在著這種意願的社會，經由多樣化的選擇來解決族裔衝突，前景樂觀可期。

至於選擇其他的政治競技場得考量族裔群體所要付出的代

價。布拉斯聲稱當統一的國家當局無法滿足少數民族的政治需求時，可能就會面臨行政或政治上的「去中央化」的呼聲。在這樣的情勢下，政府可能選擇重組舊的政壇，或是重建政治競技場以滿足族裔的要求。布拉斯說，在下面的情境下是使用這種策略的最佳時機：

1、有一個很開放的政治論辯和競爭的體制。
2、聯邦與地方之間的權力分配很合理，某一族裔之掌控權力不會斷絕別的族裔獲取權力之路。
3、至少有兩個或三個以上的族裔群體存在。
4、族裔衝突的界限不會超越主張「集權制」與主張「聯邦制」之間的意識形態爭議。
5、外國強權無人願意介入干預。[167]

布拉斯斷言假如沒有這種背景，多數主義或聯邦制的辦法都不會成功，內戰和分離運動極有可能發生。總而言之，布拉斯認為，除非所有的方法都已耗盡而且無法引進外力來仲裁，政治菁英才會採用「分離主義」，畢竟這種策略的代價太高了。第二次世界大戰之後，在解決族裔衝突時，「分離」仍然是最不被採用的策略。

以上是對布拉斯理論的摘要，雖然簡短，但還是可以看出布拉斯的思想精髓。此處的結論是：對布拉斯與其他「工具論者」來說，菁英競爭和操作是我們理解民族主義的祕訣。[168]

---

[167] 同上，頁60-61。
[168] 以上關於布拉斯之論述，參閱Philip Spencer and Howard Wollman（eds.），

八、布宜利（John Breuilly）

布宜利是英國曼徹斯特大學（University of Manchester）的高級講師，專攻歐洲歷史，尤其是德國史，1982年出版《民族主義與國家》，雖然份量十足，但是並沒有引起太多的討論，比起葛爾納、霍布斯邦、安德生等人的著作，布宜利的影響似乎不易看見。在布宜利身上找不到可以迅速聯想的觀點，原因是他的著作太龐大，處理的內容太瑣碎，所提供的資料雖然對我們理解民族主義很有幫助，可是卻無法成為一部經典。

1989至1991年間蘇聯的解體，東歐許多小國紛紛獨立，許多民族主義理論和研究面臨了重寫或改寫的命運，對布宜利而言，雖然也會有困擾，但是由於他堅持民族主義是一種政治形式，這個觀點還是適用。在1993年再版這本書時作者增加了一章，討論中歐與東歐的民族主義，並將原先在第一版評述各種研究方法的導論放到最後成為附錄，另外也更動了某些章節的次序。例如新版「第二部分」中討論民族主義的社會與意識形態基礎的篇章，原來在第一版時是安排在書後，以致讓人產生一種印象以為布宜利不看重民族主義的意識形態訴求，為了減少誤解，布宜利從善如流，認為在進行民族主義政治的比較研究之前，先介紹一些一般性的議題也無傷大雅。[169]

布宜利的研究方式不同於早期歷史學家按年代先後排列的民族主義論述，他強調民族主義研究必須結合歷史的遠見與理論的

Nationalism（London: Sage Publications, 2002）, pp. 45-48; Smith, *Nationalism and Modernism*, pp. 153-155; Özkirimli, *Theories of Nationalism*, pp. 109-116.

[169] Breuilly, *Nationalism and the State*, p. 15, note1 & 2。

分析。經由大規模的類型與個案的比較分析，布宜利介紹了一種新的民族主義概念，即「民族主義是一種政治形式」，並且建構了一種最早的民族主義運動類型學。在這本書中布宜利至少分析了三十種不同的民族主義個案，橫跨數個不同的歷史時空，難怪席莫諾列維茲要稱讚它是一本「好用而且有價值的參考書」。[170]

「民族主義可能是現代的，但是『現代性』不等於民族主義」。[171]布宜利是個堅定的現代論者。首先，他承認在中古後期便已有像「民族意識」這種東西存在，但是他不認為那是一種「民族主義」。對他來說，「民族主義」這個字詞用以指稱尋求，或運作國家權力的政治運動，並且應用民族主義者的理由使這些行動有其正當性。所謂民族主義者的理由乃是一種建立在以下三項主張上的政治學說：

1、每一個民族都有其明確和獨特的性格。
2、民族的利益與價值優先於其他的利益與價值。
3、民族必須盡可能獨立自主，通常這需要取得最起碼的政治主權。[172]

將「民族主義」一字的定義限定在「政治學說」上，可以避免過於籠統和無所不包的危險，讓我們可以將焦點全部放在民族主義是現代的事物這個觀點上。

布宜利在他的民族主義定義中，排除了以「自由」與「平

---

[170] K. Symmons-Symonolewicz, "Book Review: Nationalism and the State", *Canadian Review of Studies in Nationalism*, xii（2）, p. 359.

[171] Breuilly, *Nationalism and the State*, 〈第一版序〉, 頁ix。

[172] 同上，頁2。

等」這種普世價值作為獨立訴求的政治運動，因此在他看來，美國殖民地於1776年的獨立宣言與戰爭不算是民族主義。民族主義要求將這種普世原則與一種明確的文化認同加以結合，在獨立戰爭之前或期間的美國領袖並沒有這種關懷。但是，對於1848至1849年間「法蘭克福國民議會」（Frankfurt Parliament）決定創造「德意志民族」的目標，布宜利則認為那是一種民族主義。[173]撇開族裔的標準，民族主義也會將訴求建立在「一種歷史－領土的民族概念」上。

對於極端的「唯意志論」觀點，布宜利向來持反對的立場：將民族的認同看成只是個人的選擇，無疑是對民族文化獨特性的漠視，恐怕連民族主義者也不會同意。民族主義的訴求也不能等同於那種在非洲反殖民運動中所提出來的普世人權主張。事實上，在許多個案中，文化的主題已漸漸浮現出來，形象愈來愈明確：現代的反殖民運動反對西方文化比自己的文化（即非西方文化）更優越的解釋。這些解釋的涵蓋面可能會相當廣泛，可能會以「泛」（pan-）的形態出現，如「泛阿拉伯的」、「泛非的」、「泛印度的」或「全華人的」；也可能在「次民族主義」或「部落主義」的層次上來運作，用以指稱某種族裔認同。[174]

布宜利真正感興趣的是具有政治意義的民族主義，不是作為意識形態的民族主義或意識形態本身（ideologies *per se*）。「此處所指的民族主義是一種政治形式，而且是『反對政治』。因此，

---

[173] 德意志1848年3月革命後在法蘭克福召開的一次經選舉產生的議會，以起草一部全德意志的開明憲法。它代表德意志邦聯中的每一個邦，但事實證明它既不團結也沒有權力。議會選舉普魯士國王為德意志帝國的皇帝，在遭到奧地利的反對和國王本人拒絕後議會即告解體。

[174] Breuilly, *Nationalism and the State*, pp. 6-7。

分類的原則將以民族主義運動與國家的關係做基礎，這個國家可能是民族主義者所操控的，或是他們所反對的。民族主義者的反抗可能是想要脫離現存的國家（分離的民族主義），或是依民族主義者的要求改革國家（改革的民族主義），或是與其他的國家結合（統一運動的民族主義）。」[175]

　　根據以上的定義，可以產生六種民族主義的類型，分別是發生於「民族國家」和「非民族國家」（亦即帝國）：「分離主義的民族主義」、「改革的民族主義」和「統一運動的民族主義」。當然，會有一些民族主義很難歸類，如十九世紀的波蘭，它們的民族主義對抗的是以上兩種形式的國家，目標包含了分離、統一和改革。在各種不同的民族主義政治中，追求的目標與情勢都不會一樣，波蘭的民族主義已清楚說明了這種現象。因此，我們需要一種類型學來加以闡釋，而且，了解民族主義最好的起點就是經由比較的歷史研究認真地看待其政治形式。由於民族主義所牽扯的社會群體太多，不容易清楚地區分各種不同的民族主義意識形態，因此需要一種政治準則作為工具，使我們能夠對民族主義進行分類，領會民族主義的本質以及它對當代世界的影響。

　　總的來說，民族主義能夠攫取國家的權力，起因於它能激勵群眾支持，將不同的社會群體結合在一起，並且為個別的社會利益提供最佳的原理闡述。正因為民族主義在社會動員、政治合作，和意識形態的正當性上運作得如此完美，使它能夠傳佈整個地球，吸引各種不同的群體，深刻地影響最近兩百年來的歷史

---

[175] 同上，頁9。

發展。對布宜利來說，「次菁英」（sub-elite）的角色也不容忽視，特別是他們在殖民地的民族主義運動的中地位。布宜利用這個標題來指稱中級的官僚、軍官、專業人士、商人和知識分子。在其他的個案中，不甘心的窮貴族或下層教士階級的成員往往成了民族主義運動的先鋒部隊，東歐的一些地方就是這種情形。有時候甚至連農民與工人都可能成為民族主義運動的起因，雖然馬克思與恩格斯認為工人階級傾向於看重階級團結，不是民族。但是，無論如何，的確在亞洲和非洲的一些革命運動中，可以看到民族主義在農民之間發展起來，正如它在工人階級間發展一樣。一旦分屬不同的族裔群體的工人勞力競爭日益白熱化，他們也會變成民族主義者，十九世紀時的波西米亞（Bohemia）正是處於這種情勢。然而，真正代表工人階級信奉民族主義的例子則發生在兩次世界大戰期間的大量工人自願參與戰爭，但是必須記住，真正響應戰爭的呼喚，投入1914年和1939年的戰爭的是法國、德國和英國的商業工會，不是一般身分的工人。

通常我們都認為專業人員和知識分子在民族主義運動中扮演著樞軸的角色，以他們的技藝、對身分地位的在意，和職業上的需求，他們應該是民族主義最忠實的支持者，事實並非如此。布宜利聲稱，將民族主義看成是專業人士的政治是錯誤的解讀，正因為專業人士在權力的官僚體制中享有一定的地位，導致他們經常保持中立或不關心政治。這種情形也發生在知識分子身上，他們通常也被認定是民族主義的要角和忠誠的支持者。布宜利承認在政治運動中知識分子的確有其重要性，對那些偏好思想的抽象性和肯定知識分子不受派系影響的自主性的人來說，很容易認為知識分子的要求符合意識形態，其主張代表整個民族。同時，這

類抽象概念和自主性也正是所有現代意識形態的標記;知識分子就像其他人一樣都必須遵循某種社會制約,一切作為一樣不能超脫先前存在的政治網絡。因此,認定民族主義的特色就是知識分子或任何其他團體的政治,這不是正確的推論。我們必須了解的不是知識分子的想法,而是這些社會群體的政治和政治環境。[176]

倘若民族主義不算是知識分子的政治,是否意謂意識形態不重要?布宜利說:「意識形態仍然是一股很重要的力量,對民族主義運動所引發的合作、動員,和附加的正當性幫助仍然很大」。[177]布宜利的話是有保留的,換句話說,意識形態的重要性有其前提條件。無論如何,將文化的特有性和政治上的自決要求連結在一起的主張必然與某種利益有關,而且只有在某些個別的情勢下才能產生預期的效果。此一基本情勢就是「現代性」。現代是一個資本主義、官僚與俗世主義的時代,「國家」與「社會」之間的裂痕日愈嚴重,有愈來愈多的人贊成專制主義政治,在「公民社會」的私人領域方面也有逐漸成長的跡象。正是因為這種分歧產生了各種不同的意識形態,企望為二者之間的裂痕搭起溝通的橋樑,民族主義便是其中一種「以假亂真」的解決方案,讓人產生一種錯覺,以為文化和政治上的「民族」在理論上就是一個公民社會。

布宜利以赫德的主張來論證他的「歷史主義的民族主義觀點」。對赫德來說語言就是思想,而且只有在社會群體的環境內才能發展。因此,思想必然像語言一樣有其族群的背景和獨特性,如同其他的文化信號,如:服飾、舞蹈、建築、音樂等,以

---

[176] 同上,頁48-51。
[177] 同上,頁70。

及孕育它們的社會，二者之間的關係就像騎協力車一樣。從一開始（即上帝創造它們時）每一個民族都是獨一無二的，民族主義者要做的事其實很清楚：恢復他們的共同體回到最初的自然狀態。但是要完成這項工作必須將文化民族視為政治民族，進而重新將被現代性所分開的事加以結合。藉由重新結合社會與國家，讓每一個民族都成為擁有領土的國家，這才可以稱作民族自決。也唯有這樣做，才能恢復民族的「真實性」，使這個共同體（即民族）實現其與眾不同的自我和真實的內在價值。[178]

布宜利對民族主義的歷史觀深表懷疑，因為這種觀點利用巧妙的手法重新界定獨特的文化民族為公民的政治民族，使文化就這樣似是而非的變成政治。同時他也承認民族主義已經上路準備接手解決一個迫切的問題：現代性所造成的國家與社會的分裂。布宜利曾經寫過一段很重要的話，闡釋民族主義這種計劃如何藉由發展出一種獨特且具體的象徵主義，發揮其對群眾的影響力。使民族主義不同於其他意識形態的特質在於民族主義總是不斷讚揚自己的共同體，從來不覺得不好意思。「民族主義者讚揚的是自己，不是某些傑出的實體，不論這些事物位於另外的世界或未來的社會，民族主義者對自己的讚揚通常涉及到一種對如何轉化現況的關懷。」[179]

布宜利以南非白人（Afrikaner）的「大遷徙」（Great Trek）和「聖約日」（Day of the Covenant）這兩個著名的例子來闡釋這種自我暗示的特質，讓人回想起1838年南非波耳人在「布魯河之役」（Battle of Blood River）中的「解放」，這種「解放」與勝利

---

[178] 同上，頁55-64。
[179] 同上，頁64。

的象徵含義成功地發揮動員的力量，塑造出一種南非白人的宿命，雖然沒能立即建立一個政治體，但在百年之後經由重申「大遷徙」的故事，於1910年成立了南非聯邦。按照布宜利的說法：「國歌、閱兵、演說，和精心設計的儀式所傳達的重要訊息是：這是一群嚴陣以待的人民，目標是重返歷史的顛峰時刻，風貌或許會改變，但並不重要。」[180]

　　最後，雖然有點勉強，布宜利還是承認：「民族主義宣傳的自我暗示特質與想在未來時刻重塑歷史光榮的主題，影響力確實很大，其他的意識型運動難與匹敵。」[181]

　　布宜利反對將民族主義視為一種語言或文化認同的意識形態，他的理由有二：方法論上，將文化認同的概念也算計在內，無疑會讓民族主義的定義過度膨脹，變得更曖昧和不精確。我們必須將民族主義限定在政治的形式這個範疇內，唯有如此，民族主義的定義才禁得起歷史與社會分析的檢驗。對布宜利來說，民族主義是一種歷史主義，以文化的多樣性和追求「驗明正身」（*authenticity*）為前提；理論上，布宜利覺得若將文化的概念也加進來，將會使我們倒退到「原生論」的立場，那種非理性的歸屬感和「返祖傾向」的訴求很難讓人接受。但是，布宜利最後也承認民族主義的力量來源有一半是不真實的，他說：「人們確實渴望成為社群的一分子、想要一種『我們』或『他們』的群體感覺、想要有可作為祖國的領土、想要歸屬於有明確文化界限的生存空間。到後來，這一切終將超越理性分析的範疇，歷史學家的

---

[180] Breuilly, *Nationalism and the State*, pp. 67-68。
[181] 同上，頁68。

解釋強而有力，我相信這是事實。」[182]

　　這段話似乎與布宜利將民族主義界定在政治的範疇內相衝突，但布宜利還是可以自圓其說，正因為有一些觀念和情感連史學家也無法解釋，所以我們才必須忠於那些禁得起檢驗的要素。事實上，在民族主義的定義中將文化認同的參數也包含進去是有道理的。民族主義的目標之一就是取得或維持民族的認同，也就是說，一種「與眾不同」的文化傳統和一群有自己名稱的人民之「個性化」。從民族主義的觀點來看，若無集體認同便不會有真正成熟的「民族」。

　　第二項理由是：我們需要借助文化認同來調節各種不同的民族主義，如宗教的、種族的、語言的和文化的。事實上的確有一些「純」文化民族主義者，他們經常在國家的議題上保持緘默甚至反對這種需求，也不渴望獲取權力。布宜利一直否認這種意識形態和運動，認為它們不算是民族主義。但是，偏偏又只有這種形式的民族主義者所展現的風貌，捨棄這種理解我們將無法解釋像葉慈等文化民族主義者的影響力，[183]或「愛爾蘭蓋爾語復興運

---

[182] 同上，頁401。
[183] 葉慈（1865-1939）。愛爾蘭詩人和劇作家。生於都柏林,先後就學於倫敦和都柏林大學。他學過美術，後轉向文學。1888年出版長篇敘事詩《莪相漫遊記》（*The Wanderings of Oisin*）而一舉成名。1893年他的一本農民傳奇《凱爾特的曙光》（*The Celtic Twilight*）問世。他的三部最受歡迎的詩劇是《女伯爵凱瑟琳》（*The Countess Cathleen*, 1892）、《慾望之鄉》（*The Land of Hearts Desire*,1894）、《凱瑟琳的故事》（*Cathleen ni Houlihan*,1903）。他還為1904年參加創立的阿比劇院寫過一些其他劇目。在《責任》（*Responsibilities*,1914）一劇中他採取更直率的風格轉入當代主題。他著名的許多詩篇分別收入《鐘樓》（*The Tower*,1928）、《盤旋的樓梯》（*The Winding Stair*）、《三月之望》（*A Full Moon in March*,1935）中。1923年獲諾貝爾文學獎。1922至1928年任愛爾蘭自由邦參議員。卒於法國的羅克布蘭。《葉慈詩集》於1950年出版。有關葉慈的民族主義參閱周英雄，〈搖擺與否定：葉慈的文化民族主義初探〉，《中外文學》1997年3月。

動」（Irish Galelic revival），或「芬蘭的文學文藝復興」。

太過強調民族主義的政治層面，刻意忽視民族主義的文化意義是多數學者對布宜利的批評。像這樣一部龐雜又細密的著作，許多議題的矛盾布宜利自己也無法解決，雖然他一直設法自圓其說，卻暴露更多的問題。布宜利堅持認為民族主義是政治的一種形式，起源於對當代國家的反抗。對他來說，民族主義是一種很好的工具，可以用來增進某些菁英分子、社會團體或其他政府的利益，對抗現代的國家。布宜利主張民族主義並非源於文化層面的民族認同，事實上是民族主義創造了民族認同。他舉了很多例子來支持他的分析，如近代初期歐洲的民族反抗運動；德國、義大利和波蘭的統一運動；哈布斯堡與鄂圖曼帝國內的分離主義；德國、義大利與羅馬尼亞的法西斯主義；戰後的反殖民主義運動，以及蘇聯崩解後民族獨立運動的再度興起等。布宜利在結論中似乎退回到功能主義的觀點，對他而言，民族主義具這些功能：

1、用以結合某一領土內的人民，已獲取或使用國家權力。
2、可以視為一種途徑，讓國家的正當性被其所統治的人民所接受。

幾乎大部分的民族主義作家都把注意力放在第一項上，但前者很難發展成為理論性的解釋。第二項，正當性不但重要而且有其必要。總的說來，布宜利最大的弱點就是他未能關照「正當性」的問題，反對運動需要靠意識形態來激勵，才能讓中產階級

的國家有合法的地位。[184]

九、曼恩（Michael Mann）

曼恩最著名的作品是《社會權力的來源》，此書分上下二冊，上冊出版於1986年，下冊卻遲到1993年才出版，探討1760年以後的權力歷史。[185]但本章要探討的則是他的另外兩篇文章，〈民族主義的政治理論及其暴行〉，與〈當代歐洲民族主義的出現〉這兩篇文章。[186]在研究方法上，曼恩最大的特色是他使用了大量的統計數字，這是其他民族主義研究者所未見的。

「首先要感謝葛爾納，像他一樣，我也是個『現代論者』，相信民族主義，就像階級意識形態——當代另一偉大的意識形態，能夠傳佈到整個大規模的社會和地理空間，是十八世紀以後的事。的確，我必須承認史密斯所指出的『族裔意識』要素在稍早時期便已存在，但是在大規模的社會中，這類史密斯稱之為『橫向的』和『貴族式的』次形態意識，只局限在上層階級中。就算是史密斯，他比我和葛爾納更相信『垂直的』（階級交錯的）族裔共同體早就存在於農業社會中，也都獲得同樣的結論：不論作為一種意識形態或運動，民族主義不折不扣是一種現代的現象。」[187]

---

[184] Ronaldo Munck, *The Difficult Dialogue: Marxism and Nationalism*（London: Zed Books, 1986）, p. 153.

[185] Michael Mann, *The Source of Social Power*, Volume I, Cambridge: Cambridge University Press, 1986; Volume II, 1993.

[186] Michael Mann, "A Political Theory of Nationalism and its Excesses", in S. Periwal（ed.）, *Notions of Nationalism*（Budapest: Central European University Pr., 1995）, pp. 44-64; "The Emergence of Modern European Nationalism", in J. A. Hall & I. C. Jarvie（eds.）, *Transition to Modernity: Essays on Power, Wealth and Belief*（Cambridge: Cambridge University Pr., 1992）, pp. 137-65.

[187] Mann, "The Emergence of Modern European Nationalism", p. 138。

一開始曼恩就表明了他的立場，但又想有所創新。葛爾納反對坎度里將民族主義視為一種意識形態，曼恩卻重述坎度里的觀點。「我依慣例將民族主義定義為一種意識形態，主張族裔群體在文化、道德和政治上的優先性（真實的或建構的）。這種傳統的定義使民族主義可以再細分成二種次形態，即文化的與政治的。在歐洲，這種認為族裔群體有其獨特性的主張往往可以激勵人民以拯救自己的國家——如十八世紀時的愛爾蘭或德國。但是持這種見解的只是一小群智識階層。政治民族主義通常發生在沒有自己國家的族裔群體（如十九世紀時的義大利和捷克），但是幾乎都不易察覺。無論如何，在上述的兩種個案中，政治正當性被認為是一個『民族』獨特的德性。」[188]

對曼恩來說，他沒有葛爾納的雄心壯志去建立一個全面性的理論，他的民族主義理論只是局部性的，可能只適用於某些區域。他將重點放在十八、十九世紀的四個強國——英國、法國、奧地利王朝和普魯士／德意志的土地上，認為這個背景已經足夠關照到興起於現代歐洲的各種民族主義。

曼恩在〈當代歐洲民族主義的出現〉中說，民族主義是相當新的一種政治形式，約在十六至十八世紀時出現於歐洲，當時的國家規模和狀態已經大幅超越它與社會的關聯。為了要支應不斷的擴張和行政的專業化（尤其是常備軍隊和海軍），財政支出日益龐大，為了生存，軍備競賽是當時的國家不能也不敢說「不」的宿命。當競爭日益白熱化，而且規模逐漸變大時，每一個國家都想盡辦法發展資本主義經濟，期望從它們所創造的財政和技術

---

[188] 同上，頁137。

資源上獲得最多的利益。另外，國家也得設法排除內部長期以來的綏靖阻力，這樣它們才能師出有名合法地對統治的人民使用暴力。

　　為何會有民族主義呢？曼恩認為這與國家迫切想要和它的臣民進行溝通有關。就此而言，曼恩多少受到安德生的影響：民族是跨越時空的想像共同體。曼恩解釋為：民族主義是精心設計的意識形態，是同一領土內的多數人所共有的，但是如果這種意識形態要傳佈出去，就必須組織特別的管道。民族主義的形式便是取決於溝通管道的結構，英國是一種模式，奧地利和普魯士是另一種、法國則是兩種的混合。安德生將這種溝通媒介稱為「印刷資本主義」，曼恩則稱之為「東拉西扯的讀寫能力」，他分別從教會、國家（軍隊與行政部門）、商業、法律專業、大學、藝文媒介與期刊媒介圈中人士的讀寫能力發展加以分析，然後得出民族主義發展路徑的結論。

　　「溝通理論」屬於另一種現代化理論，一般與「建國」的觀念結合在一起，這方面以美國政治學者杜意奇為代表。杜意奇首先將「民族」（people）界定為一個規模很大的人群，彼此間因為有著互補的習性和溝通的設備能力而連結在一起。對杜意奇來說，身為「民族」一分子的這種身分係經由社會溝通來補足，「民族」要形成，其成員必須要能夠和群體內，而不是與外界的其他成員有效溝通。依據這樣的觀念，杜意奇為「民族性」（nationality）提出一個功能性的定義：「在當代政治的和社會爭鬥過程中，民族性指的是一種聯盟關係：一群住在區域中心的中下階層人民和社會領導群體經由社會溝通和經濟往來的管道而結合在一起，這種與中心的連結，可以是直接的，也可以是間接

的。」[189]

曼恩的「溝通理論」未能超越杜意奇，「意識形態」論述也未能超越坎度里，在民族主義的論辯中，坎度里與杜意奇的「典範」一直是個傳奇。

以上分析了九位「現代論」的學者和他們的主要著作，雖然無法涵蓋所有的範疇，但是大致上已包含了各種論點，尤其是1970年代到1980年代出現的各種重要的理論。「現代論」的市場太大，其他的「典範」幾乎沒有立足的空間，在這樣的優勢之下，將他們歸為一個「學派」或一種「類型」有點多餘。這群人除了接受民族與民族主義是「現代」的之外，對民族如何產生、演變，民族主義的本質與內容為何，從來就不曾有過共識。葛爾納代表的是一種社會文化論的觀點，他將民族與民族主義的現象和現代化（或工業發展）中創造高級文化的需求結合在一起。而奈倫和赫克特則代表社會經濟學的模式，認為民族主義源自世界經濟體制的合理運轉，以及個人與社會的經濟利益。曼恩與布宜利這些理論家則看重民族主義的政治層面，強調民族主義與權力資源之間的關係，尤其是戰爭、菁英與現代國家。還有，坎度里的意識形態論述，強調民族主義是一種信仰體系，一種宗教代用品或俗世宗教，視民族主義為觀念史和信仰的領域。

當代著名的史學家邁克尼爾（William H. McNeill）在題名為「世界史中的多族裔與民族的單一性」系列的演講中說：民族和民族主義是某一個歷史時代——即西方的現代——才有的現象，是前現代時期不曾聽聞的事，所以在未來我們將會目睹民族的終

---

[189] Karl Deutsch, *Nationalism and Social Communication: An Inquiry into the Foundations of Nationality*（Mass: MIT Press, 1966[1953]），p. 97 & 101.

結和民族主義的「隨風而逝」。雖然這種現象讓近代的歐洲歷史生氣盎然，出現的時間卻很短暫，約從1789年到1945年，此時期的人珍視民族統一的理想，民族國家被認為是政治的規範。在此之前或之後，政治的規範都不是民族統一，而是多族裔的「統治集團」。[190]邁克尼爾恐怕也只說對了一半，一半適用於「現代論」的支持者，另一半適用於非現代論的支持者。邁克尼爾的歷史三階段：前現代多族裔統治、現代的民族統一，與後現代的多族裔為我們設想了另一波的民族主義研究，稱之為「後民族的時代」或「後現代」。

伍、後現代論

「我們都生活於全面後現代性的情境。我們對此毫無選擇。因為後現代性不是我們可以選擇贊同或否定的一種『意識形態』或立場；後現代性正是我們的處境，它是我們的宿命。這種情境是由此種普遍挫敗——一種在經歷了整個二十世紀並已告塵埃落定的今天我們可以清楚體會到的那種挫敗——所促成的，也就是我們稱之為現代性的社會生活方式的那種試驗之挫敗。」[191]

民族主義研究最困難的工作就是定義，通常定義都無法解決問題，只會產生更多的問題。詹京斯（Keith Jenhins）的這段話也不能算是定義，他的定義放在書的最後一頁，是結語也是開場，是後話也前言。這就是一種「後現代」的作風，讓文本自己去說

---

[190] 引自Smith, *Nationalism and Modernism*, 頁199。

[191] Keith Jenkins著，江政寬譯，《後現代歷史學》（台北：麥田出版社，1999年），頁13。

話，前言與結語有何分別？

　　儘管對「後現代性」和「後現代主義」的意涵與指涉對象存在著很大的爭議，我們還是得弄清楚，至少有個初步的輪廓。大致上說，「後現代」指的是進入1980年代之後的學術界（也包括藝術與建築）研究態度上的轉變。在社會科學方面研究「後現代」這個主題的作家多到難以舉例，分別來自各種不同的學門和代表多樣性的理論觀點。對這種所謂的「後現代精神」有人歡迎，有人大撻伐。「後現代主義」經常被描述成「保守的」、「激進的」、「保守的激進」或「激進的保守」。「現代」何時結束，「後現代」何時開始，無人能確定，甚至有學者認為「現代」其實就是「後現代」。雖然解釋的觀點五花八門，理論一大堆，基本上還是有一個分際。大部分的學者都同意二十世紀末的經濟、文化和心理變化與「全球化」的發展有密切的關係。二十世紀初的時代氛圍大抵上還是現代主義的，當時的人相信進步，相信科技會帶給人類更美好的生活，相信未來的新世界秩序。如今（二十世紀末），現代運動所追求的理想看來太過天真，對於未來的懷疑和不確定感瀰漫在「後現代」的時代。

　　「多元」、「破碎」、「不確定」和「挫敗感」是「後現代」的精神風貌。在民族主義研究方面，已捨棄建國的民族主義典範，偏向族裔、認同的重新詮釋，並引進性別的概念，探討性別與民族、性別與民族主義、男女平權運動等新課題。

一、霍爾（Stuart Hall）

　　霍爾說：民族認同是一種透過大眾文化的製作與再製作。這項工作不但需要媒體技術的聚焦，更需要向來被學院摒棄的「風

俗畫」的協助，另外也得「解構」這些由新科技所促成的意義與價值觀，進而揭開隱藏在它們之中的權力關係。因此，像電影的影像技術、攝影、電視和錄影帶等都得仔細檢查。大量的大眾文化製品，包括餐飲、時尚、服飾等書籍與雜誌也要細心研究。在這類研究中，「文本」（texts）要「重讀」（re-read），意義要「重建」（reconstruct），因為「後現代論者」認為每一件「文本」都是一個「敘事」（narrative），而每一個敘事都可以有很多種解讀的方式。這種支配性的交談，或「形上敘事」（meta-narratives）其實只是一種「騙局」。因此，應該明確地加以拒絕。

在這樣的脈絡下，許多學者紛紛提出對「認同」概念的質疑，例如霍爾：「認同不像我們所想的毫無疑義，可以一目了然。以其將認同視為一種以新的文化習俗為代表的已完成事實，不如將它視為一種『製作』，一種一直處於進行中永遠沒有殺青之時，並且由內部自我調整（非由外部塑造）的演出。」[192]從霍爾的觀點來看，認同絕對不是固定不動、非要不可，或永遠不變。相反地，它們是極為不穩定的身分識別點或縫合線，由文化與歷史的「對談」來確定。不是一種實質的東西，而是一種「定位」的過程。歷史會改變我們對自己的看法，霍爾說促成這種變遷的關鍵是「其他人」（Other），因為認同也是我們與別人的一種關係。只有當「外人」存在時，我們才能辨識「我是誰」。若無與他人的對話關係，就不會有認同。所謂的「他人」不見得就是真實的別人，有時候指的是內在的自我，也就是「本體」。

---

[192] Stuart Hall, "Cultural Identity and Diaspora", in J. Rutherford（ed.）, *Identity: Community, Culture and Difference*（London: Lawrence & Wishart）, p. 222.

對霍爾來說，認同的「分散」（de-centering）乃是西方世界用相對論的方式處理事情的自然演變，亦即因為發現了其他的世界、其他的民族、其他的文化和其他的語言的結果。民族認同逐漸被這種全球化的力量所腐蝕，全球化一方面造成大家的相互依賴，另一方面也導致強烈區域認同的形成。[193]由此看來，「一致的民族認同」，或「同質的民族文化」將只是可望不可及的夢想。

二、巴勃（Homi Bhabha）

巴勃認為：民族認同是一種民族主義支配框架下的爭論形式。巴勃特別在意住在民族「邊緣」的人民（即「少數民族」、外國工人和移民）在民族認同的界定中所扮演的角色。按照巴勃的說法，「混種的」人民藉由製作自己的「敘事」來角逐民族建構的支配權，這種「對抗敘事」搞亂了那些意識形態的謀略，無法經由這種謀略去建構「想像的共同體」，從而產生本質論的認同。[194]「敘事」之間的矛盾與衝突使民族的界限變得漏洞百出，使民族作為文化與政治的形式更加曖昧不清。

巴勃是英國索塞克斯大學（University of Sussex）的英文講師，著作有《文化的定位》。《民族與敘事》是他所編的一本論文集，導論〈敘述民族〉和最後一篇文章〈*DissemiNation*：時間、敘事與現代民族的邊緣〉由他所撰寫，其他的文章則是文選。作者會關心邊緣民族的認同問題與他個人的移民經驗有

---

[193] David McCrone, *The Sociology of Nationalism*（London: Routledge, 1998），pp. 34-35.

[194] Homi Bhabha（ed.），*Nation and Narration*（London: Routledge, 1990），p. 300.

關，他用了一個很有趣的字來形容他的人生經驗——「收集」
（gathering）。他的生活圈中盡是移民、難民，與流亡者，充斥
著各種異國文化、語言與習俗，對他來說「認同」是毫無意義的
概念，他用*DissemiNation*是個組合字，意義深遠，可以拆開成dis/
semi/nation，這是一種「後現代」的手法，強調語言的曖昧性和
雙面性。誠如作者自己所說，他的理論深受安德生「想像的共同
體」和奈倫「雙面神」觀念的影響，民族主義本身就是一個不確
定的語言。像霍布斯邦那種刻意強調歷史「持續性」的巨著（如
《資本的時代》、《帝國的年代》、《革命的年代》等系列產
品）對「後現代」的民族認同來說，根本無法想像。

在「後現代主義者」看來，民族的概念是模糊的、是一種
無所不在的「活在文化的現場」。這種「現場」的特色是「暫時
性」多於「歷史性」，也就是說其生活方式比「共同體」還複
雜；比「社會」更具象徵性；比「國家」的含義更隱晦；不如
「愛國者」那樣愛國；比「政府」的理由還善於修辭；比意識形
態的神話色彩更濃；不如公民的向心性；比「臣民」更具集體
性；比「謙恭」的心理還超然；在文化的差異和識別的接合上
（「種族」、「性別」與「階級」）比任何表現在官僚體制或社
會對立的二元結構還混雜。[195]

三、比利格（Michael Billig）

比利格強調「平凡的民族主義」，即民族主義在日常生活中
的再生與重製問題。一般來說，主流學界很少討論民族與民族主

---

[195] 同上，頁292。

義的「再生」問題，英國社會心理學家比利格的《平凡的民族主義》是第一本研究民族主義「再生」問題的著作。這部書寫作的動因是美國發動波灣戰爭，尤其是是老布希（George Bush）在白宮發表的「波灣開戰」宣言：「在我們面前的是個很好的機會，為我們自己以及我們的後代打造一個新的世界秩序，一個遵守律法的世界，但不是叢林法則，來約束所有民族的行為……，在此新秩序下，任何民族都不可以殘酷地屠殺其鄰人（George Bush, 16 January 1991）。」[196]

比利格自己說，對於一本研究民族主義的書而言，以波灣戰爭作為開場似乎有點奇怪，「民族主義」這個字詞經常會引誘我們到處去找尋例子。不論是一般的著作或學院派的研究，民族主義大都與建立國家或極端的右派政治有關。如大家所了解，布希並不是民族主義者；但魁北克（Quebec）和不列塔尼（Brittany）的分離主義者卻是民族主義者；那些右翼政黨的領袖如法國的「民族陣線」（Front National）也是民族主義者；其他的像是，塞爾維亞的游擊隊，以延伸祖國疆界為藉口遂行大屠殺。然而，關於「民族主義」這個字詞，習慣用法上有一些是誤解了。民族主義通常被視為只在「邊緣地區」發生，分離主義者大都處於國家的外部區域；過激主義者常遊走於民主政治的邊沿。游擊隊則以建立自己的祖國為目的，通常出現在現行國家結構崩潰的地方，典型的便是距離西方的中心很遙遠的地方。從巴黎、倫敦、華盛頓的觀點來看，摩爾多瓦（Moldova）、波斯尼亞，和烏克蘭都在歐洲的邊緣。這些因素總的加起來使民族主義不僅僅是一

---

[196] Michael Billig, *Banal Nationalism*（London: Sage Publications, 1995）, p. 1.

種帶有異國情調的力量，還是一種周邊才會有的現象。結果，導致那些已確立的民族被迫將民族主義看成是他人的「所有物」，不是關於我們自己的事。[197]

根據這樣的觀點，民族主義是「他們」——那些尚未實現建國過程的周邊民族的財產，不是「我們」——已是「民族國家」的西方人的。比利格認為民族主義是西方世界一種暫時性的心情，只有在某些特別的情境下才會顯示出來，也就是說在危急時刻，但一旦一切回復正常後，這種心情就會立刻消失。危機就像是引起發燒的病毒感染，當危機減輕熱度也跟著下降，國旗也收起來了，一切又回復正常。這樣的一種觀念，否定了一般的民族主義詮釋，以前的看法認為一旦民族國家建立後民族主義便成了生活中多餘的東西，只有當規律的日常生活遭遇破壞才會回返民族主義。

比利格持不同的看法，他認為，即使民族已將它的「政治屋頂」（political roof）搭蓋完成，民族主義依然未曾消失，它已被吸納進入既存的國家情境之中。國家性的象徵（如錢幣、銀行票據、郵票等）變成了日常生活中的一部分，這些小物件不斷地提醒我們「民族」的存在。比利格認為我們完全無法解釋這些日常中的習性，或是在認同危機時刻之後一般大眾的認同反應。他接著說，民族認同不是人們隨身攜帶想要用時就拿出來的「心理附件」（psychological accessory），不要把它想像成像手機一樣，大部分的時機都是靜靜地處於待機狀態，「一旦危機發生、總統召喚、鈴聲響起、公民回應、愛國的認同便連上了線」。[198]

---

[197] 同上，頁5。
[198] 同上，頁7。

比利格承認民族認同確實很有用，但是我們必須了解認同的真正意義。換句話說，我們必須先知道「民族」（也就是愛國主義）的內涵。

學者們經常認為除非在存亡之秋人們才會想到民族主義。當這些學者把重心放在民族主義較極端的表現上時，比利格則強調民族主義無時無刻都存在，其形式較不易被察覺，他稱這種民族主義為「平凡的民族主義」（banal nationalism）。民族主義絕非神經末稍的意識形態，民族主義一直是可以觸及到的存在，即使在所謂「已開發的」西方國家也是一樣。比利格主張人們並沒有忘記民族主義，民族主義透過一些像是旗幟的象徵符號和「國家利益」等的語言表現，每天像例行公事一樣出現在媒體上。他說，如果我們要了解民族主義在後冷戰時期的重要性，就必須認清這些民族主義的標誌符號。

但是，如果平凡的民族主義是如此普遍和無所不在，社會學家還有什麼事可做呢？比利格說，首先也是最重要的是他必須承認這個事實。比利格承認當他看到來自祖國的同胞跳得比別人高、跑得比別人快時心理確實感到很愉悅，對閱讀「家鄉」的新聞興趣特別高。一般來說，我們都參與了民族主義的「對話」，民族主義的意義就表現在這些字面上，我們會試著去分析這些字的意義。就此而言，我們可以說：所有論民族主義的「文本」都會影響民族主義的重製。

陸、族裔象徵論

一、概說

　　大致上說來，「族裔象徵論者」指的是一群立場介於「現代論」和「原生論」之間的學者，他們的研究目的志在揭露今日民族的前身，即在前現代時期的族裔認同象徵。對以上兩種論辯的極端，「族裔象徵論者」希望找出一種「中道」，或「妥協」的方法，可以稱它們為第三種立場。康維西（Daniele Conversi）認為「族裔象徵論」是一種方法，支持這種方法的人堅決反對將民族視為是一種發明，他們聲稱這種「就事論事」（*ipso facto*）的方法並不正確，民族的形成係建立在既存的神話、記憶、價值觀，和象徵等構造上，藉由這樣的聲明，「族裔象徵論者」希望超越「原生論」和「工具論」的對立與分裂。[199]

　　另一方面，「現代論者」完全忽視這種方法，並且認為「族裔象徵論」頂多只是一種較不激進的「原生論」。這種方法在學界並不受重視，本身的倡議者也少，更棘手的是許多被認定為「族裔象徵論」的學者仍是「妾身不明」，如被視為這種方法的開路先鋒阿姆斯壯，在他的著作中從未提過「族裔象徵」這種概念。對史密斯而言，阿姆斯壯是「持久論者」，對哈金森而言，史密斯和阿姆斯壯都是「族裔論者」（ethnicist），對葛爾納來說沒有「族裔象徵論」這回事，史密斯根本就是「原生論者」。

---

[199] Conversi, "Reassessing Current Theories of Nationalism: Nationalism as Boundary Maintenance and Creation", pp. 73-74。

由於「族裔象徵論」的出發點是反「現代論」，因此，感覺上這派學者都帶有「原生論」（或「持久論」）的風味。

若從範疇上來看，「族裔象徵論者」的同質性較高，不像「現代論」或「原生論」，學者之間的差異有時候比不同類型的學者還大。基本上，「族裔象徵論者」認為民族的形成要從長期的歷史發展來檢視，亦即可能是幾個世紀的時間度量。若不將其族裔祖先列入考慮，就無法適切地解釋今日民族的出現。換句話說，必須在塑造族裔現象的脈絡下來理解民族的興起。現代民族與前現代時期集體性的文化單位二者之間的差異只是程度問題，不是種類問題。族裔認同的變化相當緩慢，而且一經形成便不易改變，忍受力極強，在一般正常的歷史盛衰興替中（像是侵略、移民、通婚等）可以支撐數代，甚至數個世紀。

簡單一句話，「現代」絕對不是一塊「白板」（*tabula rasa*），相反地，民族源自稍早時代的社會形態和不同的族裔共同體，這些組成物到了現代時期可能會轉變，但不至於消失得一乾二淨。因此，現代有點像刮去原文後重寫的羊皮紙，上面原先記錄著各種經歷、不同時代的認同，和為數龐大的族裔組織，之前的影響依稀可見，只是被後來的人修正過了，現代所合成的這種集體文化單位，我們稱之為「民族」。[200]

「族裔象徵論」反對「持久論」僵硬的「連續」，認為應依現代變遷的實況予以適度的修正。他們也反對「現代論者」的主張，認為在「傳統」和「現代」之間或「農業社會」與「工業時代」之間存在著大量的持續性。因此，我們需要一種更大規模的

---

[200] Smith, *Nations and Nationalism in a Global Era*, pp. 59-60。

族裔形成理論才能解釋現代民族單位與前現代時期的族裔共同體之間的異同。史密斯聲稱這種方法比其他的選項更有用，他的理由如下：

1、這種方法有助於解釋哪些人群在何種情況下容易發起民族運動，以及運動的內涵為何。

2、這種方法可以讓我們了解記憶、價值觀、神話和象徵的重要角色。史密斯認為民族主義通常都牽涉到象徵目標的追求，如使用某種語言的教育、有自己語言的電視頻道，或保護古代的聖地。「唯物論」和「現代論」的民族主義未能闡明這些爭議，他們也無法理解集體記憶的情感力量。

3、這種方法可以解釋為什麼民族主義會受到如此普遍的歡迎，以及如何受到支持。「知識分子」或許會邀請群眾大家一起來寫歷史，但是為什麼是「這群人」而不是「那群人」做出回應？當然，這個問題不易回答，但至少「族裔象徵論」正朝著這個方向在前進。[201]

二、史密斯（Anthony Smith）

史密斯是「倫敦經濟學院」的教授，專長是族裔與民族主義，尤其是民族的理論。他曾協助創辦重要的民族主義研究期刊《ASEN通訊》，一份由「倫敦經濟學院」內「族裔與民族主義研究協會」（Association for the Study of Ethnicity and Nationalism）

---

[201] Smith, "Opening Statement: Nations and their Pasts", p. 362.

發行的刊物，並長期擔任《民族與民族主義》（*Nations and Nationalism*）（即該協會的期刊）之主編。史密斯的作品相當多，能夠和他相提並論的大概只有葛爾納。[202]史密斯受業於葛爾納，其博士論文由葛爾納指導，兩人的關係是「亦師，亦友，亦敵」。葛爾納是「現代論」的巨擘，史密斯的民族主義研究則是從反「現代論」出發。兩人曾經在英國窩立克大學（University of Warwick）所舉辦的一場著名的辯論中有過精彩的思想激盪。史密斯所出版的著作中一般讀者較熟悉的有《民族主義的理論》（1971）、《族裔的復興》（1981）、《民族的族裔根源》（1986）、《民族認同》（1991）、《全球化時代的民族與民族主義》（1995），與《民族主義與現代論》（1998）。

史密斯的研究可以分成兩個主題：一是關於民族主義的理論，早期的作品目的在探討1950年代和1960年代的民族主義理論，最近的這本書（民族主義與現代論）則用以分析和評論近三十年的研究方法，尤其是他對「現代論」的批判已到了最成熟的階段。另一個主題是關於族裔的研究，這個領域是史密斯所開發的，也是他對民族主義研究的最大貢獻。他在《民族的族裔根源》的〈序言〉中說，有感於愈來愈多的學者開始關心當代世界的起源和體現，包括資本主義、俗世主義與官僚體系等制度。國家與民族的成長也在關心的行列，但大家的重心都放在國家的議題上，忽略了「民族的形成」，尤其是族裔的根源。受到賽頓－華生的影響史密斯相信族裔根源的重要性，捨棄前現代時期的「神話」、「象徵」、「記憶」與「價值觀」，將無從理解民族

---

[202] 史密斯的著作目錄參閱《民族主義與現代論》（1988）一書的參考書目，頁 259-260。

的形成。1991年時史密斯出版《民族認同》，一方面繼續前書的理念發展，另一方面則嘗試建立一種民族認同的歷史社會學。它的基本假定是：民族與民族主義不完全是一種意識形態或政治形式，它也是一種文化現象。也就是說，作為既是意識形態也是運動的民族主義跟民族認同的關係極為密切。民族認同是一種多元的概念，內容包含了獨特語言、情感和象徵主義。

史密斯不同於他那個時代的其他前輩，在參與LSE辯論的學者中幾乎都是「現代論者」，如坎度里、麥諾格和葛爾納等人，唯有史密斯獨力支撐「族裔象徵論」。投入了三十多年的歲月於民族主義的研究，他對民族主義的貢獻是大家有目共睹的，許多學者稱讚他是英語世界讀者的「大嚮導」（main guide），[203]引領讀者進入這個知識的領域。

史密斯的研究方法係建立在對「現代論」的批判上，這點大概不會有太大的爭議。他的主要論點是：如果不考慮先前便已存在的族裔要素，我們便無法理解現代民族的產生，缺少了這些族裔背景所建構出來的「民族」一定會有嚴重的殘缺。史密斯承認不是所有民族都有族裔傳統，確實有「極少」的民族沒有如葛爾納所說的「肚臍」，但是就算沒有也得設法弄一個出來。按照史密斯的意思，如果我們想超越「原生論」和「現代論」的兩極化，我們必須先清楚界定民族、民族國家，與民族主義的意義。史密斯對民族的定義受到民族主義者的影響很深，對他而言，民

---

[203] 參閱Hobsbawm, *Nations and Nationalism Since 1780,* 頁2的註釋。霍布斯邦的意思是說他所寫的文章〈民族主義：趨勢報告與文獻目錄〉，以及在《民族主義的理論》和《民族的族裔根源》二書中詳盡地收錄了民族主義研究的相關文獻，使他成為英語讀者世界中有關這個領域的最佳導引。解讀霍布斯邦的話，作為「大嚮導」（main guide）的是史密斯教授本人，不是他的著作。

族指的是一群有自己稱呼的人民、共有一塊歷史承傳下來的居住地、共同的神話故事和歷史記憶、共享一種大眾文化、一個共同的經濟體系和對所有成員的共同法律權利和義務。這樣的一種定義顯示了民族認同的複雜性和抽象本質，基本上，民族認同是多元的。

民族的起源和民族的本質一樣複雜，在史密斯看來，我們必須先回答以下的問題，才能解釋民族的起源：

1、誰是民族？現代民族的族裔背景和模式為何？為什麼是這些民族得以脫穎而出？
2、為何民族會產生，又是如何產生的？也就是說，是何種共同的因素和機制觸發這種運動和過程——從族裔關係和記憶到民族的形成？
3、民族興起於何時與何地？

至於民族主義的定義，史密斯指出可以從以下五種途徑來理解，即民族主義是：

1、指整個形塑和維護民族的進程。
2、一種歸附於某個民族的意識。
3、一種「民族」的語言與象徵符號。
4、一種意識形態（包括民族的文化的民族學說），以及
5、一種用以實現民族的目標貫徹民族意志的社會與政治運動。

史密斯特別強調第四項與第五項的意義，因此，對他而言，民族主義是一種代表全體人民爭取自治、統一與認同的意識形態運動，有些成員會主張建立一個實質的或可能的「民族」。在這項定義中關鍵字是「自治」、「統一」與「認同」。「自治」指的是自決的觀念，一種為實現「真正的」民族意志的集體努力。「統一」指稱將領土統一起來並將所有的國民聚集在祖國之內，同時，「統一」也表示民族內的所有國民的「兄弟之誼」。至於「認同」則意謂「相同性」，亦即某一群體內的成員大家一視同仁，但與非成員則涇渭分明，楚河漢界。「認同」含有把「集體的自我」找回來的意思。另外，史密斯所謂民族主義的「核心學說」包含了以下的幾項前提：

1、世界被分成許多民族，各有其獨特的性格、歷史和命運。
2、民族是所有社會與政治權力的泉源，對民族的忠誠優先於對其他團體的忠誠。
3、為了實現自我和自由人類必須認同於某個民族。
4、世界若想和平，就得賦予民族自由和安全。
5、要了解民族主義就得回到民族的根源——族裔的問題上。

史密斯的思想精髓就是「族裔」這個字詞，他喜歡用法文的 *ethnie*，意為「族裔的社群」。史密斯認為這種「社群」有六項主要特性：集體適當的名稱、來自共同祖先的神話、共享的歷史記憶、一種以上的共同文化要素、有一個明確的祖國、人口中的多數具有團結一致的感覺。但這並不是說「族裔」是原生的，這些屬性的主觀意義會有盈虧與消長，社群成員的團結和自覺也是

如此。

　　如果「族裔」不是原生的，那它是如何產生的呢？史密斯認為民族的形成有兩種模式：「聯合」與「分割」。前者指不同單元的聚合，方式可能是合併或同化。後者指像分裂生殖的再分割或經由「擴散」的派系分裂。史密斯指出，「族裔」一旦形成後，通常能夠「持久耐用」。[204]但是有一些因素可能會導致「族裔」認同內涵的改變，像是戰爭、征服、放逐與奴役、移民的匯集，以及宗教信仰的改變等。然而，問題的癥結在於程度，這些現象是否能完全中斷文化的持續性？史密斯認為就算是最激進的變遷也無法摧毀這種持續性和共同的「族裔性」。原因是某些外在的力量反而有助於強化族裔認同，確保族裔的延續。這些力量如國家的組合、軍事的動員和有組織的宗教。

　　基於以上的觀察，史密斯發現了四種「族裔自我更新」的機制：

1、宗教改革。猶太人的歷史中充滿了這種例子。與猶太人的例子相反的是：如果有一群人覺得他們被宗教的保守主義犧牲了時，他們會試著轉向其他形式的「自我更新」，作為未能遂行改革的補償。希臘人在十九世紀初所面臨的困境便是這種情形。當時的「東正教」（orthodox）統治集團無法回應人民的普遍要求，希臘的中產階級轉而訴諸於俗世的意識形態以實現他們的目標。

---

[204] Smith, *The Ethnic Origins of Nations*, p. 16。

2、文化借用。感覺上是一種不同社群之間有節制的文化接觸和選擇性的文化交換。這種情形同樣可以在猶太人的歷史中發現。史密斯說猶太文化和希臘文化的「相逢」，豐富了整個猶太文化和認同的領域。

3、大眾參與。擴大群眾參與政治運動，經由在參與者之中鼓動傳教士般的熱誠可使「族裔」免於「枯萎凋謝」的命運。

4、選民神話。認為自己的族裔才是上帝挑選的。缺乏這種神話（或未能將它注入人民心中）的族裔一旦失去自治時便容易被別的族裔吸收併吞。[205]

　　這四種機制使某些族裔在經歷數個世紀的變遷後還能殘存下來。但是，也正因為這種機制慢慢形成了一種所謂的「族裔核心」。找出「族裔核心」的所在有助於我們回答「誰是民族」的問題。史密斯認為大部分後來形成的民族都有一個處於支配性地位的族裔，兼併或吸收別的族裔加入它所建立的國家，由它來塑造民族的文化性格並且賦予國家名稱。

　　經過上述的分析後，我們得到什麼結論呢？在「窩立克辯論」結束時史密斯對自己的「族裔象徵論」做出以下的結論，一方面是對自己思想的總結，另一方面則意有所指地回答了葛爾納、布宜利和霍布斯邦等人對他的批評。他的結論是：

1、在一個強調文化與政治多元主義的世界中，當國家與族

---

[205] Anthony Smith, *National Identity*（University of Nevada Press, 1991）, pp. 35-37.

裔的運作是建立在民族及其疆界的競爭概念上時，族裔
衝突雖然不可避免，但那只是地方性的現象。

2、當國家需要藉由群眾動員以取得競爭的正當性時，民族
與民族主義便成了政治上的必須品。

3、由於很多人都覺得自己的民族可以在社會上及政治上
做出更重要的貢獻，因此光靠《馬斯垂克條協定》
（Maastricht Treaty）不足以斷絕人們對自己民族根深柢
固的忠誠。

4、因為有很多民族的歷史發展深植於現代之前的族裔關
係、記憶與傳統，我們不可能在活著的時候見證沒有民
族與民族主義的時代。

柒、結語

更準確地說，本章所分析的「方法」應是一種「觀點」，
一種「透視法」，方便我們接近民族與民族主義，本身不應成為
研究的主體，沒有這種「方法」我們還是有別的途徑可以接近它
們。許多學者從未聽聞過這些概念，有些學者則是無法歸類，一
方面是他們的論點未必有足夠的統一性和堅持度可供識別，另一
方面是任何的「典範」都必須因應時空的變化而進行修正，甚至
在套用於學者身上時也得做適度的調整。除此之外，也不能忽視
這個邏輯：民族主義的發展→學者的研究→方法論的建構。作為
一種「典範」，這些方法確實強化了我們對民族與民族主義功能
的領會。對本章所論述的「方法」，可以扼要地總結如下：

1、「原生論者」認為人們對民族與民族主義的情感和自我犧牲特質，就像語言、宗教、領土和親屬關係一樣都是原生的社會和文化現象。不論是強調文化觀點或社會人類學觀點，原生論的方法都使我們對「族裔性」和「親屬關係」、「族裔」與「領土」變得更為敏感，也揭露了依附情感之所以產生的方式。凡登柏和紀爾茲等人的理論清楚地說明了這個事實。

2、「持久論者」從長時期的韌性來看待民族，視民族為歷史發展的長期構成因素，可能是暫時性的持續，也可能不斷地重現。「持久論者」傾向於主張現代民族有其族裔關係的基礎，不認為民族來自現代化的過程。運用「持久論」的學者如費雪曼、阿姆斯壯等人非常看重「族裔」，而康諾則對我們理解語言與族裔關係的功能，以及起源神話對引發人民支持民族主義的效力有很大的幫助。

3、「現代論者」視民族與民族主義都是現代化的結果，並且極力要闡釋「國家」、「民族」與「民族主義」（尤其是菁英分子）如何因應現代政治環境的需求來動員群眾。使用「現代論」方法的學者如坎度里與葛爾納，前者側重高級文化，後者強調意識形態的思想發展；安德生與霍布斯邦的研究重心放在闡釋鬆散的溝通網絡、儀式化的活動和象徵符號對塑造民族共同體的貢獻；曼恩與布宜利則花很多精神在證明國家、戰爭與官僚體制對於民族形成的作用；奈倫、布拉斯與赫克特強調政治菁英的角色其及策略的影響，還有很多學者則努力在闡釋

別人的觀點。

4、「後現代的」分析揭示了現代民族認同的破碎風貌,認為一個「認同政治」和「全球文化」的「後民族時代」已經到來。「後現代」分析的主題如「破碎」、「男女平權主義」與「全球化」可以看作是「現代論」典範的延續,其中較著名的學者如巴勃與查太吉(Partha Chatterjee)信奉後現代論的「解構主義」,比利格則專心於探究民族主義的「乏味性」與認同的再生問題。

5、「族裔象徵論」志在揭示族裔認同對某些民族的象徵意義,證明現代民族與民族主義如何詮釋或發掘其族裔歷史中「象徵符號」、「神話」、「記憶」、「價值觀」與「傳統」的意義。以史密斯為例,他追溯了民族在前現代時期的族裔根源,並且分析了現代性時代族裔認同的調適與持續。

民族與民族主義的研究至今仍然沒有統一的理論「典範」,學者之間的歧見還是很深。無論如何,如果我們不刻意去追求「統一的」單一解釋,多元的思考可能對我們的理解更有幫助。

第五章
民族主義的種類

壹、前言

　　若說定義是民族主義的初始工作，類型學的建立可視為民族主義研究的完成，理由是分類涉及到意義的界定、案例內容的分析、倡議者的判定，以及標準的選擇，缺了其中任何一項工作的類型學都是不完整的。幾乎每個人都可以為民族主義下定義，但是只有對各種民族主義都有研究才能做出理想的分類，民族主義的研究文獻多如牛毛，類型學卻不過數十種，而且重複性相當高，一旦「典範」建立後便很難超越。

　　本章選擇了二十餘位學者的分類，以項目化方式將它們大致分成三個範疇，一方面呈現了各種類型的內容，另一方面方便作進一步的比較。在歷史學者的範疇中有孔恩、海耶斯、史奈德、卡爾、羅奇和霍布斯邦。社會學者包括魏爾士、史都佐、赫克特、葛爾納、席莫諾列維茲、史密斯、布宜利、霍爾和歐特。政治學者有布魯巴克、韓德曼、霍布來德、馬志瑞、葛林非德與喬琪和布來克伍德，以及小說家歐威爾等。基本上，這是「學者」的研究，分類的對象是「族群」或「運動」，至於「民族主

義者」的思想類型則是另一種範疇，留在以後再討論。誠如布宜利所說，不要以「對或錯」來看待分類，每一種類型學都說明了部分的事實，因此，這是功用的問題，用於何時、何地、何種處境。每位學者在進行分類時，都有其限定條件，離開了這個框架民族主義的類型只是一堆詞語的組合，不具實質的意義。

貳、歷史學家的分類

歷史學家是最先承認民族主義多樣性的人，但是，儘管他們向來就關心各個民族發展的獨特性，也一直嘗試透過建立空間上的，依年代排列和分析的類型學，來追蹤整個民族主義發展的趨勢，並試著說明為何許多主要族群會脫離既定的歷史模式。基於史實的分類方法，似乎是觀念史家所設想出來的，他們所指涉的主要對象始終不是運動或族群本身，而是不同時空下的意識形態。最簡單的類型，就是直接依年代排列。以下這五位史家的類型學，便是此種觀念下的產物。

一、孔恩（Hans Kohn）

美國史家孔恩，被尊稱為民族主義研究之父（另一人為同是美國史家的海耶斯），[1]他的貢獻與影響絕對值得這樣的讚譽。在類型學的建構方面，孔恩的「二分法」（dichotomy）是日後所有類型學的基礎。紀登斯（Anthony Giddens）曾說：「民族國家是擁有邊界的權力集裝器，是現代時期最為傑出的權力集裝

---

[1] Eric J. Hobsbawm, *Nation and Nationalism Since 1780: Programme, Myth, Reality* （Cambridge University Press, 1990）, p. 3（Note 6）.

器。」[2]此處我們借用「集裝器」（container）的概念來說明孔恩的「二分法」，誠如史密斯所說：它已超越了空間的思考、時間的思考，以及純粹思想上的思考，[3]任何人都可以從這個「集裝器」中挑選所要的材料。

　　一般的著作在論述孔恩的「二分法」時經常解讀成「西與東」，事實上，「西與東」容易產生誤導，以為是地理學上的劃分，因而窄化了孔恩的思想。孔恩認為民族主義乃是長期歷史發展的結果，沒有兩種民族主義是相同的，每種民族主義的產生都有各自的歷史傳統和政治氛圍。他比較了民族主義產生和發展的社會政治環境，得出來的結論是民族主義有兩種類型：西方的與非西方的。前者指稱英國、大英帝國的屬地、荷蘭與瑞典。後者指稱中歐、東歐與亞洲。這兩種民族主義概念構成民族主義分類的兩極，由此演化出各種民族主義的類型。

　　「二分法」的概念充斥在孔恩的多數作品中，他非常詳細地舉例論證「西方型」與「非西方型」的民族主義，包括它們的起源、特色和發展。孔恩的「二分法」已超越了「二元論」的思考，他將政治的、社會的、經濟的、文化的，乃至心理的因素都涵蓋了，是一種跨學門的方法。史奈德說孔恩的類型學「澄清了許多圍繞在民族主義定義上矛盾與不一致的地方」，顯示了民族主義的理念可以經由文化的擴散來傳佈。同時，民族主義的意義和形式也會因人而異，取決於下定義者的目的和抱負。[4]另一方

---

[2]　Anthony Giddens著，胡宗澤、趙力濤譯，《民族國家與暴力》（*The Nation-State and Violence*，台北：左岸文化出版社，2002年），頁130。

[3]　Anthony Smith, *Theories of Nationalism*, London: Duckwoeth, 1983; *Nationalism and Modernism: A Critical Survey of Recent Theories of Nations and Nationalism*（New York: Routledge, 1998），p. 196.

[4]　Snyder, *The New Nationalism*, pp. 56-57。

面，對道德的過度強調使孔恩被批評為「歐洲中心論」（Euro-centrism）。批評孔恩的人認為他對西方太好了，隻字不提西方型民族主義中族裔的混種問題，以及諸多反民主的表現，或是西方世界中也有非西方型的民族主義。史奈德替孔恩辯解說，孔恩很清楚西方型和非西方型的民族主義都有其缺點，開放且多元的社會從來就不是完美無缺。

批評這種類型學的還有很多人，其中較著名的便是史密斯。史密斯提出很多反對的理由：

1、這種類型學忽略了拉丁美洲和非洲的經驗。
2、這種空間上的「東」與「西」區分方式並不恰當，因為當時的西班牙、比利時和愛爾蘭的社會還很落後，應該被分在「東方的」陣營。
3、像土耳其或坦尚尼亞的民族主義，他們的菁英在同一運動中便混雜了「唯意志論」（voluntarist）和「有機的」（organic）的要素。
4、在每一個範疇內包含了太多的發展層面、結構形式和文化情境。

無論如何，孔恩的類型學為以後學者的分類奠定深厚的根基，任何民族主義的分類都有孔恩的影子。

二、海耶斯（Carlton Hayes）

美國哥倫比亞大學歷史教授海耶斯被尊稱為民族主義研究之父，雖然他的許多言論以今天的眼光來看已經過時，但是我們

必須了解，所謂的「老生常談」或「理所當然」正是海耶斯的貢獻，他對民族主義的界定和分類始終影響後來的學者，要批評他很容易，要超越他卻是不可能的任務。在《民族主義論集》中他曾論述當代民族主義的一些過激形式，包括它們的本質、起因與潛在的危險性。[5]五年後他又寫了一本新書，進一步闡釋各種形式的民族主義。他的基本信念是：民族主義是「複數」，不是「單數」。[6]他將民族主義當作一種「意識形態」（ism）、一種學說主體、一種政治哲學來研究，他關心的對象是「倡議者」，不是「追隨者」。他將民族主義分成下列六種類型：

（一）人道主義的民族主義（Humanitarian nationalism）

這是最早有系統的民族主義形式，某些時候也是唯一的一種。在十八世紀的啟蒙時代便開始有人倡議這種民族主義。正如該字的含義，人道主義的民族主義主張寬容，並尊重別的民族的權利。倡議這種主義的門徒，較著名的有：英國保守黨的政治家博林布魯克（Henry St. John Bolingbroke）子爵，屬於混合著人道主義的貴族式民族主義；第二位是法國哲學家盧梭，倡議一種精神上是人道主義，形式上是民主的民族主義；最後一位是德國哲學家赫德，不像博林布魯克與盧梭，他認為民族主義主要是一種政治現象。當十八世紀進入尾聲時，人道主義的民族主義歷經了重大的變遷，強調民族精神的民族主義演變成「雅克賓」（Jacobin）的民族主義，貴族的民族主義則變成「傳統的」民族

---

[5]　Carlton Hayes, *Essays on Nationalism,* New York: The Macmillan Company, 1926.
[6]　Carlton Hayes, *The Historical Evolution of Modern Nationalism*（台北：雙葉書局翻印，1968年），"preface".

主義，既不是民主的也不是貴族的民族主義則變成「自由的」民族主義。

（二）雅克賓的民族主義（Jacobin nationalism）

這種形式的民族主義以盧梭的民族主義理論為基礎，但其發展則有賴於當時的革命領袖為了自保的目的對法國大革命原則的推展。因為對外戰爭和國內的反抗運動而發展起來的雅克賓民族主義，有四大特色：疑心病特重，而且對國內的不滿分子絕不寬貸；訴諸於武力或黷武主義以遂行其目的；變成宗教般的狂熱，因傳教的熱誠而出名。雅克賓的民族主義比之前的先輩表現得更為排外，他們的悲劇在於「他們是一個不道德的世界中一群狂熱的理想主義者」。[7]因此，他們的戰鬥愈多，他們作為民族主義者的身分便更成熟。雅克賓民族主義為二十世紀的民族主義提供了一種樣式，特別是義大利的法西斯主義和德國的國家社會主義。

（三）傳統的民族主義（Traditional nationalism）

博林布魯克的貴族與人道主義的民族主義，在革命時期之後逐漸演變成傳統的民族主義。這種民族主義的參考架構不是「理性」或「革命」，而是歷史和傳統。他們憎惡雅克賓主義所贊同的東西，因此，若說雅克賓是民主與革命的民族主義，則傳統的民族主義便是貴族的與演化的民族主義。對這些倡議者而言，民族群體和民族都是演化而來的，沒有必要去討論其起源。

---

[7] 同上，頁80。

就這層意義來說，民族並不僅僅是一種人為的夥伴身分，或是可以隨意將它解散的組合。它是活著的、過世的，以及還未出生者的結合。這種觀念的最佳闡釋者是柏克、波拿德（Louis-Gabriel-Ambroise, Vicomte de Bonald），與德國神學家施列馬赫。傳統的民族主義在激勵法國境內的反抗運動和歐洲大陸各地的抵抗運動發揮了很大的作用。像是德國、荷蘭、葡萄牙、西班牙，甚至連俄羅斯民族主義的覺醒都是很好的例子。

（四）自由的民族主義（Liberal nationalism）

一種介於雅克賓和傳統民族主義間，既不民主也不是貴族的但又兼具二者精神的民族主義。這種民族主義起源於十八世紀的英國，海耶斯稱英國是一個「一直處於妥協和有著敏銳民族自覺的國家」。[8]這種民族主義的最佳代言人是英國法學家和功利主義倫理學家邊沁（Jeremy Bentham），他的用意是想限制政府在生活各個領域中的影響範圍和作用。對他而言，民族群體是國家與政府正當的基礎。在這樣的背景之下，戰爭是最壞的作為，應該加以根絕。自由的民族主義者希望未來有一天，所有的民族都能有獨立的發展。

（五）完整的民族主義（Integral nationalism）

整個十九世紀的大半時期都是自由的民族主義的天下，然而隨著國家之間的競爭日益尖銳激烈，加上現代帝國主義的興起，這種形式的民族主義變得敵視自由主義與人道主義。完整的民族

---

[8]　同上，頁120。

主義不願與其他的民族合作，倡議武力外交、軍國主義和帝國主義，反對任何不符合國家利益的個人自由。對民族國家的忠誠凌駕對其他各種對象的忠誠，所有經濟、文化、社會甚至宗教的考量，都得順服於民族主義的目標。這種民族主義的倡議者最著名的是莫哈（Charles Maurras），他對完整的民族主義的定義如下：「民族政策的唯一追求就是確保民族的完整，穩定地增進民族的力量，因為一旦民族喪失軍力，就會走向衰敗。」[9]海耶斯提醒我們不要錯認這種民族主義，不要認為它們是被「壓迫」或被支配的民族，它們其實是早已取得獨立與統一的民族，當代的美國和歐洲的一些國家可能還比較接近這種形式的民族主義，亞洲與非洲反倒不像。

（六）經濟的民族主義（Economic nationalism）

早期的民族主義考量的都是與政治有關的因素，後期才開始趨向於將國家視為既是政治也是經濟的單位。現代的民族國家都想要獲得經濟上的自給自足，於是建立關稅、強化市場競爭、操控原料，並積極爭奪投資資金。經濟民族主義結合了帝國主義，構成了推動現代文明發展最重要、影響最深的力量。

海耶斯將民族主義定義為一種意識形態，並且從意識形態的觀點來分類民族主義。史奈德認為這種分類的特色有二：

1、強調按時間先後排序的（或由上到下的）方法，所處理的民族主義形式從法國大革命延伸到現在。

---

[9]　同上，頁165。

2、區域主要局限在歐洲大陸。[10]

對史奈德而言的特色在史密斯看來卻是重大缺點。史密斯認為這種純意識形態的類型學禁不起社會學分析的檢驗，因為在同一項運動中可以包含不同的意識形態，以敘利亞的「阿拉伯復興主義」（Ba'athism）為例，[11]其中就結合了「傳統的」、「雅克賓的」，和「完整的」民族主義成分，將民族主義看成純粹是意識形態，是刻意忽視它作為部分文化體制的事實。[12]

三、史奈德（Louis Snyder）

史奈德是美國的歷史學者，他的民族主義研究是典型的史學方法。讀他的作品時可以明顯發現一種屬於「百科全書」式的淵博，從他編寫的《民族主義百科全書》便可看出這種精神。[13]《民族主義的動力》收錄了一百多種有關民族主義言論和研究的文獻，雖然只是部分資料，但是對於初學者了解民族主義的意義和發展幫助很大。如同作者在自序中所說，這兩百年來民族主義已擴散至亞洲、非洲和中東等地區，不論當它是一種情感、觀點或概念，它都已影響個人生活的各個層面。對於現代史的學者來說，不了解民族主義的重要性就無法了解現代史。史奈德編纂這本書的目的為了要闡釋：民族主義就像宗教一樣可以有各種不

---

[10] Snyder, *The New Nationalism*, p. 64。

[11] Ba'ath（阿拉伯復興黨），阿弗拉克（M. Aflag）於1940年所建，復興阿拉伯社會主義的政治組織。他把馬克思主義和與使阿拉伯國家主義聯合起來的泛阿拉伯民族主義結合起來。這種意識形態有強烈的民主因素。阿拉伯復興黨在敘利亞和伊拉克占有重要地位，與軍方關係密切。

[12] Smith, *Theories of Nationalism*, p. 196。

[13] Louis L. Snyder（ed.），*Encyclopedia of Nationalism*, Paragon House, 1990.

同的形式,[14]每一個國家或地區的民族主義都有自己的特色。因此,史學家關心的是民族主義發展的過程,傾向於以年代學的方法來分類民族主義發展的不同階段,每一個階段分別代表某一種類型的民族主義,共有四個階段:

（一）整合的民族主義（Integrative nationalism）（1815-1871）

這時的民族主義是一股統一的力量,尤其是對那些封建分割下的國家,極力想要藉由統一來解決充滿敵意的內訌。例如德國與義大利,在中古時期他們都只是「地理名詞」（*geographical expressions*）,正是因為民族主義才得以統一。十九世紀原本是自由主義擅場的時代,但是它不足以激勵民族的統一。我們從俾斯麥的這句名言中可以了解這種運動的特質:「今日一些重大問題的解決不是透過議會的表決,……而是鐵和血。」俾斯麥因而贏得「鐵血宰相」的稱譽。

（二）分裂的民族主義（Disruptive nationalism）（1871-1890）

民族主義促成了德國與義大利的統一,但是同樣是這種熱情卻導致原先在奧匈帝國、土耳其帝國和其他這類帝國下的少數民族群體紛紛要求自治或獨立,理由各有不同,包括地理位置、共同語言、共同利益、文化、傳統、習俗,甚至連根本就不存在的

---

[14] 史奈德有可能受到他的前輩,另一位美國史學家海耶斯的影響,海耶斯也認為民族主義是一種世界宗教,未來的世界將是它的天下。Carlton Hayes, *Nationalism: A Religion*（New York: The Macmillan Company, 1960）, p. vii.

所謂「種族」都派上用場。

（三）侵略的民族主義（Aggressive nationalism）（1900-1945）

十九世紀末到二十世紀初國際上瀰漫著一股敵意，為了爭奪市場、原料和資本，每一個國家無不用盡各種手段，不惜訴諸武力行動。在一般人的想法中，民族主義其實就是帝國主義。狂熱的愛國主義者甚至認為讓全世界落後地區的人民都能享受文明，是他們責無旁貸的「使命」，這種「使命」導致了兩次世界大戰的爆發。

（四）當代的民族主義（Contemporary nationalism）（1945-1954）

二次世界大戰之後，遠東、中東和非洲被殖民的國家紛紛要求獨立，利用政治民族主義作訴求來對抗來自歐洲的殖民者。事實上，民族主義的浪潮早在一次世界大戰時美國總統威爾遜（Woodrow Wilson）提出「民族自決」的觀念後便開始醞釀，此時才完全發酵。許多國家剛開始只要求自治，這個時候則非要獨立不可。「不獨立，毋寧死」，[15]態度相當強硬。民族主義的力量，即使堅信馬克思主義的蘇聯，也不得不以民族主義做裝飾。[16]

美國亞歷桑那大學（University of Arizona）的社會學教授赫克特曾說：「在這個時代寫一本關於民族主義的書，就像是射

---

[15] Robert R. Ergang, *Europe in Our Time*（Boston, 1953）, p. 758.
[16] Louis L. Snyder, *The Meaning of Nationalism*（New Brunswick, 1954）, pp. 114-5.

擊快速移動的飛靶。」[17]對史奈德來說，也許他不會有這樣的感觸，因為他所研究的對象都是歷史上已發生的事，不論是術語的定義或類型的歸納都是很容易做的事。但是，他的類型學距離今天畢竟已過了半個世紀，民族主義的發展已是今非昔比。暫且不說五十年的時間，即便是十年而已，民族主義也是「日日新，又日新，苟日新」。對這一波「新」民族主義的發展，史奈德不得不承認變得太快了，對任何學者而言都是「無止盡的混亂狀況」。[18]他在十幾年前所做的分類顯然已過時，必須重新加以分類。之前的分類是基於年代學的安排，這一次則是受到社會學家、人類學家、政治學者與經濟學者的影響，以及地理區位的考量。在史奈德看來，新民族主義的類型有七種：

1、歐洲：「分裂生殖的民族主義」（Fissiparous nationalism）

  歐洲的新民族主義仍然傾向於師法舊民族主義的經驗，也就是說依然還是破碎不完整，排他主義當道。分裂生殖的民族主義反映了這種意識形態：以小型的民族作為最終的政治經濟單位。當時雖然有一種聲音，想要建立一個「歐洲人的聯合國」（United states of Europe），作為美蘇兩個陣營之外的「第三勢力」，只因民族主義的力量既強烈又頑固，統合西歐的計劃終致灰飛煙滅，煙消雲散。

2、非洲：「黑人民族主義」（Black nationalism）

---

[17] Michael Hechter, *Containing Nationalism* (Oxford; New York: Oxford University Pr., 2000), p. vi.

[18] Louis L. Snyder, *The New Nationalism* (Cornell University Press, 1968), p. vii.

非洲曾經長時期被歐洲人殖民，因而他們的民族主義便以反對白人帝國主義為訴求。這種心態其實也不是新的，湯恩比（Arnold Toynbee）便曾說，在現代民族主義產生之前都會先發生一種仇視外人的反動，這種現象不限於非洲，幾乎全世界都有。[19]另外，非洲的民族主義還帶有強烈的族裔動機，族裔衝突正是非洲民族主義的特色。

3、中東：「政治與宗教的民族主義」（Politico-religious nationalism）

這個地方是世界三大宗教的搖籃，基督教向西發展最後擴展到全世界，伊斯蘭教和猶太教仍然留在中東。受到以色列建國的影響，再加上土耳其和埃及的國家民族主義衝擊，於是促成了一種阿拉伯民族主義的興起。宗教的民族主義結合了來自歐洲民族國家建國的經驗，正是這種民族主義的註解。

4、亞洲：「反殖民的民族主義」（Anti-colonial nationalism）

一般學者在辨別亞洲與非洲民族主義的不同時經常會說：亞洲的民族主義比較複雜，因為他們的文明較悠久，很早以前便具有民主的概念，所有的改變都在社會的框架內來進行。史奈德不同意這種觀點，他認為雖然在亞洲，民族主義的模式也會因國家與地區不同而變化，但大抵上它們都充滿反西方的色調。研究亞洲的民族主義應多注意其反帝國主義和反殖民主義的動機，其

---

[19] 參閱Arnold Toynbee, *The World and the West*, New York, 1953.

重要性遠大於經濟的因素。

5、拉丁美洲：「民粹主義的民族主義」（Populist nationalism）

　　拉丁美洲的民族主義帶有革命的色調，雖然政治的形式是民主政治，但是對民主政治的精神和深層的意義完全不懂。國家操控在軍政府的手中，誰的勢力大誰就代表國家。這些執政團（junta）往往打著愛國主義的旗號，用「西班牙的優越」（Spanish pride）來對抗「美國佬的稱霸地位」（Yankee domination）。儘管如此，拉丁美洲的民族主義還是有很多種形式。[20]

6、美國：「融爐的民族主義」（Melting-pot nationalism）

　　美國這個國家的人民來自四面八方、天涯海角，他們在很短的時間之內融合成一個新的「品種」。美國的民族主義結合了精神的理想主義（意志自由論與平等主義），[21]與物質主義（商業與工業）。受到清教徒傳統的影響，這種民族主義帶有濃厚的道德色彩，尤其當美國成了世界強權之後，它極力要向世人遊說美國政府是最好的政府形式。

7、蘇聯：「救世主的民族主義」（Messianic nationalism）

　　馬克思、列寧與史達林共同打造了一個共產主義的

---

[20] 西半球十八個講西班牙語的國家加上講葡萄牙語的巴西，以及講法語的海地合稱拉丁美洲。這個名稱是法國於1860年之前開始使用。

[21] 「意志自由論」（libertarianism）是俄裔美國小說家蘭德（A. Rand, 1905-1982）等人所鼓吹的一種政治哲學，宣揚國家唯一正當職能就是提供保護，任何其他的目標都是對個人權利的侵犯。「平等主義」（egalitarianism）是一種政治哲學，非常重視成員之間的平等，並主張剷除對平等的一切障礙。平等主義的思想基礎是：人皆生而平等，是法國大革命的原則之一，且與激進的社會主義政治有關。《劍橋百科》（台北：貓頭鷹出版社）。

國際社會，但反諷的是蘇維埃並沒有因此成為所有共產黨員的祖國，它自己恢復了帝俄時代那種以救世主自居的民族主義。這種新的蘇維埃民族主義不但要向鄰國擴張，更要將觸角伸向所有信仰真空的地方。

這種依據地理的布局而建構的類型學，禁不起科學的驗證。史奈德自己也知道漏洞很多，為了減少被批評他承認這種分類純粹是為了研究方便。雖然這些類型是經過設計的，但是民族主義仍然有一些相同的基本模式。從一些慣用語的使用和民族所顯示的特徵中，我們還是可以了解該民族的歷史發展。史奈德特別強調，不論是歷史或民族主義都不可能符合科學的定律，過於制式與刻板的類型學不適用於民族主義的分類。這句話雖然很中聽，卻掩飾不了史奈德身為美國史學家的自我中心觀，所有的類型都以「洲」為單位，蘇維埃也包含了許多國家，唯獨美國自己代表一種類型。事實上，從史奈德的文章中我們聽得出來他的弦外之音：任何民族的民族主義各自代表一種類型，更重要的是各種意識形態都尋求向外擴展，唯有民族主義是內斂的，是一種「自我主義」，無法移植或模仿。[22]

四、卡爾（Edward H. Carr）

英國史家卡爾1945年時寫了一本書，書名為《民族主義與後來》。[23]在近代的民族主義研究中，年輕的一輩幾乎忘了有這個人。畢竟是一本超過一甲子的書，對日新月異的民族主義研究而

---

[22] Snyder, *The New Nationalism,* pp. 65-68。

[23] Edward H. Carr, *The Nationalism and After*, London: Macmillan, 1945.

言，如何能期望它帶給我們任何啟發或幫助。年輕時葛爾納曾經讀過這本書，印象深刻，知道卡爾思想的重要性，為卡爾未受重視深以為憾。在1991年11月一場紀念卡爾的演講中，葛爾納以〈民族主義和國際秩序〉為題，詳細論述了卡爾的民族主義思想。[24]

卡爾的興趣主要在描繪歐洲民族主義的不同階段，而不是民族主義的道德價值。對他來說，民族不是「自然的」或「生物學上的」群體，它不是一個可以定義或可清楚被認識的實體，它只是在歷史上的某些時期會出現，而且只在世界的某些地區出現。[25]根據卡的說法，民族主義的演進可以分成三個部分重疊的階段，每一個階段對於民族作為一個政治實體的看法各有不同。

第一時期：始於中古帝國和教會的逐漸解體，民族國家的開始建立時。法國大革命和拿破崙戰爭終結了這個時代。這個時期民族指的是那些有主權的人民。所謂的國際關係只是君王和貴族之間的來往。此時期的特色是「重商主義」，但是其目的不是為了提升「共同體」和其成員的福祉，而是要增加國家的權力，統治者乃是國家的體現。葛爾納說這個時期還不能算是民族主義的時代，卡爾主要關心的也不是民族主義，而是一種介於「各邦自主主義者」與「普世主義者」之間的均勢，民族主義只是用來強化「各邦自主政策」（particularism）。[26]

第二時期：主要是法國大革命的產物，但其基礎則是1870年之後才奠定的，並持續到1914年大災禍的來臨，這是最有秩序和

---

[24] Ernest Gellner, *Encounters with Nationalism* (Oxford: Blackwell Publishers, 1994), pp. 21-33.

[25] Carr, *The Nationalism and After*, p. 39。

[26] Gellner, *Encounters with Nationalism*, p. 23。

值得羨慕的國際關係時期。其成功有賴於民族主義與國際主義之間的均勢和經濟與政治勢力之間的妥協，使各自可以在自己的陣線上發展。最早由盧梭所提出的通俗民主民族主義，其流傳和散佈對於這個時期的政經發展貢獻很大。

第三時期：開始於十九世紀末（從1870年以後），在1914至1939年間達到高峰。這時期的特色是民族主義的發展帶來了無數的災難，以及國際主義的破產。國家政治權威在經濟體制上的重新立足。卡爾說，這是民族社會化必然的結果。

這算是一種類型學嗎？答案是肯定的。我們習慣於地理空間的水平思考，或是受社會學分類的影響，不大能接受歷史分期也算一種分類。此處的摘要可能無法完全闡釋卡爾的思想，但是如果我們從葛爾納的註解來看，整個輪廓便會清楚呈現。就葛爾納看來，階段一還不算是民族主義時代，階段二是「民族主義者的民族統一運動」（Nationalist irredentism），從十九世紀後三十年的騷動到1918年民族主義原則的最後勝利。階段三為「民族主義大獲全勝」（Nationalism triumphant）與「自廢武功」（Self-defeating）。卡爾的意思是說：義大利和德國的統一代表民族主義的勝利，但1918年之後一大堆少數民族紛紛建國，一方面缺乏有經驗的領導人，加上內部問題難以解決，因而造就了希特勒和史達林，當這兩個人出現時，這些新國家幾乎毫無招架之力（只有芬蘭例外）。[27]

不可否認，卡爾的類型學太粗淺，相較於後來社會學者用一本書的規模來論述民族主義的類型，[28]卡爾這號人物不提也罷。

---

[27] 同上，頁25-26。

[28] 參閱John Breuilly, *Nationalism and the State*, Manchester University Pr., 1993[1982].

即便如此，對擅於批評的史密斯來說，卡爾的類型學還是有缺點。史密斯說卡爾的分析係建立在道德與神學的基礎上，反映了卡爾本人的歐洲中心主義思想。[29]試問那個時代的人誰沒有歐洲中心思想？[30]

五、羅奇（Miroslav Hroch）

捷克史家羅奇是第一位應用量化的社會史分析方法，對民族主義運動作有系統比較研究的學者。他的著作原用德文寫成，出版於1968年，但一直要到1985年才有英文譯本出現。[31]儘管如此，他的研究論述已經由霍布斯邦和奈倫的著作而廣為人知，這兩位學者一致稱讚羅奇的著作是相當優秀的比較分析。羅奇認為民族的形成和整個社會的變遷有關，特別是與資本主義的散佈和相關的轉變，但是為了避免過度化約成只有經濟因素，他關心的是社會和地理的變動性，更為緊密的人際溝通、識字率的提升和整體性的改變等調和因素。他將民族運動（羅奇不願使用「民族主義」這個術語，對他來說民族運動等同於民族主義）分成三個結構階段。

> 階段一：這個時期會有一些菁英分子積極投入學術性的研究和調查，了解本身族裔群體的語言、歷史和文化特

他分析了三十餘種民族主義類型。

[29] Anthony Smith, "Nationalism and the Historians", in G. Balakrishnan（ed.）, *Mapping the Nation*（London: Verso, 1996）, p. 183.

[30] 參閱Carr, *The Nationalism and After*, 頁2; 6-9; 17-19。

[31] Miroslav Hroch, *Social Preconditions of National Revival in Europe: A Comparative Analysis of the Social Composition of Patriotic Groups among the Small European Nations*, Cambridge: Cambridge University Pr., 1985.

性，但目的不在於煽動愛國的熱情，或是設定任何
政治的目標。[32]

階段二：另一批行動主義者出現了，他們會想盡辦法贏取族
　　　　裔群體的支持，實現建國的計劃。羅奇指出，這些
　　　　人在剛開始時並不是很成功，但他們的努力，隨著
　　　　時間的消逝會慢慢被接受。

階段三：當民族意識成了多數人的主要關懷時，群眾運動
　　　　便會形成，到了這個時候就進入了所謂的第三階
　　　　段。也唯有在此一時期，才有可能出現完全的社會
　　　　結構。

　　羅奇的三階段論首先影響到霍布斯邦，霍布斯邦的《1870年
以後的民族與民族主義》便採納了羅奇對民族運動發展史的三段
式分析。[33]不同的是羅奇以十九世紀的歐洲為例，沒有確切的起
訖日期，霍布斯邦則除了有明確日期外，並將它延伸到二十世紀
晚期。羅奇的重點在探討第二階段中「積極少數」的起源、組成
和貢獻，霍布斯邦則將重點放在第三階段，即民族主義綱領需要
借助人民支持的階段。羅奇強調，從一個階段到另一個階段的推
移不是一蹴可幾的，從學術性的感興趣到愛國意識的大規模擴
散，中間還有一個時代，特色是愛國情緒的煽動，亦即民族意識
的發酵過程。霍布斯邦也說，從階段二轉進到階段三是一大轉捩
點，這個轉捩點出現的時機有時候會在民族國家建立之前（如愛

[32] 同上，頁23。
[33] Eric J. Hobsbawm, *Nation and Nationalism Since 1780: Programme, Myth, Reality*
（Cambridge University Press, 1990）, pp. 11-2.

爾蘭的情形），但通常都是緊接在民族國家建立之後，可以說它是國家創建的結果。但有些時候，就算民族國家已建立了，還是未見這種轉變，如同在所謂的第三世界中的情形。

任何民族運動的類型學，最重要的判別標準就在於由階段一到階段二，與由階段二到階段三的變遷關係，還有就是它如何變成一個有組織的社會，結合了這兩種變化模式，羅奇指出歐洲民族運動有四種類型：

1、民族運動最先都在專制政權統治之下開始，但要吸引群眾參與則需要等政治體制產生革命性變遷時。一旦政治發生劇變，便會出現一些領導人，提出民族的計劃。羅奇以捷克人在波西米亞的騷動和匈牙利與挪威的運動為例，這些地區的民族運動都在1800年左右進入階段二。挪威人在1814年時宣佈獨立（並且制定了自由的憲法）。捷克人和馬札爾人，雖然發展的方向不一樣，也在1848年革命年間展開其民族計劃。

2、同樣的民族運動也發生在舊政權底下，但是其過渡到成為群眾運動，或所謂的階段三則受到延誤，可能要等到出現一場憲政革命之後。這種轉變若不是因為經濟的發展不均衡，如在立陶宛（Lithuania）、拉托維亞（Latvia）、斯洛維尼亞（Slovenia）、克羅埃西亞（Croatia）的情形，便是因為外來的壓迫，如在斯洛伐克（Slovakia）和烏克蘭（Ukraine）的情形。克羅埃西亞的階段二始於1830年代，斯洛維尼西亞始於1840年代，拉托維亞始於1850年代末，而立陶宛則要到1870年

代以後才出現階段二的民族運動。克羅埃西亞的階段三不會早於1880年代，斯洛維尼西亞始於1890年代，而拉托維亞和立陶宛的階段三則出現在1905年的革命期間。羅奇認為「馬札爾化」使斯洛伐克的階段三延到1867年以後，如同強迫性的「俄羅斯化」抑制了烏克蘭的發展一樣。

3、在舊政權統治之下便已有群眾運動，因而是在公民社會和憲政秩序建立之前。這種形態的民族運動會出現武裝暴動，但都局限在歐洲鄂圖曼帝國（Ottoman Empire）境內，如塞爾維亞（Serbia）、希臘（Greece），和保加利亞（Bulgaria）。

4、這種形態的民族運動產生於憲政體制下，通常是在一個已經開發的資本主義環境下，屬於西歐特有的民族運動。在下列這些個案中階段三都發生得很早，如巴斯克（Basque）和加泰隆尼（Catalonia）。但在其他地方，如法蘭德斯（Flanders），其階段二的期間就很長，也有些地方甚至跳過階段二，直接進入階段三，如在威爾斯（Wales）、蘇格蘭（Scotland）和不列塔尼（Brittany）的情形。

　　從民族運動的定義到分期，再到建立類型，這一步一步的分析，本身並不是研究的目的，它們只是要解釋不同民族運動的起源和結果，可以說它們不過是所有真正的歷史研究必要的起點：起因分析。這樣的分析能夠解釋在凡爾賽會議以後許多運動的成功和失敗嗎？能夠解釋其演化和結果嗎？歐洲的民族是由民族主

義者所「發明」的？如果這種流行的觀念證明是沒有事實根據，那麼，單一因素的解釋方法也不會有好下場。羅奇的結論是：任何的解釋要讓人滿意它必須是「多因的」（multi-causal），並且在不同層次的歸納法之間移動。[34]

六、霍布斯邦（Eric Hobsbawm）

一般說來，霍布斯邦並沒有特別去建構一種民族主義的類型學，或將民族主義加以分類。但是受到羅奇民族主義運動三階段的影響，霍布斯邦的民族主義發展史大致上也有三個階段：

第一階段：

從法國大革命到1918年，民族主義從萌芽到開枝散葉。此時期的民族主義有兩種形式：

1、第一種形式的民族主義在1830至1870年間大幅改寫了歐洲的版圖，屬於「大國」（great nations）的民主民族主義，源自法國大革命的理想。霍布斯邦稱之為「群眾的」、「公民的」、「民主的」政治民族主義。著名的例子是德國、義大利和匈牙利，這種民族主義的產生有所謂的「門檻原則」（threshold principles），即只有當民族的領土夠大、人口夠多、足以支持一個較大的資本主義市場經濟時，才有資資格要求「民族自決」，要求成為自治的主權國家。

---

[34] Miroslav Hroch, "From National Movement to the Fully-Formed Nation: The Nation-Building Process in Europe", *New Left Review*, 198（1993），pp. 7-8。

2、第二種形式的民族主義霍布斯邦稱之為「族裔語言的民族主義」（ethno-linguistic nationalism），則是1870年以後才出現的「小國」（small nations）反動的民族主義，大部分是反對奧圖曼、哈布斯堡和沙皇帝國的統治。[35] 這種民族主義流行於1870至1914年之間，1970年代和1980年代再度出現於亞洲與非洲等地，是一種反殖民的公民民族主義。

第二階段：

從1918至1950年。對霍布斯邦來說，此時期是「民族主義的顛峰」（apogee of nationalism），理由倒不是因為法西斯主義的興起，而是左派民族情感的高漲，西班牙內戰的發展就是最好的例子。霍布斯邦聲稱在對抗法西斯的運動中，民族主義與左派緊密地結合在一起，這種合作經驗後來又在殖民地國家的反帝國鬥爭中再度攜手。[36]在霍布斯邦看來，民族主義之所以會訴諸武力實在是因為對現狀的「絕望」，是那些對啟蒙時代的烏托邦理想感到失望的人的作為。[37]

第三階段：

二十世紀晚期。霍布斯邦認為此時期的民族主義從功能上來看不同於早期的民族主義，十九世紀和二十世紀初的民族主義是「統一的」（unificatory），也是「解放的」（emancipatory），

---

[35] Anthony Smith, *Nations and Nationalism in a Global Era*（Polity Press, 1995），p. 11.
[36] Hobsbawm, *Nation and Nationalism Since 1780*, p. 148.
[37] 同上，頁144。

二者都是歷史變遷中的「主要事實」。無論如何，雖然從1990年以來，蘇聯和南斯拉夫的解體，為全世界增加了十六個國際承認的「民族小邦」，但是民族主義作為一種帶動歷史變革的「向量」（vector），其重要性已呈現衰微之勢，遠比不上以前的影響力。[38]

我們不難理解霍布斯邦的結論，左派史家的史觀傾向於認為民族與民族主義雖然還會在歷史舞台上保有一席之地，但多半是從屬或微不足道的小角色。未來的人類在自我介紹時不一定要說自己是英國人、愛蘭人或猶太人等，他可以根據不同的場合選擇不同的身分，但這樣的理想世界還沒有來到。霍布斯邦的結論讓我想起吉拉斯的「紅色天堂」，霍布斯邦太過明顯的政治信仰必定遭受很大的批評，在導論中他已經先為自己辯解了：「最後，我不能不說，我不認為研究民族與民族主義的史家就不能在政治上支持民族主義。」[39]我想，霍布斯邦的意思是：「雖然我信奉馬克思主義，但並不影響我對民族主義研究的客觀立場。」

參、社會學者的分類

兩次世界大戰期間的學者都在建立類型學，事實上，類型學並不限於這個世代。許多學者，一方面認為沒有任何單一的或總體的理論可以涵蓋所有的民族主義，另一方面仍然繼續類型學的發揮，主張處理民族主義的最好辦法就是加以分類。在他們看

---

[38] 同上，頁163。
[39] 同上，頁12。

來，民族主義猶如「變色龍」，會以各種意識形態的形式顯現，用一種單一的「大」理論來解釋所有的變種無疑是痴人說夢話。但是我們也不必因此而陷於「黨派意識」（particularism）：「相反地，經由描繪不同形態的民族主義可以建立中道立場。」[40]可以預測地，在社會學的領域中仍然會有很豐富的類型學。舉例來說，史密斯以孔恩的「二分法」為基礎建立另一種二分法。從「西方的」公民領土模式的民族中產生了「領土的」民族主義；從「東方的」族裔宗譜模式的民族中產生了「族裔的」民族主義。[41]

　　布宜利則利用民族主義運動與國家的關係為基礎，分別依對抗政府或支持政府而形成三種民族主義：「改革」、「分離」，與「統一」。霍爾利用各種民族主義的發展邏輯和社會支撐介紹了一種包含五種範疇的類型學，他所用的標題不容易理解，包括「反社會的邏輯」、「由上而下的革命」、「機會帶來的願望與恐懼」、「復興運動的民族主義」與「完整的民族主義」。另外，還有歐特與蘇葛（Peter Sugar）等人，前者將民族主義分成三種：「民族復興運動的」、「改革的」和「完整的」。後者將東歐的民族主義區分為四種：「中產階級的」、「貴族的」、「民眾的」和「官僚的」。

一、魏爾士（Louis Wirth）

　　魏爾士的類型學在社會學中非常有名，他從族群權力鬥爭的

---

[40]　J. A. Hall, "Nationalism: Classified and Explained", *Daedalus*, 122（3）, 1993, p. 1.

[41]　Anthony Smith, *National Identity*（London: Penguin, 1991）, pp. 79-84.

角度來了解民族主義。在1936年所寫的《民族主義類型》中，[42]
他將民族主義分成四種：

（一）霸權民族主義（Hegemony nationalism）

魏爾士認為十九世紀一系列的民族統一運動就是霸權的民族
主義，義大利和德國是典型的例子。透過組合一些較小的群體可
以為較大的民族群體帶來好處，這種民族群體在完成統一之後往
往會繼續擴展其侵略性的帝國主義目標。

（二）排他主義的民族主義（Particularistic nationalism）

這種類型的民族主義首先會以追求文化的自主或寬容為目
標，然後，隨著運動的進展才開始具有政治的意義，基本上是一
種追求民族自治的分離運動。例如第一次世界大戰前的奧匈帝
國、德國轄下的民族群體，這種情感同時也存在於猶太人和黑人
心中。

（三）邊境民族主義（Marginal nationalism）

這種類型的民族主義指的是一些住在兩個國家交界處的人民
所發展出來的民族主義。這些住在邊境的人民通常會遵循祖國的
風俗，這個祖國可能在很遠的地方。住在邊境的人民例如亞爾薩
斯、洛林、西利西亞、義奧邊界與瑞士邊界等，魏爾士認為住在
這些邊境地帶的德國人可能比住在柏林的德國人還要「德國」。

---

[42] Max Wirth, "Types of Nationalism", *American Journal of Society*, XLI（1936），pp.
723-37. 史密斯一書中作Louis Wirth。Smith, *Theories of Nationalism*, p. 200。

（四）少數民族的民族主義（Nationalism of minority）

這種現象普遍存在於全世界，遍佈歐洲各地，其族裔與文化性格始終難以消解，一直努力地爭取他人對對自己民族傳統的肯定，並渴望在別的民族包圍之下，仍然保有自己的文化。

魏爾士將黑人與猶太人也納入排他主義（或稱分離主義）的範疇看起來有點怪異，目前實在看不出來猶太人或黑人想在美國的本土建立自己的民族國家。許多少數民族遵循傳統的祖國文化已有數個世紀之久，但要到最近才開始被民族主義的旋風掃到。

二、史都佐（Don Luigi Sturzo）

史都佐是義大利的學者，他的類型學最大的特色是以國家為單位，他這樣做是有目的的。他要從民族主義的分類中來驗證他對民族主義的定義：「民族主義是一種理論上的概念，也是實際的行動，容易高估民族的價值並使民族成為最重要的事，不但如此，更是一種絕對的族裔－政治原則。」[43]所以，既然民族主義是如此多彩多姿，要加以分類就必須以國家的地緣政治為基礎。他的類型有五種：

（一）德國的民族主義（German nationalism）

時間是十九世紀時的德國，俾斯麥（Bismarck）當上了帝國的首相，挑起普法戰爭並統一了德意志的民意之後，他已成了德意志的代言人，持續與梵諦岡對抗，這場所謂的「文化鬥爭」

---

[43] Don Kuigi Sturzo, *Nationalism and Internationalism*（New York, 1946），p.25.

（*Kulterkampf*）最後雖告失敗，但是民族的觀念卻一直持續發展和傳播，到了德萊契克（Heinrich von Treitschke）更加以理論化。使帝國之內的人民同質化（日耳曼主義和日耳曼的民族主義指的是同一件事），這種想法本身並不是目的，應該說只是一種手段，目的是要藉由這種觀念來強化國家的權力，統一民族。之後又有種族主義者葛必諾（Arthur de Gobineau）的亞利安種族優越論，這些歷史傳統正好成了德國民族主義的材質。

（二）法國的民族主義（French nationalism）

在德國建立第三共和（Third Republic）之前，法國還沒有民族主義，沒有像德來契克與葛必諾等理論家，但是1871年亞爾薩斯－洛林區（Alsace-Lorrain）割讓給德國，才讓法國人去思考民族的問題。本質上，法國是反民主的，反社會主義的，反閃族的。在德國，民族主義大抵上是反天主教的，但在法國則是天生的傾天主教。德雷福斯事件（Dreyfus case）之後，法國出現了一批最激進的民族主義者，但沒有人能夠像莫哈那樣出名。

（三）義大利的民族主義（Italian nationalism）

義大利的民族主義出現的時間相當晚，約在十九世紀末。有一種聲浪要求寧願與特倫提諾（Trentino）和的里雅斯特（Trieste）合併，不願被奧地利統治。真正的義大利民族主義要等到詩人鄧南遮（Gabriele d'Annunzio）時候，他最著名的詩作是〈藍天、大海、英雄頌〉。[44]

---

[44] 鄧南遮（Gabriele d'Annunzio），義大利劇作家，生於佩斯卡拉（Pescara），在羅馬受教育。1890年寫過幾部長篇小說，受尼采哲學影響，如《死的勝利》（*Il*

（四）英國的民族主義（British nationalism）

在史都佐看來，英國實在談不上有民族主義，不管是理論上或實際上都沒有十九世紀時的那種民族主義。一方面是英國人太過於實用主義，不關心理論的事，另一方面則是因為英國早就是帝國了。其民族主義，精確地說，應是帝國主義。像張伯倫（Joseph Chamberlain）、羅德斯（Cecil Rhodes），和吉卜林（Rudyard Kipling）等人，都可以算是英國相信帝國主義的民族主義者。

（五）美國的民族主義（American nationalism）

「民族主義」這個字詞在美國的定義絕對不會同於在歐洲的定義。美國的民族主義這個觀念必須與聯邦黨人的政策、參與聯邦國家的州數和語言的同化等聯想在一起。史都佐認為，從民族的觀點來看，黑人的問題很複雜以至於美國的民族主義帶有種族的色調。美國國內的民族主義從未跨越實用主義與情感的界限，成為社會學和政治學的理論。

史都佐的類型學以十九世紀為背景，嚴格說來這種分類方式完全沒有實用價值。早期的民族主義研究者不大懂社會學的理論，幾乎都是史實的敘述，就算勉強建立類型學，結構也會很貧乏。我查閱了數十種民族主義的文獻，只有史奈德（Louis

---

trionfo della morte）。最著名的詩作是〈藍天、大海、大地和英雄頌〉。重要劇作有：《約里奧的女兒》（*La figlia di Jorio*），和為女演員杜絲寫的悲劇《琪俄康陶》（*La Gioconda*）。他和杜絲（Eleonora Duse）之間狂風暴雨般的愛戀展現在他那部渲染情慾的長篇小說《生命的火焰》（*Il fuoco*）。卒於加爾多內－里維耶拉（Gardone Riviera）。

Snyder）一人提到史都佐的民族主義類型。[45]以今天的眼光來看，這種類型學不知作何用，但是我們沒有放棄它，就是要用它來說明早期民族主義研究者的想法，民族主義研究對他們而言仍然只是附帶性的學術。

三、赫克特（Michael Hecter）

赫克特在《遏制民族主義》一書中對民族主義橫跨時空的動力提出了一致性的解釋，對為何民族主義是現代的，為何有時包容有時又極端排外，以及誰是民族主義者，都有精闢的解釋。在民族主義的類型方面，作者認為有四種。

（一）建國的民族主義（State-building nationalism）

這種類型的民族主義通常發生在多文化傳統的國家境內，中央的統治者極力要透過政治的手段建立一個同質的文化「共同體」。從十六世紀開始英國和法國的統治者便積極地要將境內異質文化的人民納入同一文化中。建國的民族主義都帶有地緣政治的關係，因而在文化的表現上呈現包容的面貌。

（二）周邊型民族主義（Peripheral nationalism）

這種形態的民族主義通常發生在某一國家國土的邊界地區，有自己的文化傳統，為了不願被同化因而想要建立自己的政府。例如魁北克、蘇格蘭和加泰隆尼。通常這類型的民族主義會受建國型民族主義的刺激。

---

[45] Snyder, *The Meaning of Nationalism*, pp. 125-126。

（三）收復國土的民族主義（Irredentist nationalism）

這種類型的民族主義之所以產生，在於想要把鄰國的部分土地合併成自己的，因為這些地方主要的居住者乃是與本國的人民同一民族。例如蘇台德地區的德國人。[46]

（四）統一的民族主義（Unification nationalism）

此型的民族主義主要是要將政治上分裂，但在文化上屬同一共同體的領地合併成一個國家，這類型的民族主義以十九世紀時的義大利和德國為代表。這種類型的民族主義，為了讓文化與統治疆界相符合，必須建立一個包含不同國家成員的新的國家。建國型的民族主義傾向於包容不同文化，而統一型的民族主義則採取排外的立場。[47]

四、葛爾納（Ernest Gellner）

葛爾納在後期的著作中對他之前的理論做了一些重要的修正，尤其是關於由農業社會到完全成熟的工業社會的變遷。也許是受到史學家的影響，他將非族裔帝國和「大單位」（micro-units）的世界，進化到同質民族國家時代的路徑分成五個階段：

1、底線（Baseline）：在此階段，「族裔」並不重要，還

---

[46] 蘇台德區（Sudeten Germans）：蘇台德區是波蘭與捷克邊界的一片多山地帶。第二次世界大戰期間也用來泛指波西米亞和摩立維亞的德語區。1938年蘇台德區被德國人占領，1945年歸還給捷克斯洛伐克。

[47] Michael Hechter, *Containing Nationalism*（Oxford; New York: Oxford University Pr., 2000）, pp. 15-7. 另外在第五章中有更詳盡的說明，因為這本書是論文集，各章主題與內容多有重複。

沒有人想過將「族裔」與政治的正當性聯想在一起。

2、民族主義的民族統一主義（Nationalist irredentism）：此
階段的政治界限與結構都是承繼自先前的時代，但是作
為政治原則的「族裔」（或民族主義）開始運作，舊的
邊界與結構逐漸因為民族主義的壓力而鬆動。

3、民族統一主義獲得勝利並開始削弱自己的力量
（Nationalist irredentism triumphant and self-defeating）：在
此階段時多族裔的帝國開始崩解，民族主義取代了「王
朝－宗教」（dynastic-religious）的原則，成為新的政治
正當性。在民族主義的鼓動下出現了新的國家。但是，
葛爾納認為這種情勢下的國家是在自我削弱實力，因為
這些新國家與被他們所取代的大型國家一樣，都會被
「少數民族」的問題搞得焦頭爛額。

4、「夜與霧」（Nacht und Nebel）[48]：此語出現在希特勒於
1941年12月7日所下達的密令中，用來作為鎮壓德國占
領下的西歐國家內的反抗運動的方法，一種神祕行動的
措詞。在此階段所有的道德標準都會被擱置，而要求同
質性的民族主義原則將會被冷酷地貫徹執行。大規模
的屠殺和強迫性的人口遷徙代替了較仁慈的方法，如
同化。

5、後工業階段（Post- industrial stages）：這是1945年以後的
時期。民族主義的原則高度獲得實施，加上普遍性的富
裕生活和文化的聚合，使民族主義的毒害性減到最低，

---

[48] 參閱*Encyclopedia of the Holocaust*, New York: Macmillan Publishing Company, 1990.

雖然還未完全消失。[49]

　　對葛爾納來說，這五個階段看起來很有道理，似乎頗能解釋
從非民族主義到民族主義時代的變遷。事實上，就算在歐洲它也
未必完全適用。葛爾納知道他所描述的這五階段，在不同的「時
間區塊」中完成的時間不盡相同。在歐洲，像這種「時間區塊」
（time zone）有四，分別是：

1、從西到東，最先出現的是「大西洋海岸」（Atlantic sea-
coast）。在此地區，從前現代時期開始便有很多王朝國
家存在。在里斯本、倫敦、巴黎，和馬德里的政治單位
大致上都與同質性的文化－語言區域相符合。因此，當
民族主義的時代到來時，並沒有太大的疆界重劃問題。
在此區塊中，不容易發現「人種誌的」民族主義，也就
是說，對農民文化的研究（或法典編纂）不是以建立
新民族文化的利益為考量。問題的關鍵在於如何將農
民轉變成公民，而不是以農民的習性去另外創造一種
新的文化。[50]

2、第二「時間區塊」約與「神聖羅馬帝國」（Holy Roman
Empire）的疆界相符合。此區域主要由二個自「文藝復
興」（Renaissance）和「宗教改革運動」（Reformation）
以來便存在的知名高級文化所支配，亦即德國與義大利

[49] Ernest Gellner, "The Coming of Nationalism and its Interpretation: The Myths of
Nation and Class", in G. Balakrishnan（ed.）, *Mapping the Nation*（London: Verso,
1996[1993]）, pp. 111-2.
[50] 同上，頁127-128。

的文化。因此，對十八世紀時那些想要創立一種德意志文學的人來說，其實只是對既存文化的鞏固，並非真的創造新的文化。從文學與自覺的角度來說，比之法國，德國一點也不遜色，這種關係同樣也存在於義大利和奧地利的文化之間。在此區塊中所要做的事只是賦予既存的文化一個「政治屋頂」（political roof）。[51]

3、再往東走進入第三區塊情況就比較複雜了。這是唯一會經歷前述五個變遷階段的地區。在此區塊中既沒有所謂的「高級文化」，也沒有可以護佑所有人民的國家，它的特色是舊的非民族帝國和各式各樣的「鄉土文化」（folk culture）。因此，為了讓文化與政體「合婚」，於是有了民族主義，另外，還得有雙方「家長」。民族主義者要做的就是這項工作，由於經常不是很順遂，執行起來手段難免殘酷。

4、第四區塊。葛爾納認為在1918年或1920年代以後前面兩個區塊的命運開始叉開，這些帝國轄下的三分之二部分構成了第四區塊，解體的哈布斯堡和鄂圖曼帝國另外的三分之一部分則因為一種新的意識形態影響和新的統治方式，再度復興起來。葛爾納指出，1945年「紅軍」（Red Army）的勝利和大部分區塊三的土地被併入區塊四，使問題變得更加複雜。新的政權有足夠的能力鎮壓民族主義，代價是公民社會的被摧毀。因此，一旦此種制度去除後，民族主義便會大量湧現，使它的競爭者難

---

[51] Ernest Gellner, *Encounters with Nationalism* (Oxford: Blackwell, 1995), pp. 29-30.

以匹敵。此區域在「第二階段」時受到刻意的壓制，到了「第三階段」時才開始進入正常的發展路徑：「民族統一運動的民族主義」──「大屠殺或人口遷徙」──「族裔衝突減少」。

任何的分類都會被批評，葛爾納也不例外。對葛爾納理論的標準批評是：太過於「機能主義」（functionalist）。葛爾納誤解了工業化與民族主義之間的關係，對於族裔與民族情感在已開發的工業社會中的再現，葛爾納提不出好的解釋。他的模式無法解釋民族主義所激發的情感，他的整個解釋基礎太空泛、太籠統。[52]

五、席莫諾列維茲（K. Symmons-Symonolewicz）

席莫諾列維茲在1965年時寫了一篇文章，從比較類型學的觀點分析了幾種民族主義的運動。[53]他的類型學比起魏爾士或其他學者，規模上小了很多。事實上，一開始他就無意於研究各種民族主義，包括作為情感的民族主義、作為意識形態的民族主義，或作為政治計劃的民族主義，而將他的民族主義研究局限在民族主義的運動上，多數民族的民族主義及其發展的動力也不在他的研究範圍內。

首先，他將民族主義界定為：「一群聲稱是民族而且想要建

---

[52] Umut Özkirimli, *Theories of Nationalism: A Critical Introduction*（New York: Palgrave, 2000）, pp. 134-7.

[53] Konstantin Symmons-Symonolewicz, "Nationalist Movements: An Attempt at a Comparative Typology", *Comparative Studies in Society and History*, VII（Jan. 1965）, pp. 221-230.

立國家的人的主動團結一致。」他所用的詞語比較中立,不帶價值判斷:民族主義無所謂的好與壞、無所謂的自由與非自由,也無所謂的民主或不民主之分。「當我們將它看作是一種運動時,民族主義只是一系列的階段,代表一個團結的群體想要實現統一和自決的基本目的的奮鬥過程。」[54]

　　因此,大致上民族主義運動可以分成兩種主要類型:少數民族與解放運動。席莫諾列維茲認為少數民族運動的主要目標是「自保」(self-preservation),那些「真正的」少數民族,族群太衰弱、生存空間太小,要他們脫離多數民族的族群而自立,對他們來說,是不可思議的。另一方面,解放運動指的是那些有能力獨立或相信他們能夠獨立的族群才會做的事。

(一)少數民族運動的類型(Category of minority movement)

　　又可區分為兩種基本形態,即「一直主張分離的」(perpetuative-segregative)和「一直主張多元論的」(perpetuative-pluralistic)。這兩種形態的民族運動都想保存自己的文化認同,後者更進一步想要為其成員取得完全的公民平等權利,前者則不談這些問題。中古時期猶太人的民族居住區代表前一種類型。凡爾賽會議之後歐洲所簽訂的少數民族協定使少數民族的權利獲得保障,對主張多元論的民族運動來說算是個不錯的好方案。另外還有一種少數民族運動——「主張收復國土的」民族運動。大都是居住在邊界的族群,儘管他們只是少數一群人,根本不可能成功,但是仍不放棄脫離的想法。只有當與他們比鄰而居的國家想

---

[54] 同上,頁227。

要擴張領土，而且視他們為「同胞」時，這種形態的民族運動才有可能成功。

（二）解放運動的類型（Category of liberation movements）

從歷史的發展和統一的特色中又可區分為以下幾種次類型：

1、恢復型的運動（Restorative movements）：這些民族原本是獨立的，但後來被中斷了，其社會結構還很完整，未受太大的傷害，如十九世紀的波蘭和匈牙利。

2、復古主義的運動（Revivalist movements）：指的是那些政治認同在數個世紀前就消失的族裔共同體，他們必須重建歷史的傳統和社會結構。由於缺少領導階層，使他們在社會上或思想上的地位淪落到下層階級。例如法蘭德斯人、加泰隆尼亞人、芬蘭人，或十九世紀立陶宛的一些民族群體。

3、族裔的運動（Ethnic movements）：指的是那些沒有明確的歷史傳統，但是因為民主政治和自決的機制卻讓他們產生了強烈的團結感。例如拉脫維亞人、愛沙尼亞人，或非洲的索馬利亞人和吉庫猶人。

4、自治論者兼分離主義的運動（Autonomist-secessionist movements）：指的是那些地區性的群體，雖然他們與「母群體」沒有差異，但是因為分隔兩地慢慢發展出不同的特性，他們想要某種程度的自治。最終，他們要的可能還是獨立，不是自治。這些運動不算是真正的民族主義，但是一旦分離的目的達到時，便會快速朝這個方

向發展。成功的例子就是美國和許多拉丁美洲國家，蘇聯境內的一些族裔運動則是失敗的例子。

5、反殖民的運動（Anti-colonial movements）：席莫諾列維茲認為這種「民族」運動的背後其實還沒有形成民族，甚至連個文化或意識形態的單位都沒有，嚴格說來不算是真正的民族運動。其所謂的統一大部分也是負面的，目的只是為了抗拒或反對被人統治。這種「民族主義」最惡名昭彰的例子是剛果人的「民族主義」運動，以及印度尼西亞、緬甸，甚至在印度和巴基斯坦的內部不合。

6、本土文化保護運動（Nativist movements）：席莫諾列維茲認為這不是現代形式的民族主義，充其量只是民族主義最原始的形式——「仇視外人的部落意識」（xenophobic tribalism），或引用湯恩比的話：「一種對舊秩序的崩解和被征服的『狂熱』反動罷了。」[55]許多「千禧年」的運動都屬於這種類型。

席莫諾列維茲的方法，用的是社會學的概念，其基本假定為認為：所有運動的目標都是相同的，關心的是對某一群體獨一無二的忠誠。這種方法確實將歷史發展、地理區位、文化的發展、經濟的進展，以及當時的政治情勢都考慮進去。解放運動的類型涵蓋了數種當代的民族主義，和至少一種以上的古代類型。最後兩種形態的解放運動——反殖民主義的與本土文化保護主義

---

[55] 同上，頁229。

的，名稱取得恰如其分，很適合用來闡釋許多開發中國家的民族主義。

在民族主義的分類上，史學家與社會學者之間沒有競爭關係。這兩派人士都因為太過強調自己的學門的觀點，以致礙手礙腳，施展不開。史學家傾向於強調民族主義的道德評價，視民族主義主要為一種心態；社會學者幾乎不自覺地以社會運動作為民族主義的基礎。席莫諾列維茲很能體認這種困難，因此，他才能正確地調和這種兩方法。

史密斯批評席莫諾列維茲的類型學，認為從「多中心的」角度，或就席莫諾列維茲自己的民族主義定義來看，少數民族運動都不能列入民族主義的範疇。這些運動很少會宣稱自己是個民族，它們也不渴望成為「國家狀態」。事實上，它們之所以要求自治只是在完成最終的「民族狀態」或「國家狀態」進程中，策略性的第一階段，這兩種狀態必須更清楚地詳加說明。同樣地，「現代論者」與「傳統論者」的形態也須進一步解釋。

六、史密斯（Anthony Smith）

利用孔恩的「二元論」哲學為基礎，史密斯建立了一套相當複雜，而且無所不包的類型學。在孔恩的分類中，民族主義意識形態分成理性的和有機的兩種版本，史密斯將它轉化成「領土的」和「族裔的」兩種類型（根據孔恩「西方的」（公民－領土的）和「東方的」（族裔－宗譜的）。他的類型學考慮的因素太多，或許是因為他太善於批評其他學者的分類方式，清楚地了解各種類型的優缺點，為了避開批評，史密斯經常得先設定一些條件與前提，或縮小定義的範圍。但是他所舉的例子卻又多到涵蓋

古往今來的各種族裔、民族與國家。他所編輯的「民族主義運動類型表」規模龐大，很難超越。但話又說回來，看不出這份清單有何價值，從目前所掌握的文獻來看，學者甚至不願提出批評。誠如史密斯自己所說，他的類型學也不是詳盡無疑，還是有很多著名的民族主義例子無法納入。

首先，正如一般社會學家一樣，民族主義對他們而言是一種「運動」，因此，所謂的「民族主義」其實就是「民族主義運動」。全世界的民族主義運動可以按照以下兩種準則來進行分類：「形式的」（或「外在的」）與「實質的」（或「內部的」）。第一組準則關心的是民族主義運動的「強度」與實現目標的相對「成就」。第二組準則關心的是產生這些目標的「處境」和「假定」，在民族主義運動中這一組準則較複雜也較重要。從「早期的」到「先進的」中間並沒有明確的分水嶺，判別的標準可能是此運動是否公開以「民族狀態」為訴求，或者努力地朝向自治和整合的目標在邁進。許多學者認為「早期的」形態不算是民族主義，因為在這種個案中民族主義的理想只是隱約的概念或漫不經心的想法，強度不足以被稱呼為「民族主義運動」。至於目前還在進行中的民族主義運動，結果尚難預料，可能走向解放或整合。史密斯認為，大致上來說，「形式的」準則屬於史學家所用的方法。

由於民族主義者的目標在為其族群取得「民族的狀態」，因此他們必然要問：我的族群是否已經處於「民族的狀態」？如果答案是肯定的，那麼，又該如果去維持這種狀態？他們的所做所為是否像是「獨立的」民族？這就是所謂「獨立」的準則。民族主義者提出來的第二個問題是：我的族群有哪些特色，能夠讓

別人清楚了解我們是一個「民族」，讓自己人相信已具備了自治的目標？為了讓人信服，民族主義者必須提出一些社會學上的證據，因為這種證據才有可能吸引那些「門外漢」。這類證據通常對於族群都有凝聚效用，例如共同的風俗習慣、可資判別的語言或宗教、自然的疆界或獨特的政治歷史。換句話說，經由確認某種程度的族群特色來判定族群存在與否。這就是所謂的第二種準則——「特色」。

因為「特色」先於「獨立」，史密斯先依「特色」的準則將民族主義分成兩種類型：

（一）族裔民族主義（Ethnic nationalism）

這種類型的民族主義建立在原先便已存在的同質「實體」上，一個可以辨別的文化單位。對民族主義者來說，要盡一切力量來保護和加以培育。因此，族裔民族主義者最重要的工作便是確保族群文化認同的延續，作法是讓族群獲得政治上的地位和保護成員的生命安全。在當前的局勢下，族群要保有其政治地位唯有建立一個與別人不同的政治組織（或稱「國家」），才能抗拒外來敵人的干預。由此看來，對這種類型的民族主義來說，「獨立」只是一種為了成就文化目的的手段。

（二）領土的民族主義（Territorial nationalism）

這種類型的民族主義產生於被強加的政治實體中，沒有共同的明顯文化認同需要保護。因此，無法讓他們成為社會階級或聯盟形態的運動，以對抗異族的壓迫者摩擦點在於認定了統治者是「異族」。對民族主義者來說，他們的工作就是從「異族」的統

治者手中接管政治的機構，以自己規劃的行政單位作為未來「民族」的基礎。向那些持懷疑態度的人證明自己族群的「民族狀態」，最好的辦法就是儘快從殖民統治者手中取回自治主權。在殖民地的例子中，「獨立」有其直接的政治機能，因而這種民族主義被定調為政治的類型。

另外，也有可能出現一種近似妥協的觀點，立場介於「族裔的」推動力和「殖民地」的方向之間。這種類型的民族主義稱為「混合型的民族主義」（mixed nationalism）。

在這三種形態底下又可細分出多種次類型，這是因為民族主義者的願景不同，每一個「被挑選出來的」族群的處境也不相同。因此，在論述這些次類型之前，必須先對這些處境加以說明。史密斯歸納出七種處境：

1、該「族群」沒有既存的文化聯繫，整個群體係由許多小型的族裔所組成。例如：坦尚尼亞、塞內加爾。

2、該「族群」具有同質的文化，但是壓迫者一樣也共享他們的文化或其中部分的文化。例如：拉丁美洲和被英國殖民的一些國家。

3、該「族群」係由一個以上「具戰略價值的」（strategic）文化群體和一些少數民族群體所組成。例如：蓋亞那、肯亞、緬甸、印度、迦納與奈及利亞等地的情形。

4、該「族群」雖然有同質的文化，但是卻被併入一個隨時想用合併的手段將他們的文化認同摧毀的政治體中。例如：挪威、比利時、喬治亞、哈薩克、立陶宛人。

5、該「族群」在文化也是同質的，但是卻被不同的「壓迫

者」所併吞或分割。例如：波蘭、索馬利亞和義大利。

6、該「族群」是文化界定上的一個實體，涵蓋的範圍比現存的政治單位還大。現存的許多國家都是該文化體的補綴品。例如：阿拉伯語群和突厥語群地區、非洲與拉丁美洲文化區塊、黑人與斯拉夫人的後代居住區，以及泛伊斯蘭宗教區。

7、該「族群」表現了足夠的文化特徵，已經可以說處於「民族」的狀態，但是其成員卻散居在不同的政治體中，人數比例相當大。例如：希臘人、亞美尼亞人，和猶太人。由於他們的文化意識已經根深柢固，加上符合個別統治者的要求，因此想大規模的加以同化成為「東道主」共同體的成員，一直是非常艱辛的工作。

以上七種族群的處境，其實就是七種民族運動的類型，但是因為有一些處境是重疊的或可以與其他類型共享，因此，史密斯分別就前述的三種以「特色」為準則所劃分的類型，再細分數種次類型。

1、「領土的運動」（Territorial movements）

（1）異質文化的類型（Heterogeneous type）：符合第一項處境。此種運動的目的是要從殖民者手中接管政權，以一種比舊族群認同更廣闊的新認同名義。雖然他們會從古代歷史的先例中找尋正當性，但是這種新認同無疑是全新的概念，是一種政治導向、偏好政治的認同，與傳統社會小規模的文化認同完全

背道而馳。從這些「族裔」民族主義者的觀點來看，這種運動似乎像是一種為了對抗共同的敵人（暫時性）的族裔群體的結盟。

(2) 跨越文化的類型（Cross-cultural type）：符合第二項處境。在這些運動中，想從殖民者手中獲取獨立的願望強調的是地緣與政治的差異性。這是因為文化，或文化中的大部分跨越了殖民地與母國的政治界限。例如語言（英語）讓愛爾蘭、美國，和多明尼加與英國結合在一起、海地與法國、巴西與葡萄牙、拉丁美洲與西班牙等。從這些民族主義的觀點來看，在這些個案中「文化」是一種對外的「第五縱隊」（fifth column），[56]在內部則沒有障礙。最明顯的解決辦法就是建立一種對抗文化，這需要花很多時間，而且還得灌輸一種政治上的全民意志，遠水救不了近火，最方便的還是取得政治上的「自治」（self-rule），否則根本沒有機會將族群的文化予以「個性化」。

2、「混合的運動」（Mixed movements）

這種類型符合第三種處境。包含許多種類，如「單一族群」、「雙重族群」和「多重族群」。其次類型可在緬甸、蓋亞那和肯亞、奈及利亞與印度找到。雖然可以從不同的人種上來建立複雜的分類法，但結果往往因

---

[56] 第二次世界大戰初期，人民大眾稱同情敵人並可能積極幫助入侵者的人為「第五縱隊」。最早原指1936年西班牙內戰期間馬德里同情叛亂的人。當時叛軍四個縱隊向馬德里進軍，因而有第五縱隊之說。

為過於複雜和無常，導致成效不如預期。更重要的是在描述民族主義運動的方向時，經常會發現其雙重性：一方面傾向於殖民單位，另一方面則傾向於「具戰略價值的」族群，這種曖昧性使這種形式的運動很難定位。

3、「族裔的運動」（Ethnic movements）

這種類型符合第四、七項處境。民族主義者在面對這種「矛盾」處境時會採用以下幾種形式的運動：

（1）「分離」（Secession）：這是較大型政治單元內一些聲稱他們代表文化同質的族群最常用的運動進程，旨在脫離該政治單位組織自己的國家。這種被併入帝國內的處境被民族主義者解釋為「違反自然」。不像「領土的」類型，他們的獨立要求係建立在被殖民的人民想要選擇自己的統治者或統治方式的意願，不論這種意願是真實的或聲稱的。「族裔的」形式則是從一種「三段論」（syllogism）的結論來解釋這種民主的「自決權力」。這種權力變成了實現此重要前提的義務：唯一的歷史事實就是文化上的「民族」。在許多「分離」的個案中，「民族」不僅僅具同質性而已，在文化上也是獨一無二的。例如：在挪威、拉脫維亞、巴基斯坦、烏克蘭，或捷克人、韃靼人、撣族、亞述人和不列塔尼人。通常最能代表「獨特性」的是語言（與風俗），宗教反而會將某一族群與其他族群隔離開來。史密斯認為分離主義者經常會與較大型的「泛運動」相結合，他們要劃清界線的是與統治當局的

關係，與鄰人的文化差異反倒是其次。

（2）「離散異邦的民族」（Diaspora）：與前一種形態
相比較，這種民族主義相當少見。與「分離」的形
式一樣，它們也面臨被「合併」的命運，但是從民
族主義者的觀點來看，他們的處境更艱難，因而有
時候使用的方法也更激進。因為這種形態係由離散
在各個大型國土內的族群所構成，幾乎都是小型的
共同體，「東道主」國家對待他們的方式也不盡相
同，他們猶如被絲線串起來的各種形狀和顏色的念
珠。他們也許會獲得自治，但沒有任何一個共同體
能夠在異邦人統治的國土內建立一個分離的國家。
要想將文化繼續保存下來，唯一的方法就是撤離充
滿敵意的「異邦」，回返「古代的祖國」。這方面
的例子有：猶太復國主義、黎巴嫩人、賴比瑞亞
人、希臘人和亞美尼亞人。

（3）「民族統一主義」（Irredentism）：符合第七項處
境，是「分割」也是「合併」。除了分離主義的目
標外，許多這類型的運動走的是另一條相反的道
路，要將所有的同胞統一在一個國家內。該「族
群」的成員居住在其他政治單位的疆界內，沒有
全部集中在國民主體所居住的地方。「民族統一運
動」會不斷呼籲同胞聚集在一個主要的區域，有點
像「離散異邦的民族主義」，但是同時也渴望擴
張同胞生存的空間。這是一種領土上的補綴品，
波蘭與保加利亞是很好的例子，代表一種領土的

「民族統一運動」（*irredentismo*），強化其原始的分離主義。

（4）「泛」（Pan）：這種類型與前面各種類型的差別在於雖然二者都想要建立文化的統一，但符合第六項處境的「泛」型運動的民族主義者，更想將不同的政治單位統一在一個較大規模的文化區域內。但是這並不意謂所有的對象都是已獨立的政治單位，他們訴求的對象也有可能是帝國之內的「省份」，或被統治的鄰近殖民地，或封建制度留下來的那些「侯國」，例如德國與義大利的情形。某些個案中，「泛」型運動與「民族統一運動」之間不易明確地劃分，例如蒙古人與義大利人。但是他們共同的特色是反對「巴爾幹化」，[57] 他們的願景是建立一個文化的「超國家」（super-state），所包容的人口數通常會很龐大。

史密斯接著再以「獨立」的準則區分幾種獨立前和獨立後的民族主義運動類型。前面的這些類型可以視為獨立前的運動，對那些民族主義者來說，運動的目的在於擺脫「不友善外人」的控制，儘速獲得自治。獨立後的民族主義運動有兩個範疇，一種發生在長久以來便是主權獨立的國家，另一種發生在新近獨立的國家中，前者的主要類型有兩種，後者的類型有三種。

---

[57] 參閱Eric Hobsbawm著，李金梅譯，《民族與民族主義》（台北：麥田出版社，1997年），頁39。「巴爾幹化」一詞原指土耳其帝國在獨立風潮之後，分裂成許多敵對小國的情形。與另外一個名詞「小國林立」（Kleinstaaterei）都是政治學的專有名詞，基本上都帶有貶損之意。

1、老牌主權國家

（1）「維持」（Preservation）：一個文化上有明顯界限
的族群想要利用差別待遇的文化混合和同質化的策
略確保他們的統治特權，有點像印度社會的「種姓
制度」。另一方面，他們是整個大群體中對抗外在
世界的主要領導者。例如衣索比亞的阿姆哈拉人、
阿富汗的帕施圖人，一方面想保有自己的文化和政
治優勢，一方面又想建立整個衣索比亞和阿富汗的
民族認同，要把他們自己族裔的文化變成全體族群
的文化。

（2）「復興」（Renewal）：這種民族主義發生於文化
同質的族群中，通常是由那些被摒除於主要權力核
心之外的人先發難，對象可能是不適任的統治者或
政權。例如清教徒革命、中國的革命（孫中山）、
法國革命、波斯的革命、瑞士（十八世紀），與土
耳其的革命等。這些運動都發生在獨立的政權中，
其文化幾乎也是同質的。面對資本主義、工業化的
衝擊，加上統治者的政策和作為無法滿足人民的需
求，於是讓民族主義者覺得必須在「政治統一體」
中注入新的精神和道德規範。

2、新近獨立的國家

（1）「整合」（Integration）：這種運動的目的是要將
一些「異類」的文化群體加以結合。在這些運動中
會涉及到將古代或衰敗的社會加以活化，使之再度

年輕起來的作為。但是，構成這種新現代文化和社會的基礎卻是政治的運動。「族裔的」民族主義在獨立後必然會想要進一步結合同民族的人民，或是聚集他們；「分離」和「離散異邦族群」的運動則比較關心文化和經濟的個別性和生存；「泛」型運動與「民族統一主義」注重的是經由擴張所帶來的權勢。只有「領土上異質的」運動才會真正關心「團結」與「同胞愛」，以它們作為對抗社會碎裂的「解毒劑」。

(2)「保護主義」（Protectionism）：這種運動通常出現在「文化跨越領土」型的運動中。雖然未能宣稱文化的個別性，但是卻狂熱地想要維護好不容易得來的獨立。這類運動強調以經濟的自給自足來對抗強國的競爭，主張「保護」的民族主義者（例如在今天的許多拉丁美洲國家）會不斷地提醒其人民凡事要靠自己，要承擔犧牲的責任，用這種方法來突顯族群的界限和認同。

(3)「擴張」（Expansion）：這種民族主義通常是「族裔的民族統一／泛」型運動的延續。基本上它不能單獨成為一種類型，除非將它與「帝國主義」結合在一起，放在同一標題下。

史密斯的「民族主義運動」類型涵蓋面太廣闊，所舉的例子無法驗證，大部分的個案都是跨越很多類型，雖然他所繪製的表格相當詳盡，事實上對我們理解民族主義的類型反而造成負面

效果。史密斯將民族主義運動的類型闡釋得如此細緻，但反諷的是很少人會引述他的類型學。當奧茲克里姆談到這種類型學時，引用的資料卻是史密斯在1991年出版的《民族認同》中精簡的版本，史密斯將民族主義運動的類型簡單地分成「領土的民族主義」（Territorial nationalism）與「族裔的民族主義」（Ethnic nationalism），底下再分成獨立前和獨立後的情形。[58]可能是為了節省篇幅，也可能覺得「例子」的問題太多，乾脆就省略了。能將這些個案詳加敘述的只有布宜利，如果史密斯的類型學是「形式的」，那麼布宜利的類型研究便是「實質的」。

七、布宜利（John Breuilly）

在《民族主義與國家》一書中布宜利論述了超過三十種的民族主義個案，包含不同的歷史時期和不同的大陸。誠如席莫諾列維茲所說，很多人不同意布宜利將民族主義界定為一種政治形式，但是對於他所建立的類型學規模大都持肯定的態度，稱讚此書是「有價值而且好用」的參考資料。[59]

布宜利將民族主義分成兩種範疇：「非民族國家體係內的民族主義」和「民族國家世界的民族主義」，底下再細分為「統一的」、「分離的」和「改革的」三種類型。

---

[58] Smith, *National Identity*, pp. 79-83。
[59] Konstantin Symmons-Symonolewicz, "The Concept of Nationhood: Toward a Theoretical Clarification", *Canadian Review of Studies in Nationalism*, XII（2）（1985），p. 359.

（一）非民族國家體系內的民族主義

1、「統一的民族主義」（Unification nationalism）

布宜利主要研究的是十九世紀的歐洲，他以德國、義大利和波蘭為例。德國與義大利的統一運動都涉及對奧匈帝國的戰爭，也都是由一個主要的「國家」來領導，並且訴諸於歷史，企求從古代的傳統中找到能夠說服他人的正當性，結果都成功了。但是波蘭的統一運動卻失敗了，原因是波蘭的土地被好幾個國家占領，如果必須訴諸於暴力，他們只有兩條路走：暴動或戰爭。它的歷史正當性只能回溯到十八世紀的波蘭王國，問題是該王國並未消失，導致正當性的力量被削弱了，最後以失敗收場。成功與失敗未必能夠闡釋民族主義的重要性，布宜利認為從某些方面來看，波蘭的民族主義運動的力道和價值超過義大利與德國。[60]

2、「分離主義的民族主義」（Separatist nationalism）

布宜利只對十九世紀歐洲的哈布斯堡和鄂圖曼帝國境內的民族主義運動進行分析，對其他發生在英國、北歐，和俄國境內的分離運動未加解釋。他的理由是：兩個「多民族」的帝國不但對個案研究很有幫助，而且經由比較它們之間的異同可以獲得很有用的資訊。兩個帝國的邊界是重疊的，統治的人民多數來自相同的「民族」。我們將會發現在這些民族主義的運動中，「民族

---

[60] Breuilly, *Nationalism and the State*, p. 96.

性」的問題始終是個重要因素。兩個帝國境內的民族主義運動最大的差別在於：在哈布斯堡帝國境內「合作」與「動員」的內部機能較重要，民族主義意識形態的發展已經成熟。在鄂圖曼帝國境內「正當性」的外部機能較重要，大部分運動的意識形態正當性被來自其他地區（尤其是哈布斯堡帝國）的民族主義者的理念所取代。雖然內部機能的發展較弱，但是整體而言，鄂圖曼帝國境內的民族主義比哈布斯堡帝國境內的民族主義運動更為成功，至少在1918年之前情形是如此。布宜利所選的個案研究包括馬札兒人、捷克人、羅馬尼亞人和塞爾維亞人、希臘人和保加利亞人。[61]

3、「改革的民族主義」（Reform nationalism）

　　布宜利以土耳其、中國，和日本為例，這些國家雖然深受西方世界的影響，但在政治上並未受西方列強的控制。與西方的接觸有助於產生某種與「反殖民的民族主義」有關的特質，但是真正促成改革的動力係源自社會的內部：反對各種形式的經濟操控和外國自以為是的文化優越感；想要將改革過的獨立國家與國家認同結合在一起。在經濟和文化事務方面，這些國家的處境容易被當作與一般被殖民的社會一樣，處於殖民地的狀態。然而，也因為政治並沒有被控制，不是真正被殖民的國家，以至於民族主義運動的訴求失去著力點。在被殖民的國家中民族主義運動必須設法改革社會並接管政權，

---

[61]　同上，頁123。

但在獨立的（至少形式上）國家中民族主義的運動則必須將國家制度脫胎換骨，才能更有效率地運作。從一開始，這種形態的民族主義就比「反殖民的民族主義」更為實在和深思熟慮。改革的焦點通常放在軍事方面，只有「強兵」才能面對西方列強的直接挑戰。以日本為例，其民族主義運動最成功，民族主義者的價值觀完全可以適應於非西方的國家。土耳其的情況差強人意，改革的民族主義要想成功只有推翻鄂圖曼帝國。在中國，1911至1937年間的民族主義運動獲得了初步的成功，但是在與共產主義的衝突中卻徹底失敗了。事實上，中國的共產主義本身也具有某些民族主義的特質。[62]

（二）民族國家世界的民族主義

1、「聯合民族主義」（Unification nationalism）[63]

布宜利以「泛非主義」（Pan-Africanism）和「阿拉伯民族主義」（Arab nationalism）為例，這兩種民族主義運動都是由知識分子所領導的「領土型民族主義」。「泛非運動」符合這種民族主義觀點：受西方「正義」與「公平」價值觀影響的知識分子利用民族主義運動來對抗西方社會，因為西方國家沒有依照這種理念來對待他們。「泛非運動」的策動者往往是生活在海外或西非

---

[62] 同上，頁230-231。

[63] 英文字詞的unification，中文譯為「統一」或「聯合」。從布宜利的分類來看，既是民族國家世界的民族主義，自然是已統一的國家，用「統一」一詞不恰當。加上以布宜利所舉的例子，明白顯示是一種「聯合」關係，因此本文譯為「聯合的民族主義」。

的知識分子，受到美國和西印度群島的黑人的支持。這種民族主義運動有其意識形態的重要價值，它幫助非洲黑人名正言順地來批駁西方優越的各種聲明，但是因為缺乏明確的政治架構來運作，「泛非主義」容易流於空泛，難以聚焦，導致注意力被轉移到文化的議題上。

2、「改革民族主義」（Reform nationalism）

　　對布宜利來說，將民族主義加以分類的意義不大，他看重的是個案，「類型學」猶如「政治屋頂」，沒有到非要不可的地步。他所舉的個案與傳統的分類方式出入很大，以「法西斯主義」為例，多數學者否認它是一種民族主義，但在布宜利看來，這種意識形態代表德國、義大利，和羅馬尼亞的改革民族主義。這種極端右派的民族主義開始於第一次世界大戰之後，係對社會主義和工人階級組織的反動。在義大利有墨索里尼與「法西斯黨」、德國有希特勒和「納粹黨」。羅馬尼亞比較落後，其改革運動傾向於傳統、保守與威權的形式，但是布宜利強調法西斯主義在這個國家的發展仍然值得注意。[64]

3、「分離主義的民族主義」（Separatist nationalism）

　　又可再分「新近成立的民族國家」和「先進的民族國家」兩種情形。前者因為國家剛成立，一切都還很虛弱與不穩定。「分離主義」的運動不受歡迎，尤其是其他新國家，它們會擔心這種效應延燒到自己身上。面對

---

[64]　同上，頁288-306。

內部的分離運動，新國家往往得尋求外力的協助，甚至是以前的殖民國家如英國。這種類型的「分離主義」通常被視為「部落主義」（tribalism），一個負面的用語，暗指這種運動係建立在語言或前殖民地時代的社群認同上，不是對新近成立的國家之忠誠。這類民族主義運動多數發生在非洲，奈及利亞的情形是最好的例子。至於老牌的民族國家，像英國、法國、西班牙和加拿大都有「分離主義」運動在進行。布宜利認為蘇格蘭的例子最特殊，從十九世紀到1914年蘇格蘭民族主義一直要求某種程度的「自治」，但是一直未獲商人和地主階級與一般大眾的支持，這種情形持續到1920年代以後，「蘇格蘭民族黨」（Scottish National Party，簡稱SNP）成立後，情勢整個改觀。另外的一些例子則發生在經濟較先進的地區，例如巴斯克和魁北克的民族主義。巴斯克的民族主義意識形態始於十九世紀末，在佛朗哥（Francisco Franco）時代巴斯克被併入西班牙，自此巴斯克的「分離運動」便未曾間斷，佛朗哥之後的政府允許巴斯克人擁有某些地方自治權，但較多的巴斯克人乃追求獨立建國。魁北克的情形與巴斯克不同，在1945年之前魁北克還是個傳統天主教的農業城市，相較於其他說英語的地區，魁北克的經濟狀況顯然較落後。魁北克的民族主義帶有反現代主義的傾向，大部分的支持力量來自天主教會。1960年魁北克出現強烈的分離運動，但是1980年的公民投票反對脫離加拿大。[65]

---

[65] 同上，頁331-333。

八、霍爾（John A. Hall）

霍爾在〈民族主義：分類與解釋〉這篇文章中介紹了一種奇特的分類方式。他利用各種民族主義發展的特有邏輯和社會支撐做基礎，建立一套涵蓋五種範疇的類型學。標題名稱頗為奇特：「反社會的社會之邏輯」、「由上而下的革命」、「機會庇佑的慾望與恐懼」、「民族復興運動的民族主義」、「完整的民族主義」。[66]

（一）反社會社會之邏輯（The logic of asocial society）

這句話源自康德（Immanuel Kant），原先用以指稱西北歐地區文明化的情形：「多極化」與「獨特性」的結果導致國家之間永無止境的競爭。霍爾用這種理論來批駁葛爾納，認為葛爾納未能解釋何以民族主義會在十八世紀時首先在英國和法國出現。民族情感早於工業化時代的來臨，這種形態的民族主義可以稱為「反社會的社會邏輯」（必然結果）。德國史家辛茲（Otto Hintze）和社會學家提利（Charles Tilly）將這種觀點加以理論化。他們的研究發現正如國家發動戰爭，戰爭也會促成國家的出現。國家之間的軍備競賽需要更大的財政資源，各國的國君被迫去結合各方面的勢力以獲得金援。在這樣的前提下，國家有了使用暴力的正當性，得以強化其對人民的統治。曼恩（Michael Mann）的理論最能闡釋這種類型的民族主義。

---

[66] John A. Hall, "Nationalisms: Classified and Explained", *Daedalus,* 122（1993）, pp. 7-14.

（二）由上而下的革命（Revolution from above）

從這篇文章中可以看出來霍爾受到曼恩觀念的影響。曼恩認
為不是法國大革命將民族主義傳到歐洲各地，而是因為法國在歐
洲各地的統治，為了維持軍隊而強行徵稅引發了各國的反抗，從
這種反抗運動中才產生了民族主義。霍爾引述克勞塞維茨（Carl
von Clausewitz）《戰爭論》（*Vom Kriege*）中的話來闡釋這種類型
的民族主義：「突然間戰爭再度成了民族（people）關注的事，
一個有三千萬人口的民族，所有的人都認為自己是公民……，整
個民族都參與了戰爭，不單單只有政府與軍隊，整個民族的力量
全部投入。資源變成取之不竭、用之不盡。如今再也沒有任何事
能夠阻礙遂行戰爭的氣勢。」[67]

（三）機會庇佑的慾望與恐懼（Desire and fear blessed by opportunity）

首先，這種類型的民族主義發生在拉丁美洲，許多新國家的
建立起因於各種形態的民族主義。對這些民族主義運動來說，到
處充滿機會，但「是福是禍」就很難說了。獨立是他們共同的慾
望，思想來源有二：一方面是啟蒙運動的理念（經由美國獲得，
多於西班牙），如自由、理性與秩序。另一方面是對中心都市的
醒悟（既腐敗又落後）。想要獨立必須先排除兩種力量：在經濟
上擺脫西班牙的剝削，在社會上從西班牙人手中接下統治權。對
克里奧爾人（Creole，在美國路易斯安那州出生的法國後裔）來

---

[67] 引自 Hall, "Nationalisms: Classified and Explained", p. 8。

說：「相信自己比那些在新世界出生的白人還優秀。」這種自負的另一面便是恐懼。克里奧爾人是少數族群，屬於金字塔頂端的社會階級，底下還有眾多的印第安人和斯拉夫人，他們所享有的土地和特權係建立在這些人的沉默上，法國大革命的口號讓他們相當驚恐。雖然尊崇啟蒙的理想，但總不能因此放棄土地或賠上自己族群的性命。這就是這種民族主義的矛盾。

（四）民族復興運動的民族主義（Risorgimento nationalism）

這種民族主義最大的特色就是它是一種「由下而上」的運動。羅奇在《歐洲民族復興的社會先決條件》一書中論述了這種民族運動的三個階段：民謠的蒐集者、民族主義的意識形態家、到最後的階段——文化的復興變成政治上的要求。[68]羅奇的民族主義現象學雖然沒有詳細說明何以文化的民族主義會變成政治的民族主義，但是霍爾認為只要對捷克的史家帕勒基（František Palacký）和赫德的生平稍加研究便可以了解這種變遷。這種「由下而上」的運動來自兩種力量的發展：（1）十九世紀歐洲受教育人口的大量增加，這種情形通常在國家尚未開始對境內人民進行整合之前便已出現。（2）經濟的發展使大量的人口流向都市，傳統遭到割斷的這群人最容易被民族主義的宣傳所誘惑。霍爾認為這種民族主義也稱「自由的民族主義」，因為它強調對民主政權的公民忠誠，不是忠於自己的族裔。

---

[68] Miroslav Hroch, *Social Preconditions of National Revival in Europe*, Cambridge: Cambridge University Press, 1985.

（五）完整的民族主義（Integral nationalism）

　　這個名稱是莫哈所發明的，而他本人也是這種民族主義的最佳闡釋者。一般說來，這種民族主義被認為是對《凡爾賽和約》的反動，是一種「非自由的」民族主義，其發展顛峰就是德國的國家社會主義。它的支持者認為人類不再需要「民族」這種「甲殼」，世界主義只是一種發燒引起的神話，人們應該以自己的「血統」來思考。諾特（Ernest Nolte）是這種民族主義的理論家。

　　基本上，霍爾的分類法沒有創意可言，這些標題看起來很特別，其實只是將內容中敘述的語句拿來當標題罷了。在霍爾的類型學中看不到社會學者常用的「族群」和「運動」的基準，這種類型學只能算是一種「現象描述」。舉證太過薄弱，說服力不足，不是完整的類型學。尤其是後面二種類型的論述，可以說只是歐特的類型學之摘要。

九、歐特（Peter Alter）

　　1993年歐特出版《民族主義》一書，據作者在前言中所說，本書的目的在檢視作為一種通稱的政治與歷史現象的民族主義，在不同的時空下有哪些形式。包括十九世紀時的民族主義、兩次世界大戰期間的民族主義、對抗拿破崙解放戰爭時期的德國民族主義、1871年以後和「第三帝國」時期德國的民族主義，以及1989年以後開發中國家的民族主義。在歐特看來，民族主義指的是最近二百年來塑造歐洲乃至世界歷史的一股政治力量，其重要性不下於「自由」、「代議政治」等理念，更遑論「共產主義」

了。歐特認為共產主義的垮台，使我們有理由相信民族主義將會繼續成為一種普世的歷史原則，直到下一個世紀來臨會一直影響國際關係的結構和國家內部的秩序。認為民族主義是一種脫序的政治行為，或是將它當作一種不可避免的短暫歷史現象，都是無知的看法，沒有注意到民族主義對政治歷久不衰的影響力。

民族主義所涉及的概念、期望，與經驗範圍太廣泛，希臘人有希臘人的民族主義，不列塔尼人有不列塔尼人的民族主義，[69]他們的態度經常是南轅北轍，問題的癥結常是因為定義的混淆。歐特雖然還是無法避免惡名昭彰的定義問題，但是他認為直接從類型學著手可以免除「好與壞」的價值判斷弊端。他將類型學建立在歷史的與功能的基礎上，分成二種基本的類型：「民族復興運動的民族主義」與「完整的民族主義」，至於「改革的民族主義」則是前一種形式的另一種版本。從類型學的角度來看，這種分類方式會被批評為過度簡化，事實上歐特的民族主義研究係承續「二元論」的思考模式，他的類型學是在「解放與壓迫」的架構下來進行的，對某些學者來說，民族主義只有一種：被壓迫的民族尋求解放的運動。壓迫他人者不需要民族主義，沒有壓迫就不會有民族主義。歐特的類型學便是基於這種觀念邏輯。

（一）民族復興運動的民族主義（Risorgimento nationalism）

這種民族主義通常也被稱為「自由的民族主義」、「真正的民族主義」或「民族主義最初的形式」。可以作為一種媒介，促

---

[69] 參閱Peter Alter, *Nationalism*（London: Edward Arnold, 1994），pp. 16-8。作者舉了兩個例子：一個是希臘人Prince Alexander Ypsilantis的一段話和英國出版商Gollancz的一段話，代表兩種對民族主義的不同評價。

成大型社會群體的政治融合。十九世紀義大利的民族主義是這種民族主義的歷史典範，最終的目的是社會與政治的解放，擺脫被壓迫的命運。因此，可以明確地發現它包含了一種自由的意識形態，是一種對抗現存政治體制的抗議運動，對抗一個不斷在壓抑他們的民族傳統，使它無法發展的剝削政權。民族復興運動的支持者強調每一個民族都平等，民族的成員享有同等的權利，同等的自治和發展權利，在他們心中個人的自由與民族的獨立息息相關，缺一不可。舉例來說，十九世紀初期德國的民族運動本身也是一場追求自由的戰鬥。1822年1月27日「希臘憲政國民大會」發表〈歐洲民族宣言〉，其中有一段話這樣寫著：

「我們現在所進行的這場對抗土耳其人的戰爭，不是派系之爭，也不是叛亂行為。我們的目的是為了所有希臘人的利益，這是一場民族戰爭，一場為尋回個人自由、財產與榮耀權利的戰役。因為有這些權利才使歐洲人變得文明，我們的鄰人一直擁有它們，可是鄂圖曼專制的君主竟對它們充耳不聞，殘酷地從我們身上將它們剝奪了，一想到這樣就會讓我們喘不過氣來。」[70]

總的說來，「民族復興運動的民族主義」（特別是其初期的形式）都贊成聯合被壓迫者，共同來對抗壓迫者的團結宗旨。但用意不是要讓民族與民族相鬥，而是要結合所有的民族對抗專制君主，不論他是小國的國君、整個王朝體制或多民族的帝國：人民的神聖同盟面對國君的神聖同盟。十九世紀的民族運動除了獲得思想上的支持外，在某些個案中也激勵了人民實質的參與，到了這個階段民族主義才不會再發生相互牴觸情形。如同二十世紀

---

[70] 引自Alter，*Nationalism*，頁19-20。

反殖民的解放運動，十九世紀上半期的民族主義者自成一種「國際」（international）。心裡念念不忘民族的歐洲人，在希臘人對抗鄂圖曼帝國的戰爭中獲得了鼓舞，圍繞著「希臘再生」的政治狂潮席捲各個壓力團體，這股偏好希臘的熱情，造就了不少文學與藝術的作品，英國詩人拜倫（George Byron）是最著名的例子。1823年他加入了希臘人反抗土耳其統治的起義隊伍，第二年便因瘧疾而死。

「民族復興運動的民族主義」的例子，最著名的是十九世紀和二十世紀初的義大利和德國，以及後來的希臘人、捷克人、芬蘭人，和愛爾蘭人。波蘭人的民族運動則是一種兼有分離主義和統一野心的民族運動。歐持指出我們不要太過一廂情願地認為「民族復興運動的民族主義」是一種普世價值，事實上它的「敵人」還不少。這種運動的支持力量主要來自中產階級，他們想要政治的解放。但對那些「現狀」的維持者（包括專制君主、地主貴族、官員、軍隊、高級教士，乃至大學），任何形式的變遷、革命和現代性對他們都是一種傷害。[71]

（二）改革的民族主義（Reform nationalism）

這種民族主義主要興起於十九世紀後半的亞洲。某些方面與「民族復興運動的民族主義」很像，都追求某種形式的國家再生。不同的是「改革的民族主義」產生於現存的國家體制之中，通常這些國家的經濟、科技，和軍事各方面都比西方列強弱勢。

---

[71] 同上，頁59。

雖然大多數古老的亞洲國家並沒有被西方列強直接統治，但是與「西方國家」（the Occident）的接觸卻喚起了一種類似二十世紀反殖民統治的民族主義。「改革的民族主義」基本上是一種「防衛」的心態，堅持自己的傳統價值以對抗外來的經濟控制、文化影響和政治監管。民族主義者會研究並採用西方的模式，在現行的社會體制下促進政治與經濟生活的現代化，提升行政結構的效率。透過社會、經濟與軍事力量的改革，一方面保存了傳統的社會價值和規範，另一方面可以保障國家的獨立。這項建立現代化民族國家的艱巨工作，必須借助於西方的一項工具——民族的意識形態。歷史上最著名的改革民族主義例子當屬土耳其和日本，以及限定條件下的中國、埃及與1921年之後的伊朗。

擔負這些國家改革重任的人通常都是傳統的統治階層：上層官僚、貴族與軍方。剛開始時，改革的壓力幾乎都指向軍事與行政體系，目的只是想抵抗西方的軍事威脅。但是這種單面的改革很快就證明不合適，現代化的計劃必須是全面性的。為了化解保守勢力的對抗，改革者以民族利益和民族認同為訴求。改革運動能否成功端看改革者是否能位居要津，能否發動一場由上而下的革命。日本在1868至1912年間的「明治時代」（Meiji Era）是最好也是最成功的例子，沿著西方模式的現代化將一個僵化的社會脫胎換骨成先進的國家。開始於十九世紀末的土耳其改革民族主義就沒有令人印象深刻的作為，直到第一次世界大戰時鄂圖曼帝國崩潰和1923年時蘇丹王被推翻，土耳其的改革運動才真正開花結果。[72]

---

[72] 同上，頁23-25。

（三）完整的民族主義（Integral nationalism）

完整的民族主義與「民族復興運動的民族主義」正好相反，這種民族主義有各種不同的名稱：激進的、好戰的、侵略兼擴張主義的、右翼的、反動的、過度的等，這張形容詞清單還可以再增加。這些稱謂明白地說明了要建立一個能讓大家都接受的民族主義類型學是不可能的。雖然異議不可免，「完整的民族主義」仍然是最好的詞語。法國最具影響力的思想家和作家莫哈是這種民族主義的開山始祖。在第一次世界大戰之前他就開始倡議一種無所不包的民族主義，以之作為宗教的替代物，這種宗教以崇敬土地和死者為宗旨，所以需要個人絕對的投入。「完整的民族主義」拋掉所有倫理上的「壓艙物」，個人沒有別的義務，完全得臣服於唯一的價值——民族。「我的國家，不論對或錯」、「你是無名小卒，你的民族才是一切」，都是民族主義的道德要求，它將信徒緊緊地凝聚在一起。有了這種道德基礎，國家可以遂行其迫害異端與少數族群的暴力行為找到正當性的藉口。

「民族復興運動的民族主義」的前提概念認為所有的民族主義和所有民族主義運動都是平等的，但「完整的民族主義」則將民族界定為「絕對的」（absolute）。它的正當性不是從其追隨者的立場來界定，不是為了更高層次的目的，民族的崇拜本身就是目的。這種民族主義背離了赫德和馬志尼人文主義的理念，「完整的民族主義」的哲學基礎太過小家子氣，奠基在達爾文「物競天擇，適者生存」的理論上。對「完整民族主義」的倡議者而言，適用於動物與個人的邏輯，一樣適用於種族與民族。在一個充滿敵意和競爭的世界中，最強和最合適的民族當然應該

是最後的贏家。對赫德和馬志尼而言，民族的覺醒意味著一個新的、和平的世界秩序之到來，但是在「完整的民族主義」者看來，它只是讓這場「你死我活」的戰爭更加惡化罷了。就此而言，「民族復興運動的民族主義」是完全不同的類型。若以個人而論，墨索里尼與希特勒所代表的民族主義類型，絕對不同於馬志尼與耶皮斯蘭提斯（Alaexander Ypsilantis）。[73]

一開始歐特有意擺脫民族主義好與壞的道德困境，他的類型學至少從標題上看不出來包含了價值判斷。但是，問題不在於歐特，而是整個類型學研究的環境，自孔恩之後，所有的類型學都逃避不了好與壞的評價。社會學者大都接受功能論的觀點，作為一種工具的民族主義，不論用它來建國、來改革、來復興民族文化，最後還是要以成果來論斷。對各種類型的民族主義者來說，他們的民族主義都是最好的民族主義，只有失敗的民族主義才是壞的民族主義。在歐特看來，「完整的民族主義」是壞的民族主義，「民族復興運動的民族主義」是好的民族主義，這種道德的「二分法」，正是歐特自己所說：「民族主義的窮困。」[74]

肆、政治學者與其他分類

雖然各個學門的學者都在研究民族主義，但是若以研究成果和貢獻來說，這個領域大致上還是史學家與社會學者的天下。其他學術領域的學者雖然也有很多人投入民族主義的研究，總的來說仍然過於零星，無法凝聚成一股勢力。不同的分類反映了各

---

[73] 同上，頁26。
[74] 參閱歐特前引書最後一章的第五節，「民族主義的窮困」，頁118-119。

自的學術興趣，不同時空的類型學也透露了某種時代精神。將學者分類正如學者將民族主義分類一樣都不是絕對，民族主義的類型會重疊與交錯，某些學者的學養有時候也很難定位。學者的教學與著作固然可以成為一項指標，但也只是參考作用。在這節中我選擇的學者雖然來自各個不同的領域，主要還是政治學者與作家。史家與社會學者的分類方式，到後來變成毫無創意，只剩下詞語的重新組合，這是學術訓練的宿命。以下這些學者與作家的分類方式，可能不會被前述那些學者所接受，但它們的確為我們打開了另一扇窗戶，讓我們有機會重新思考民族主義的類型學。

一、布魯巴克（Rogers Brubaker）

隨著蘇聯的解體，東歐出現了好幾個新的國家，東歐的民族主義成了「熱門話題」（*hot topic*），[75]再度引發民族主義的研究浪潮。布魯巴克正是這一波浪潮下出現的年輕一代學者，1990年代才開始在民族主義研究的舞台上嶄露頭角。布魯巴克專攻「民族狀態」（nationhood），1992年時已出版《法國與德國的公民權與民族狀態》，[76]1996年時又將一些論文集結出版，取名《重構的民族主義：新歐洲的民族狀態與民族問題》。[77]本書分成兩部分，作者首先強調民族是多變的，不應該被看成是真實的群體。民族其實是「實務的範疇」（practical category），因此我們

---

[75] Rogers Brubaker, "Myths and Misconceptions in the Study of nationalism", John A. Hall（ed.）, *The State of the Nation: Ernest Gellner and the Theory of Nationalism*（Cambridge: Cambridge University Pr., 1998）, p. 272.

[76] Rogers Brubaker, *Citizenship and Nationhood in France and Germany*, Cambridge, Mass.: Harvard University Press, 1992.

[77] Rogers Brubaker, *Nationalism Reframed: Nationhood and the National Question in the New Europe*, Cambridge: Cambridge University Pr., 1996.

必須設法了解「民族」這個範疇的實際應用情形。書的後半部，作者將他的理論應用於不同的個案研究，最後，這本書提供了一種「後現代的」（post-modern）的觀點來理解民族與民族主義。

布魯巴克說：「民族主義不是由民族所產生，民族主義是由某些獨特的『政治範疇』（political fields）所製造（或者說，是被它所誘導），其動力係由政治範疇的的屬性來決定，不是由全體人民的特性所控制。」[78]所以，民族乃是一種形式、範疇和事件；「民族狀態」是一種約定俗成的文化和政治形式；「民族性質」（nation-ness）是一種附帶的事件或「即興演出」（happening），我們最好不要把「民族」這種分析上的曖昧概念當成是實質且持久的集體特徵。克里斯特瓦（Julia Kristeva）寫過一本書，叫做《沒有民族主義的民族》，[79]在布魯巴克看來，他倒想寫一本關於「沒有民族的民族主義」。[80]

布魯巴克一向反對從「以民族為基礎追求建國的運動」這種角度去理解民族主義，理由有二：首先，他認為民族主義並不是向來都以追求建國為目的，只狹隘地看重以建國為目的的民族主義運動，是對民族主義政治的無限多變本質的視而不見。除了追求形式上的獨立之外，一個公認的「民族」還有別的興趣。這種類型的民族主義政治通常是開始於政治空間重組之「後」，以及當多民族的國家崩解出現許多「準」民族國家之「後」。例如兩次大戰期間中、東歐新成立的民族國家，以及後共產主義的東歐新建立的民族國家，這些國家的建立都是沿著表面上的民族界限

---

[78] 同上，頁17。
[79] Julia Kristeva, *Nations Without Nationalism,* Columbia University Press, 1993.
[80] Brubaker, *Nationalism Reframed: Nationhood and the National Question in the New Europe*, p. 21。

所做的政治空間重組，對這種結果的不滿才開始出現民族主義。所以說，這種民族主義並不是以建國為目的。布魯巴克將它分成四種形式：

（一）國家化的民族主義（Nationalizing nationalism）

新近獨立或重組的國家。國家化的民族主義涉及到一些以「核心民族」或「民族性」所做的主張，係從種族文化的意義來界定，大抵上可以和「公民」（citizenry）做區隔。「核心民族」被認為是國家合法的「擁有者」，但是儘管他們擁有國家，他們卻常是國家之內文化上、經濟上的弱勢族群或是人口上的少數民族。這樣的弱勢被看成是對該民族歧視的歷史結果，所以要用國家的力量來補償或促進該核心民族的利益。這種國家化的民族主義在兩次大戰期間的歐洲和後共黨時代的東歐，可以找到不少的例子。

（二）外面的民族祖國（External national homelands）

這是跨疆界的民族主義，正好對上「國家化的民族主義」。祖國民族主義訴求的對象是那些住在別的國家國，可能已經成了別國的公民，但與本國人民有族裔關係的人民。跨國界的祖國民族主義則宣稱國家有權利（也可以說是義務）監督這些族裔親屬的生活狀況、促進他們的福祉、支持他們的活動和制度、保護他們的利益。當種族上的親屬在當地國受到不公平的待遇或是因當地國的國家化政策而遭受威脅時，這類祖國民族主義的聲明便會特別吸引人，發揮一定的效用。因此，祖國民族主義便成了國家化民族主義的死對頭。著名的祖國民族主義例子有威瑪共和

（Weimar Republic）時的德國、納粹德國（情形比較特別）及今日的俄國。[81]

（三）少數民族民族主義（Nationalism of national minorities）

這種民族主義出現於按照民族界限所做的政治空間重組之後。少數民族主義者的立場最特別的是他們把自己視為「民族的」，而不單純從「族裔的」角度來看待自己。他們要求國家承認其獨特的族裔文化民族性，並要求享有某些以民族性為本，集體性的文化和政治權利。這類型的民族主義著名的例子包括兩次世界大戰期間散居在東歐國家中的德國人，和今天的匈牙利人和俄羅斯的少數民族。

（四）民粹主義的民族主義（Populist nationalism）

這是一種防衛性、保護性，與全民的民族主義。聲稱要保護民族的經濟、語言、傳統習俗或文化資產，使它們不受外來的威脅。所謂外來的威脅雖然種類很多，大體上指的是外國資本、跨國機構（最著名的是IMF）、[82]移民，以及強勢的外國文化影響等。這種民族主義通常想要在資本主義與社會主義之間找出「第三條路」，其政治上的對手經常會被貼上這樣的標籤：反民族的、不愛羅馬尼亞的、不愛俄羅斯的等。對來自「西方」的各種禍害大加撻伐，對「現代性」也充滿敵意，他們的理想世界是古代的農業社會。伴隨著市場改革而來的社會與政治經濟的失序，

---

[81] 關於威瑪共和時的德國和當今俄國的祖國民族主義之比較，可參閱Brubaker，*Nationalism Reframed*，頁135-145。「威瑪德國與後蘇維埃的俄羅斯：祖國民族主義比較」。

[82] IMF：國際貨幣基金組織（International Monetary Fund）。

如失業、通貨膨脹、過於嚴峻的工作紀律等，正好成了民粹用語的溫床，政府可以以它作為政策的合法性藉口，反對陣營也可以拿它來動員群眾。[83]

明白地說，布魯巴克的類型學是專門為反對葛爾納的理論而建構。布魯巴克認為民族主義不一定以追求建國為導向，不應被看作是真實的、實質的和有界限的社會實體。「民族狀態」也不是一種清楚明確的社會事實；它是一種可受爭辯，而且經常受質疑的政治主張。因此，不論是民族自決原則或民族性的原則都不能作為政治空間重組的準則。布魯巴克的批評不無道理，問題的癥結在於「時空的錯置」，葛爾納的時代蘇聯尚未解體，東歐的新國家尚未出現，葛爾納如何預見這種民族主義？況且，葛爾納在「窩立克辯論」（Warwick Debate）中回答史密斯的批評時曾說，只要他的理論能說明一半的事實，對他而言都已足夠，另一半是多餘的。[84]葛爾納已作古多年，無法再為他的理論申辯，但是如果我們仔細重讀他的「答辯」文，[85]布魯巴克的質疑並非無解。

二、歐威爾（George Orwell）

歐威爾是英國著名的小說家和散文作家，原名布萊爾（E. A. Blair），歐威爾是筆名。本人具有社會主義思想，1930年代寫過四部長篇小說，但最為台灣讀者所熟悉的是諷刺極權主義思

---

[83] 參閱Brubaker, "Myths and Misconceptions in the Study of nationalism", pp. 277-278.

[84] 全文刊載在*Nations and Nationalism* 2（3），1996，頁357-370。此為「族裔與民族主義研究會」的期刊，一年出版四期，英國大學Kings學院，總主編為Anthony Smith。

[85] Ernest Gellner, "Reply to Critics", in J. A. Hall and Jarvie（eds.），*The Social Philosophy of Ernest Gellner*（Atlanta and Amsterdam: Rodopi），pp. 623-86.

想的《動物農莊》（*Animal Farm*, 1945），和預言小說《1984》
（1949）。[86]歐威爾的民族主義類型非常有趣，他以英國的知識
分子作為研究的對象，因為他認為在這些人身上比較可以將愛國
主義和民族主義思想剝離開來，他們的民族主義純度較高。對他
所做的分類，他也事先提出警告，說它們會有過度簡化的危險。
因為：（1）沒有人可以假定每一個人，或每一個知識分子都受
民族主義的影響；（2）民族主義有可能是間歇性的，局部的；
（3）民族主義的教義有可能被採用，但不是基於民族主義的動
機；（4）在同一人身上可能呈現不同種類的民族主義思想。他
用了三個標題，其中有些類型不只適用於一種範疇。

（一）有建設性的民族主義（Positive nationalism）

> 1、新保守主義（Neo-Toryism）：不願承認英國的影響力和
> 權勢已走下坡，「英國人的觀念」應該主宰世界。表面
> 上是反蘇，骨子裡是反美。
> 2、凱爾特人的民族主義（Celtic nationalism）：威爾斯、愛
> 爾蘭和蘇格蘭的民族主義儘管差異性極大，卻有一共同
> 點：反英。因為他們堅信不論是過去或未來，凱爾特人
> 都是最偉大的民族，所以這種民族主義帶有強烈的種族
> 主義色彩。
> 3、猶太復國主義（Zionism）：具有一般民族主義運動的特
> 質，但在美國比較激進。歐威爾將它擺放在此一範疇，
> 主要是因為這幾乎是猶太人自己的事。

---

[86] 有關這兩本書的書評參閱Charles McGrath編，朱孟勳等譯，《20世紀的書》
（*Books of the Century*）（台北：聯經出版社，2000年），頁170-173。

（二）移轉的民族主義（Transferred nationalism）

1、共產主義（Communism）

2、政治天主教（Political Catholicism）

3、膚色感覺（Color feeling）

4、階級感覺（Class feeling）

5、綏靖主義（Pacifism）

歐威爾認為雖然大部分的綏靖主義者都屬於不知名的宗教派系，或人道主義者，但還是有少數人表現出對西方民主政治的厭惡，崇拜極權主義。

（三）負面的民族主義（Negative nationalism）

1、仇英意識（anglophobia）：在英國的智識階層中，有一群人對英國很不滿。這種敵意被認為是強迫性的，但是在某些場合它們並不是裝出來的情感。由於仇英的情感容易逆轉，因此，在上一次戰爭中主張綏靖的人可能在下一場戰爭時變成戰爭販子。

2、反猶主義（Anti-Semitism）：這似乎是全世界都有的現象，但在英國知識分子中，新保守黨和政治天主教徒尤其易於成為反猶主義者，至少是時有時無。

3、托洛斯基主義（Trotskyism）：[87]歐威爾認為，史達林政

---

[87] 托洛斯基（Leon Trotsky, 1879-1940），俄國猶太裔革命家。托洛斯基主義的本質是不斷革命論，強調社會主義的國際主義，迴避共存，並且鼓吹在國外開展革命運動。這種思想與史達林的「一國社會主義」的思想是對立的。此後，托洛斯基主義鼓舞了其他極端左翼革命運動。但是這些運動因搞宗派而分裂，而且，除了

權其實不符合馬克思主義學說。雖然在某些地方，如美國，托洛斯基主義能夠吸引到一大群支持者，並發展成擁有自己領袖的有組織運動，但從根本上看，其激勵人心的作為毫無建設性可言。

　　歐威爾以其詩人般的筆觸將民族主義做這樣的分類，看在民族主義研究的學者眼中，恐怕是五味雜陳。還好它只適用於英國的智識階層，是針對英國人所進行的分析。事實上，他的類型學帶給我們新的思考方向。首先，民族主義的範圍可以再擴大，包含共產主義、猶太復國主義，與反猶主義等移轉性的思想。其次，民族主義不一定就是對國家或政府的忠誠，它所處理的單位也不一定真的存在。從一種無所不包的觀點來看，用歐威爾的話來說，民族主義乃是「自欺欺人的權力飢渴」。[88]

三、韓德曼（Max Sylvius Handman）

　　研究民族主義的分類必須注意類型學建立的時間和作者的根據，否則便無法理解他所舉的例子。以韓德曼來說，他的類型學在本文所舉的個案中出現的時間最早，在1921年的一篇題名為〈民族主義的情感〉的文章中韓德曼首先談到民族主義的類型，他以「族群」（group）作為分類的基準。[89]他的「族群」與社會學家的族群不同，精確地說，韓德曼的「族群」指的是「民族主義者」。這些「民族主義者」表現出兩種特徵：

在西方一些資本主義國家外，得不到什麼支持。《劍橋百科》。
[88] 參閱Snyder，*The Meaning of Nationalism*，頁128-130。
[89] Max S. Handman, "The Sentiment of Nationalism", *Political Science Quarterly*, 36（1921），pp. 107-14.

1、曾經有過「主人與農奴」處境的經歷。巴爾幹和東歐的「民族」（people）曾有一段屈從於外人的時期，是個比較好戰的民族。在這種情況下產生的誡律和兩種族群之間的嚴格區隔導致這種假定的出現：主人生來就比農奴優秀。征服者享有一切生活的條件，被征服者因而陷入悲慘的命運，所有的生活習慣便都從反征服者（和有錢人）出發。這些習俗似乎暗含被人征服的民族是次等民族，而征服者有剝削他人的正當理由。另外，兩種族群之間的宗教信仰、語言、風俗、穿著都會產生差別，甚至連「我們與他們」的觀念也會不同。這些差異只會加深他們之間原本就存在的敵意──一種殘存的古代衝突遺跡。這種「外國主人」與「本土農奴」之間的處境正是民族主義產生的典型處境。如果我們經過這些民族主義最猛烈的中心地區，便會看到這種處境的存在，雖然多少會因歷史背景不同而不易察覺或減弱。

2、所有屬於民族主義者的民族都暴露在一個不尊重其生活方式和榮耀的「附屬政權」下，或是害怕讓政權即將採取對他們不利的措施。

　　因此，韓德曼將生活在這種處境下的民族主義者分成四種群體：

（一）被壓迫的民族主義（Oppression nationalism）

這種反動的民族主義普遍流行於那些受無能的政權統治的

人民之間。這種政府的不適任通常會介入群體的生活，為他們帶來極度的不便。民族主義者因而想要努力為群體成員獲取自由，經由各種合法的經濟投資管道來改善生活，但是萬一他們被吸納進入統治階級成為壓迫者的一員，背離了族群，這種努力便會停止。激發這民族主義的動因通常來自統治者：斷絕了他們參與政治與行政事務的機會、企圖不讓他們使用自己的語言發展自己的文化、在很多場合中表現出對他們的歧視、最重要的是干涉他們的言論自由並且無情地鎮壓他們的一些公開活動。代表這類型民族主義的有：德國和俄國境內的波蘭人、奧匈帝國治下的捷克人和斯洛代克人、在匈牙利和俄國的羅馬尼亞人、在俄國和加利西亞的立陶宛人、匈牙利的克羅埃西亞人、前歐洲土耳其帝國（馬其頓）治下的保加利亞人和塞爾維亞人、在土耳其帝國其他地區的希臘人和亞美尼亞人（Armenians），以及猶太人與愛蘭人等。

（二）收復國土的民族主義（Irredentist nationalism）

這種類型的民族主義以脫離別的民族統治，建立統一和獨立的國家為訴求。其動力來源可能是因為異族統治的痛苦與不幸，或是因為不穩定的國際關係可能會剝奪其民族的自由，使該民族淪落到與被壓迫者同等的地位。在這種類型學中應該再加上那些剛獲得獨立的族群，他們也害怕好不容易得來的獨立又化為泡影。雖然「收復國土的民族主義」通常比被壓迫者的民族主義充滿更多「大聲疾呼」的抗議，之所以會讓人產生這種感覺不是因為它的強度，而是這種情感的無所不在，也就是說，在於這群民族主義者擁有更多的自由來抗議加諸在他們身上的限制。同時也是因為「收復國土的民族主義」經常成為國內的政治議題，吸引

更多媒體的關注。

（三）預防的民族主義（Precaution nationalism）

這種類型的民族主義之所以產生與當代的國家體制有關，在國家安全和商業利益的折衝之下所做的考量。從某個角度來看，預防的民族主義很難與帝國主義撇清關係，就如同在一場戰爭中「防守」與「攻擊」是互為表裡一樣的道理。這種類型的民族主義者，預見了某種危險性，未雨綢繆也是人之常情。他們的表現最明顯的特性就是非常在意族群的生存與榮譽。

（四）聲望的民族主義（Prestige nationalism）

這種民族主義是一種文化上的劣勢情感，起因於體認到民族過去的成就和未來的發展潛能未受到尊重。韓德曼所舉的例子是德國1921年之前的科拉迪尼（Corradini）的法西斯主義、英國莫斯利爵士（Sir Oswald Mosley）所創的「法西斯主義者同盟」。[90]

韓德曼的類型學最大的缺點在於他只考慮民族主義的政治層面，對社會與文化的層面未能關照，尤其一些特質的描述傾向於負面。另外一點就是把法西斯主義視為民族主義的一種，不符合多數學者的認知。第一種類型和第二種之間有太多的交集與重疊，義大利人和德國人也認為自己受到壓迫，波蘭人和亞美尼亞人也想自治建國，二者之間其實沒有明顯的分際。不同的學術領域對民族主義分類都不同，政治學的學者考量的是民族主義的政

---

[90] 莫斯利是英國的政治家，1896年生於英國倫敦。曾任職下議院，1931年創建新黨，在出訪義大利回來後創建「法西斯主義者同盟」，任領袖。曾在倫敦東區進行反猶太人的活動和支持希特勒的活動。二次大戰期間被拘禁，卒於1948年巴黎附近的奧爾賽。《劍橋百科電子版》（台北：貓頭鷹出版社）。

治特質，就此而言，韓德曼的類型學可視為這方面的典範。[91]

四、葛林非德（Liah Greenfeld）

首先，葛林非德將民族主義界定為：「一種獨特的觀點或思想形態，民族主義的精髓也正是民族的核心觀念。」[92]民族的主權來自全體民族中的每個成員，了解這個事實很重要。民族被視為一種混合物，它的存在須靠它的成員間保持緊密的社會結合，並且不能刻意去分離個人的利益與成員分子的意志或利益。因此，最初的民族主義本質上是個人主義的。從民族認同——國籍——的意義來看，民族也是「公民的」，在實際效用上等同於「公民權」，而且，到目前為止，只有當民族的成員保持緊密的社會接觸民族才算存在，原則上可以獲得或放棄個人的自由意志。

在《現代化的五條路徑》中葛林非德詳細地闡釋民族的意義。他認為「民族」一詞是十六世紀英國「都鐸王朝，1485-1603」（Tudors）的新貴族創造的。爬升到社會階級上層的平民，他們發現很難接受傳統的社會概念，認為社會的流動不合規則，因此他們用一種新的觀念來取代傳統的看法，這就是我們現在所理解的「民族」。在此之前，「民族」這個字詞的意義與我們現在所了解的完全不同；它指的一群政治或文化菁英分子，不是一個社會整體。無論如何，都鐸王朝的貴族以「民族」同義於英國「人民」（people），這個最先在英語中使用，接著在其他

---

[91] Louis L. Snyder（ed.），*The Dynamics of Nationalism: Reading in Its Meaning and Development*（New Jersey, 1964），p. 47.

[92] Liah Greenfeld, *Nationalism: Five Roads to Modernity*（Cambridge, Mass.: Harvard University Press, 1992），p. 4.

語言中也流傳的概念，原本指的是社會的下層階級，即平民百姓，許多新貴族正是來自這個階級。根據這個定義，人民中的每個成員都可獲得像菁英的地位，享有菁英階級的尊嚴，所以人人生而平等，生而自由，擁有自治的權利，換句話說，即統治權，人民或民族因也就隱含主權的概念。

　　利用這種「治權」的概念葛林非德建立了一種「二分法」的民族主義類型：「個人主義的／自由主義的」和「集體主義的／威權主義的」。另外，根據民族整體中成員身分的標準可以將民族主義分成「公民的」（等同於「公民權」），或是「族裔的」。就前者而言，「國籍」（nationality）在原則上是公開的，是一種「唯意志論的」，可以經由某些過程而取得。但是後者，一般咸信是與生俱來的，如果生下來時不具有，便永遠不會有，反過來說，就算想放棄也做不到。它跟個人的意志無關，它的特質與遺傳有關。「個人主義的」民族主義有可能是「公民的」，但「公民的」民族主義也有可能是「集體主義的」。通常，雖然「集體主義的」民族主義也會以「族裔的」黨派意識呈現，但是「族裔的」民族主義卻始終是「集體主義的」。葛林非德說，事實上最普通的民族主義類型乃是「混合型」的民族主義。而且，構成混合型民族主義的成分彼此之間的差異也很大，但還是可以適用於此種類型學。就葛林非德的書來說，民族主義有以下三種類型：

（一）個人主義與公民的民族主義

　　這類原始個人主義與公民民族主義原則，被界定為一種社會契約，其中的成員每個人都是自由平等的，這是自由派民主政

治的基本信條，社會契約論被視為西方社會的重要特質。這種民族主義雖然是最早的形態，卻也是最珍貴的。通常我們不把民族定義為一種混合的實體，而把它當作一種有自身利益和意志的群體，群體的利益和意志優先民族內各成員的利益。這樣的定義於是產生了集體主義的民族主義。集體主義的民族主義容易走向專制，它意謂在廣大的群眾和自以為是代表民族利或意志的少數領導者之間大家都平等，群眾必須接受這些政治秀異分子對民族利益的解釋。集體主義的民族主義因而偏好普羅階級的民主政治或社會主義，並且由此建構現代專制政治的意識形態基礎。

（二）集體主義與公民的民族主義

集體民族主義可以是公民的。法國的民族主義便是一種集體和公民的形式，就歷史的發展來看，這是民族主義演進的第二種形態。民族成員的公民判別標準承認個人的自由，但是集體主義者的民族定義卻否定這種自由。集體主義與公民民族主義是有矛盾的，有問題的一種民族主義，必然會被內部的矛盾所折磨困擾，法國動蕩的政治歷史正是這些衝突最好的證明。很少人會懷疑法國是西歐或乾脆說西方的國家，但有趣的是，法國的民族主義最初則是為了對抗英國，是來自於一種反西方的情緒。因此，至少在國家初始時期，法國可以被視為第一個反西方的國家。

（三）集體主義與族裔的民族主義

反西方的民族主義不等於就是東方的民族主義。這是民族主義發展史上的第三階段。首先從俄國開始，接著在德國發展，這類民族主義是最普通的形態，今日東歐各國的民族主義都具有這

種特性（捷克共和國可能是個例外）。而且，毫無疑問地，也包括了某些西歐國家。這種形態的民族主義一方面接受集體主義對於民族的界定，又結合了國家的族裔判別標準。族裔的民族主義認為民族性格的基因早已決定，完全與個人的意志無關，因此它是與生俱來的。既無法取得，也不會喪失。這種形態的民族主義堅決地否認個人的自由，或是重新界定自由。這種民族主義拒絕接受個人是理性的存在。個體本身就是真正的人性。在族裔主義的整體中，個體必須自我放棄，或是被淹沒，或是解體消失。

因此，我們可以將歐洲及其他各地的民族主義區分成「西方的」、「傾西方的」、「反西方的」三種形式。但是光靠民族所在的地理位置無法據以了解它是何種民族主義，相反地，有獨特社會個性的民族主義形式卻可讓我們在象徵性的地圖上標明出來，並把它定義為西方的，或東方的、西歐的或東歐的民族主義。

從歷史上來看，民族主義產生與輸入的源頭是西方，因而引進這種民族主義的地方，便顯示了部分的反西方色彩。結果，族裔民族主義發展成各種明確反西方意識形態的變體。自別的地方引進國家觀念的社會，不論這樣的社會是否可以稱得上民族，當他們在接納國家認同時並不相信自己的民族主義比別的形式落後，他們一樣傾向於用公民的觀念來界定他們的民族主義。在這類例子中，由於過去的成就紀錄讓他們有足夠的理由以民族為傲，他們不用強調他們的優越性是與生俱來的，意即並不是因為血緣、靈魂、土地、純粹的語言，或各式各樣的古董等。

葛林非德以英國、法國、俄國、德國和美國為例，分析了這三種民族主義的展，以及它們如何發展出各自的獨特形式。民族

主義的發展趨向，並不是一開始就成為定案。如果在民族主義形成初期能夠投合其子民（如英國扈從和新近教化的城市大眾、美國的殖民地居民、法國的中產階級，以及一個開放向上提升的有影響力的群體）等人的心意，並符合民族的利益，那麼就比容易發展成個人主義的民族主義。倘若在一開始時民族主義發展的社會基礎就受到限制，那麼可以預料會出現集體主義的民族主義，也就是說，如果民族主義採納只是為了一小群傳統秀異分子的利益，只是為了保障其身分地位（像法國與俄國的貴族），或是一個新的群體想要在傳統的社會架構下獲取地位，那麼這種類型的民族主義就會被灌輸給大眾。

相關成員身分地位的改變會牽動民族的定義，但是這類改變不大容易產生。必須注意的是，地理學在民族主義的發展過程中影響力不大，某種獨特民族主義的出現與其他相關的民族主義之間沒有必然的時間的關聯，換句話說，一個首先界定自己是個「民族」的社會，可能發展出「集體主義的民族主義」，但之後才出現的「民族」未必就不能是「個人主義的民族主義」。

五、馬志瑞（Ali Mazrui）

馬志瑞是密西根大學的政治學教授，是研究亞洲與非洲建國運動的權威，相關的著作很多，他將建國的進程分成五個階段。分別是：

（一）取得某種程度的「文化和規範的融合」（Cultural and normative fusion）

這種融合的最終目的在於達成共同的價值觀、共同的表達方

式,以及共享的生活方式和對人生存在宇宙中的看法。對這種進程來說,最重要的是不同的社會次級團體之間的文化互動。文化互動的最佳媒介其實很簡單,就是「語言」,不論是口語或書寫文字。從歷史來看,語言的功用從來就是關心的重點,書寫文字可以表達歷史意識,文學具有溝通的作用,透過語言的使用達成政治上的動員目的。

(二)不同社會階層和部門之間的「經濟貫通」(Economic interpenetration)

經濟流通的促進和「小團體」之間人際關係的互換乃是經濟獨立的基礎,換句話說,建國的經濟層面正是國土(country)內各個不同的「小團體」在全國的經濟結構中開始在意自己的既得利益。

(三)「社會整合」的進程(Social integration)

經由這種進程使菁英與群眾之間的鴻溝、城鄉的差距、特權階級與身分低微者之間的對立逐漸縮小。

(四)一種更有效率的「爭端解決」制度的建立(Conflict-resolution)

建立「爭端解決」的慣例涉及到各種制度的制定和各個社會階層常規的鞏固,必須產生一些領導人物,由他們來解決利益衝突,化解不同的價值觀、意見,以及權利義務的紛爭,使社會成本的付出減到最低程度。

（五）在心理上不斷累積「共享的民族經驗」（A shared
national experience）

這是一種進程，意指他們漸漸察覺到在過去時他們曾經「一
起」經歷過重大的事件。馬志瑞以非洲的處境為例，當這種進程
和第一種進程結合在一起時，屬於部落層次的內部認同逐漸同化
成為一種新的民族認同。[93]

六、喬琪與布來克伍德（A. Gyorgy & G. D. Blackwood）

喬琪與布來克伍德依據「權力形態」將民族主義分成三種
範疇：

（一）消極對積極（Negative against positive nationalism）

消極性的民族主義指的是在大國壓制下無法抵抗的弱小民
族所展現的民族主義。這種民族主義是一種反壓迫的民族主義，
當壓迫的壓力解除，民族主義也就消失，所以說它是消極的。積
極性的民族主義則指一個國家加強行動戰略，整軍備戰並積極參
與國際事務，美國在老羅斯福總統時代（Theodore Roosevelt）便
是這種民族主義的代表。他是個擴張主義者，主張建立強大的海
軍，在1898年的古巴戰爭中曾經組織志願軍（稱為「羅斯福志願
騎兵」），他的「巨棒」（Big Stick）政策尤其著名。[94]

---

[93] 參閱Boyd C. Shafer, *Nationalism and Internationalism Belonging*（Florida: Robert E.
Krieger Publishing Company, 1982），pp. 166-168.
[94] 「巨棒」（Big Stick），源出非洲諺語：「手持大棒口如蜜，走遍天涯不著
急。」後來在美國報刊和漫畫中常見此語，意指老羅斯福總統的外交政策，尤其
是他在中美洲與加勒比海的高壓政策。

（二）顯性對隱性（Overt against covert forms of nationalism）

所謂的顯性民族主義指的是有清晰的動機和明確的情感，利用群眾示威與集體行動的方式，鼓動暴力行為，藉此獲取支持與認同的民族主義。隱性的民族主義則指群眾中少數派的感情態度，或指一個菁英團體利用間接的方式從事祕密工作以實現民族主義的目標或期待而言。

（三）暴力對非暴力（Violent against non-violent nationalism）

以暴力革命行動進行民族主義之訴求稱為「暴力民族主義」，如殖民地的民族主義革命鬥爭，東歐國家內部的族裔戰爭都屬於「暴力民族主義」。如以非暴力地下鬥爭方式進行民族主義訴求，如波蘭的「無聲革命」便是非暴力民族主義。[95]

七、霍布雷德（Carsten Holbraad）

在歐洲的政治思想中始終存在著「二元論」的傳統，喬琪與布來克伍德對民族主義的分類正是這種典型模式的應用。嚴格來說，所有的「二元論」都是相對的概念，彼此同時存在，或同時不存在。「二元論」存在於民族主義內部也存在於民族主義與其他意識形態間，穆克（Ronaldo Munck）在《困難的對話》中分析了馬克思主義與民族主義的爭論，馬克思主義的興起多少是因為民族主義的缺失，但是最後壓垮馬克思主義，成為它的「最大歷

---

[95] A. Gyorgy and G. D. Blackwood, *Ideologies in World Affairs*（London: Blaisdell, 1967），pp. 174-6. 參閱姜新立，〈民族主義之理論概念與類型模式〉，劉青峰編，《民族主義與中國現代化》（香港：中文大學出版社，1994年），頁42-43。

史失策」的也是民族主義。2003年霍布來德出版《歐洲政治思想中的國際主義與民族主義》，在精神上承續了穆克的邏輯。「國際主義」（internationalism）向來是「民族主義」（nationalism）的對手（或威脅）。

對霍布來德來說，現代歐洲的政治史正是各種競爭的國際主義形式和不同種類的民族主義之間的不間斷互動。[96]有時候國際主義占優勢，有時候民族主義較強烈，各有擅場的時代。霍布來德這本書寫於1980年代後期，當時蘇聯尚未解體，歐洲仍被「冷戰」分割成兩個陣營。不論在東歐或西歐，大家還是以國際主義和民族主義的互動來思考國際關係。在東歐，主要是蘇維埃版的國際主義和其他社會主義國協成員民族主義運動的對抗。在西歐，主要是自由的與社會民主的國際主義形式（表現在歐洲共同體的追求上），和反對這種作為的民族主義情感之間的力量拉扯。因為這樣的歷史背景，使霍布來德將國際主義界定為「一種國際關係結合的意識形態」，[97]而民族主義則是反對這種國際結合的意識形態。[98]因此，國際主義和民族主義被他理解成政治勢力的兩個面向，各有其理性與情感的特質。

在這本書中，作者分析了國際主義與民族主義的各種形式及其對現代歐洲國際政治的影響，特別是第二次世界大戰之後的時代。由於民族主義是對國際主義的反動，因此比較國際主義的類型應該有助於理解民族主義。在這三種國際主義中，其中「自由主義的」與「社會主義的」相關的理論闡述相當多，大家都耳

---

[96] Carsten Holbraad, *Internationalism and Nationalism in European Political Thought*（Macmillan: Palgrave, 2003），p. 3.

[97] 同上，頁1。

[98] 同上，頁2。

熟能詳。第三種類型則在理論上較少發揮，這個名稱也不大被接受。理由可能正是因為它的保守本質，相較於「自由主義的」與「社會主義的」國際主義有明確的目標和計劃，「保守主義的」國際主義的意識形態則顯得隱晦，至少在其一般的形式上是如此。隨著冷戰的解凍，蘇聯的垮台，「社會主義的國際主義」（共產主義者的）倉促地引退，精力充沛的自由派國際主義橫掃整個歐洲。與此同時，在冷戰時期被遏制的各種民族主義再度湧現到歷史舞台前面，尤其是在那些前共黨國家和多民族的國家，特別是在前蘇聯和南斯拉夫統治的地區。

霍布來德的類型學建立在東西對抗的意識形態上，但是，從1990年代初開始，意識形態作為一種國際關係的推動力已經收斂，在政治光譜上的左派與右派已逐漸褪色或甚至消失。雖然在歐洲的許多地方又出現了新的民族主義浪潮，但大抵上只是零星的現象，無法成為普遍的趨勢，遑論再造成一種均勢。進入二十一世紀以後，國際政治的性格依然還是超國家的，某種形式的國際影響力會繼續存在，但是作為一股曾在歐洲歷史發展中引領風騷的驅動力，民族主義在歐洲這個舞台已經謝幕了。霍布來德這本書出版於2003年，他很清楚這種局勢的改變，因國際關係而來的類型學，自然要隨國際關係的崩解而被人所淡忘。

伍、結語

理解民族主義最好的方法就是由類型學著手，但詭譎的是類型學是很好用的工具卻也是最無用的工具。既然作為一種「工具」，它跟所有真實的工具一樣，用錯地方只會增加麻煩。本章

分析了二十餘位學者的類型學，基本上有很多地方相似，但又不完全一樣。問題的癥結就出在他們彼此之間的關係，也就是說，學者個人的「本質」決定了民族主義類型的「形式」，不同學術背景的學者在選擇分類的標準時有不同的取捨。一般而言，歷史學家看重的是整個民族主義發展的過程，傾向於以「階段」來分期民族主義。每一個「階段」就是一種類型，舉例來說，孫中山的「驅除韃虜，恢復中華」是一個階段，也是一種民族主義；「五族共和」是另一階段，也是另一種民族主義。[99]至於應該分成幾個階段並沒有定論，某些史學家考量世界歷史的發展，以重大事件的發生作為起訖點或分水嶺，最普通的方式就是四階段說：（1）1815至1871年；（2）1871至1900年；（3）1900至1945年；（4）1945至？（蘇聯解體後可視為另一個階段）。[100]另外的學者則只就進程來分，沒有明確的時間斷限，每種民族主義都有自己不同的發展階段。如何為各個階段命名，取決於學者的研究方法論和他對民族主義的界定。時間的爭議性較小，但名稱也總是會有些相同，每種民族主義都有其特色，這種特色往往被用來作為標題，因此從標題名稱便可掌握該民族主義類型的內涵。

社會學家傾向於以「族群」或「運動」來分類民族主義，將民族主義界定成以建國為目的的政治運動，社會學分類下的民族主義都是很具體的個案，有清晰的輪廓、明確的訴求、運動的進程可以觀察，結果可以判定。「國家狀態」是民族主義者追求的目標，因此「國家狀態」的取得與否可以作為判定民族主義是否

---

[99] 參閱朱浤源，〈從族國到國族：清末民初革命派的民族主義〉，《思與言》第30卷第2期，1992年6月。

[100] Smith, *Theories of Nationalism*, p. 194。

成功的標準。社會學家的民族主義類型大都是「無國家民族之社會運動」，[101]或如史密斯所說，是「獨立前」的運動，不以追求獨立為目標的民族主義，不是真正的民族主義。

葛爾納對民族主義的定義清楚地闡釋了這項特質：「民族主義基本上是一項政治原則，主張政治與民族的組成單位二者必須等同一致。」[102]所以，民族主義是關於政權正當性的理論，政體的疆界必須符合民族的界限，這是民族主義「運動」的目的。歷史學家的同質性較高，因此他們的類型學很少有創意。社會學家的背景則相當複雜，他們所呈現的民族主義類型堪稱「五花八門」，很多詞語都是社會學的專有名詞，但最大的缺點是「任何一種類型都有例外」，例外有時候比「典範」還多。如果說史學家是依據類型來建立理論，社會學家則是先有理論再做出分類，對社會學家來說，必須審慎篩選合適的個案作為理論的佐證，這項工作比分類的本身還困難。

政治學者主要從「政治範疇」或「國際關係」的角度來理解民族主義，強調作為一種「意識形態」的民族主義類型，將民族主義與其他的政治意識形態相提並論，並且強調「菁英」或「領導者」的角色。從某方面來看，政治學者可能更看重「獨立後」的民族主義。「建國型」的民族主義通常得訴諸於暴力革命或戰爭，政治的作為不大。唯有在「民族國家」之內，才能真正看到政治的作為與菁英的操弄。民族主義並不是所謂「學者」的專利，許多文學家與詩人對民族主義的關懷不遜於學院中的學者，

---

[101] 參閱Montserrat Guiberbau著，周志杰譯，《無國家的民族：全球時代的政治社群》（台北：韋伯出版社，1999年），〈第四章：作為社會運動的民族主義〉，頁121-153。

[102] Ernest Gellner, *Nations and Nationalism*（Ithaca: Cornell University Press, 1983），p. 1.

像愛爾蘭詩人葉慈（William Butler Yeats）便是很好的例子。[103]

但是，從學術研究的角度來看，「民族主義者」的思想太過主觀以致在他們看來，全世界的民族主義可能只有一種，就是他們的民族主義，像歐威爾的類型學，他只看到英國的知識分子。民族主義分類的單位必須是個「集體性的實體」，包括「種族」、「族裔」、「民族」、「國家」等。作為個別的人，不論他倡議何種類型的民族主義，都不能將他等同於該種形式的民族主義。這並不是說「民族主義者」不能是「學者」，章太炎是個民族主義者，但沒有人能否認他的學術深度。[104]我以兩位近代中國的民族主義者為例，他們如同歐威爾分類下的知識分子，但這兩人絕對不等同於近代中國的民族主義，更遑論二人之間的差異。在分類學上「個人」不適合作為分類的對象。

最後用一個術語作為這章的總結，當我們在理解民族主義的類型學時，不妨再思考韓德勒（Richard Handler）的「模糊界限」（fuzzy boundaries）觀念。[105]我們都知道，社會生活並不全然是整體的，民族、國家、社會與文化的界限不但可以滲透，而且也很含糊。在民族主義的分類中，這種「模糊界限」無所不在，任何的類型學都無法包容所有的民族主義形式，「例外」的存在，正是因為「模糊界限」的難以歸類。

---

[103] 參閱周英雄，〈搖擺與否定：葉慈的文化民族主義初探〉，《中外文學》，25卷10期，1997年3月，頁138-159。

[104] 汪榮祖，〈章太炎與現代史學〉，收錄在《史學九章》（台北：麥田出版社，2002年），頁182-217。

[105] Richard Handler, "Nationalism and the Politics of Culture in Quebec", in E. George (ed.), *New Directions in Anthropological Writing: History, Poetics, Cultural Criticism* (Clifford Marcus, James. Madison: The University of Wisconsin Press, 1988), pp. 6-8.

第六章
民族主義者的類型

壹、前言

　　有人主張嚴謹的學者不應是民族主義者，霍布斯邦對這樣的說法頗不以為然。他舉例說，不能因為某人對聖經的堅貞信仰，就否認此人的研究對演化論、考古學與閃族語言學的貢獻。霍布斯邦似乎有為自己身分開脫的用意，意思是說雖然身為馬克思主義的信徒，他一樣可以當一位好的歷史學家。[1]事實上，的確如霍布斯邦所說，在研究民族主義的過程中，我們發現大部分的學者都具有民族主義的傾向，甚至可以這樣說，不具備民族主義情感的人無法透徹了解民族主義。尤其是歐洲的學者，處在複雜的族裔與語言環境中，對因人口移動與混居所產生的民族認問題感觸會特別深刻。

　　然而，學術研究應力求客觀公正，民族主義卻是一種類似宗教的信仰，[2]二者之間終究會產生矛盾與衝突。民族主義之所

---

[1]　Eric Hobsbawm, *Nations and Nationalism Since 1780*（Cambridge: Cambridge University, 1990），p. 12.

[2]　參閱Carlton Hayes, *Nationalism: A Religion*, New York: The Macmillan Company, 1960.

以無法像其他意識形態一樣，產生自己的偉大的思想家，主要的癥結就在於偉大的思想通常是世界性的，但民族主義不同，愈是「偉大」愈局限於個別的民族。舉例來說，當我們談到馬克思、韋伯、黑格爾與洛克等人時，對他們是哪一國人不會太在意，但是一提到赫德和馬志尼，就會聯想到德國與義大利，他們的民族性比他們是否算是學者還重要。結果，民族主義的學者似乎只有在民族的框架內才能找到自己的價值。

對這種現象，孫中山的了解最透徹。他在演講「民族主義」第一講時便說：「主義就是一種思想、一種信仰和一種力量。」並且進一步加以闡釋，民族主義乃是以本民族社會群體安危禍福為思考目的之主張，是一種群體的心理現象也。這種心理現象要靠先知先覺之士加以發揚，提出主張，鼓動風潮，激發群眾意識，這群人，我們稱之為民族主義者。我們可以說，民族主義者都是民族與歷史的產物，要了解他們的思想就得回溯他們所處的時空背景。換句話說，歷史的傳統和時代的需求造就了民族主義者。本章根據他們的學說內容，用最通俗的分類法，將他們歸納為文化的、政治的與經濟的三種形態。

貳、文化民族主義

在所有的民族主義分類中，「文化民族主義」是最通俗、學者研究最透徹、最為人們熟悉的一種形式。如果說民族主義就是指文化民族主義，這個結論至少有一半是對的。我們幾乎可以不用太多的證據就將人貼上「文化民族主義者」的標籤，毫無例外地，每個民族都有自己的「文化民族主義者」，例如：愛爾蘭

的葉慈、[3]德國的赫德、[4]義大利的馬志尼、英國的柏克、法國的莫哈以及近代中國的梁漱溟等人。[5]這份名單必要還可以無限擴充，即使用一本書的篇幅也未必能完全涵蓋。[6]因此，我們可以說，「文化民族主義」不是個人的事，是整個民族的問題。傅偉勳以日本為例研究文化民族主義與政治民族主義的互動，他的結論是，政治的民族主義只有在遭受外國侵略的處境下，才有存在意義。隨著侵略問題的徹底解消與自族自國的重新自主自立而獨立完整，此一主義也應同時解消，否則彼我之間永無安寧之日。文化的民族主義則不然，有它外乎政治意義的民族主義的存在意義，但過分強調文化民族主義而不了解其與文化世界主義之間的關聯性，也會產生狹隘而自我閉鎖的精神危機。[7]

從這個結論中可以發現「文化民族主義」的「持續性」，和「耐久性」，從法國大革命以來，「文化民族主義」從來就不曾在歷史舞台中消失過，不論民族主義如何定義，文化都是建構民族的主客觀要件。就像傅偉勳一樣，1990年代的兩岸三地，知識分子最津津樂道的便是「文化民族主義」。1980年代以前被打入冷宮的國學大師，例如章太炎、陳寅恪、梁漱溟、王國維等人又成了熱門的討論話題，[8]「文化民族主義」一詞也成了各種研討

---

[3] 參閱周英雄，〈搖擺與否定：葉慈的文化民族主義初探〉，《中外文學》，25卷10期，1997年3月，頁138-159。

[4] 李宏圖，《西歐近代民族主義思潮研究》（上海：上海社會科學院出版社，1997年），頁123-136。

[5] 參閱許紀霖，〈走向反現代化的烏托邦：一個文化民族主義者的心路歷程〉，劉青峰編，《民族主義與中國現代化》（香港：中文大學出版社，1994年），頁479-491。

[6] 其他的名字可參閱朱諶，《民族主義的背景與學說》（台北：國立編譯館，2000年），第三章第二節，「文化的民族主義學說」。

[7] 傅偉勳，〈文化的民族主義與政治的民族主義〉，劉青峰編，《民族主義與中國現代化》（香港：中文大學出版社，1994年），頁76。

[8] 參閱陳曉明，〈文化民族主義的興起〉，《二十一世紀雙月刊》第39期（19971年

會中經常出現的術語。

　　何謂文化民族主義？首先得回答何謂「文化」。「當我聽到『文化』這個字詞時，我就想把槍掏出來」，詩人尤斯特（Heinz Johst）如是說。[9]從詩人的話中也許我們可以感受到「文化」這個字詞的含義廣泛，不易說明。光是定義就可以寫成好幾本書。例如：英國詩人愛略特（Thomas Stearns Eliot）的《關於文化定義的註解》（*Notes towards the Definition of Culture*, 1948）、英國文學批評家斯坦納（George Sreiner）的《藍鬍子的城堡：關於文化重新定義的註解》（*In Bluebeard's Castle: Notes towards the Redefinition of Culture*, 1971），以及《文化：概念與定義評論》（*Culture: A Critical Review of Concepts and Definitions*）。[10]紀爾滋（Clifford Geertz）的《文化的詮釋》更是許多民族主義研究者最愛引述的著作。[11]

　　然而，何謂文化呢？根據《牛津英英與英漢辭典》的解釋，「文化」（culture）這個字詞有六種含義，其中第二項和第四項比較符合我們的需要，但仍然語焉不詳。從民族主義研究的立場來看，我們比較在意「人類學」與「社會學」的定義。在「人類學」上，文化指一個群體的生活方式，其內容包含後天逐代相傳的行為模式和思想，諸如群體的信仰、價值觀、語言、政體、經濟活動以及器具、技術和藝術形式（後三項即所謂物質文化）。在「社會學」上，一個共同體的社會傳統指的是：整個人為造物

2月），頁35-43。

[9]　Alan Bullock and Oliver Stallybrass（eds.），*The Fontana Dictionary of Modern Thought*（London: Fontana Books, 1977），p. 149.

[10]　同上。

[11]　Clifford Geertz, *The Interpretation of Culture*, New York: Basic Books, Inc., Publishers, 1973.

的總稱，包括工具、武器、房子、工廠、禮拜儀式、政府、娛樂、消遣，以及藝術的創作等。或精神上的集體「加工品」，如象徵體系、觀念、信仰、美學概念、價值觀等。或行為的獨特模式，如制度、群體、典禮和組織形式等。這些人為的「創造」有時候是刻意的，有時候是不經意的結果，但都有其不同的生命處境，並且會代代相傳。[12]

根據以上對文化的界定，「文化民族主義」可以暫時理解為：當一個民族發覺他們缺乏文化認同，或文化認同正遭遇外來的威脅時，文化民族主義的目的就是用來創造、強化或保存民族的文化認同，藉此讓民族獲得更生的機會。文化民族主義者視民族為獨特的歷史與文化產物，同時也是一種有個別特色的團結組織。簡單地說，文化民族主義關心的是作為民族本體的文化共同體之獨特性。相較之下，政治民族主義者追求的則是為他們的共同體建立議會制的國家，並且讓每位成員都享有公民權，對政治民族主義者來說，他們所擁有的集體經歷是政治的現實。文化民族主義與政治民族主義經常相互激勵，但二者的目標不同，應該分別加以析論。[13]

「文化民族主義」如同「文化」的議題，這是一個就算用一本書的篇幅也未必能清楚闡釋的概念。[14]主要的癥結在於「文化民族主義」是個別民族的現象，各有其不同的發展處境，用赫德的話來說，它是「有機的」，無法移植，也無法模仿。但是基於研究與理解的方便，我們可以從中找出一些「共性」，經由這些

---

12 Bullock and Stallybrass（eds.），*The Fontana Dictionary of Modern Thought,* p. 150。

13 Kosaku Yoshino, *Cultural Nationalism in Contemporary Japan*（London: Routledge, 1992），p. 1.

14 參閱郭洪紀，《文化民族主義》，台北：揚智出版社，1997年。

通則再進一步作個案的分析。

（一）文化民族主義的要角是知識分子

　　一般而言，在文化民族主義的發展中有兩種群體的角色非常重要。一是「知識分子」（或稱為「思想菁英」），他們負責建構民族文化認同的理念與理想。另一種是「智識階層」（或稱「教育程度較高的社會團體」），負責將這些理想與理念跟他們自己的經濟、政治和其他活動結合在一起。在職業的範疇中，這兩種群體可會重疊，但是將他們區隔開來對於我們理解文化民族主義的發展會很有幫助，因為這兩種群體所關心的事並不盡相同。在任何社會中，菁英都是文化的創造者，因此菁英的特質通常會影響文化民族主義發展的方向。以現代中國大陸為例，菁英是操控政治結果的關鍵角色，即使在威權體制中菁英依然可以「精工製作」民主政治，[15]他們也可能摧毀民主制度。菁英可以用分裂的方式或暴力手段來動員族裔，修補族群之間的緊張關係，但許多內戰的煽動者也是菁英，這是菁英角色的「雙面神」特質。不論在文化民族主義中或政治民族主義中，都不能忽視這種現象。

　　葛爾納在論「何謂民族」時，用了一個預言式的故事情節來闡釋民族主義的演進。在魯瑞坦尼亞人（Ruritanians）的國度中，[16]推動民族主義的知識分子在代表同胞時充滿了溫暖與慷慨

---

[15] Baogang He and Yingjie Guo, *Nationalism, National Identity and Democratization in China*（Vermont: Ashgate Publishing Company, 2000），p. 147.

[16] 魯瑞坦尼亞是一個虛構的王國，位於第一次大戰前的中歐，是安東尼・霍普・霍金斯（Anthony Hope Hawkins）兩部冒險愛情小說《曾達的囚徒》（*The Prisoner of Zenda*）及《亨佐的魯珀特》（*Rupert of Hentzau*）的背景場所。參閱葛爾納（Ernest Gellner）著，李金梅譯，《國族與國族主義》（*Nation and Nationalism*，

的熱情，當他們穿戴著平民的服裝，悠閒散步於林間小道，吟詩賦詞之時，從未想過有朝一日他們會曾為掌握大權的官僚、使節或部會首長。在這個「戲碼」中我們見識到落後社會的知識分子在遭遇先進的異國科技與工業文化威脅時，如何訴求一種懷鄉的回返，以假設的俗文化之名出師應戰，投入語言與文化的重建。換句話說，要反抗異國先進文化的壓迫，首先必須來一場文化復興與再宣揚運動，最後則是發動民族解放戰爭。結果往往與知識分子當初所宣揚的民族文化再生背道而馳，取而代之的反而是一種利用本土語彙做掩飾，建立在現代科學基礎上的新文化。就此而言，文化民族主義與「現代化」有著密切的關係，葛爾納雖不明言，字裡行間已透露了這種訊息。

（二）文化民族主義是一種現代化運動

　　文化民族主義對於「建國」的貢獻是正面且積極的，這是個不容否認的事實，也就是說，它有助於某個領土內共同體的識別、政治組織的建立和統一運動的完成。但是，即使如此，多數學者還是認為文化民族主義仍然是一種「倒退」的力量，是來自落後社會知識分子的成果。這些知識分子面對先進文化的衝擊，為了彌補自卑感於是退回到歷史的世界，從中找尋曾經有過的偉大文明來宣示他們的優越。某些學者因而認為，在這類較落後的文化中文化民族主義雖然可以促成國家的建構，但是本身無法形塑該國家社會政治的現代化。

　　最先提出這種解釋觀點的應是「歷史主義」的史家孔恩

　　台北：聯經出版社，2001年），頁79-80，「編按」。

（Hans Kohn）。[17]他的書雖然寫於1945年之前，但影響深遠，四十年後葛爾納寫《民族與民族主義》仍受其影響。葛爾納將「文化」分成高級的與低級的，這種「二分法」來自普拉米納茲（John Plamenatz）的啟發。普萊米納茲的故鄉是巴爾幹半島，他很熟悉這個地方的民族主義，由於生成環境的限制，東方的民族主義注定是醜惡的，在他看來西方的民族主義是美好開明的。根據這項邏輯，葛爾納認為西方的民族主義運動所要服務的對象正是已經發展成熟的高級文化。但對東方民族主義而言，完全不是這麼一回事。這類民族主義的興起為的是服務一套仍未充分定型的高級文化，僅僅存在於盼望之中，是尚未完成的高級文化。這類高級文化與處境類似的對手激烈對立，為了管理或者爭取管理散亂於各地的各種方言與族群的權力，它從歷史、語言，和人種的範疇裡尋覓飄忽不定的忠誠，被這高級文化指定的子民才剛開始要認同這類新生的民族高級文化。[18]

在這種「二分法」之下，「文化民族主義」經常被劃分到「東方」民族主義的範疇中。哈金森（John Hutchinson）對這種論點提出反駁。哈金森於1987年出版的《文化民族主義的動力：蓋爾人的復興與愛爾蘭民族國家的建立》，是一本研究文化民族主義的重要著作。[19]在書中，哈金森強調應該賦予文化民族主義更積極的角色，它對現代化的過程貢獻不小。因為文化民族主義呈現的不僅僅是「原生論者」對共同體的看法，同時也是「演化

---

[17] 參閱Hans Kohn, *The Idea of Nationalism*（New York: The Macmillan, 1956），〈導論〉，頁3-24。

[18] Ernest Gellner, *Nation and Nationalism*（Ithaca: Cornell University Press, 1983）, pp. 136-8.

[19] John Hutchinson, *The Dynamics of Cultural Nationalism: The Gaelic Revival and the Creation of the Irish Nation State*, London: Allan & Unwin, 1987.

論者」的觀點。也就是說它的出現於一種超民族的俗世文化之中，已能感受到多中心論的世界文明之成長。文化民族主義正好扮演著「精神改革者」的角色，當社會出現危機時，適時建立意識形態運動，好讓共同體的信仰體系順利轉型，並且為現代化的策略提供社會政治發展的模式。在形塑這些目標時，這種俗世且超民族的文化所發揮的重要功能不容忽視。

文化民族主義作為一種推動現代化的力量，這項事實經常被忽視。孔恩與葛爾納確實指明了文化民族主義是受教育的菁英在面對外國現代化的衝擊時，一種為確保既存的社會階級而做出的「防禦性」回應。但是結果經常與預期的不一樣，哈金森以中東的伊斯蘭教和亞洲為例，文化民族主義原本是為了鞏固共同體的傳統價值，結果卻造成共同體的質變。哈金森認為他們兩人誤把回歸「民俗」的世界當作一種「退卻」，遁入孤立的農業社會，以那種單純性來對抗文明世界的失序。事實上正好與此相反，在「民俗」對知識分子的召喚背後存在著一股動能，視民族為一種高級文化，在人類的成長中有其獨特的地位。而且，一直想要結合傳統與現代，重新塑造民族並提升它與世界的進步並駕齊驅。哈金森強調，文化民族主義者認為民族是自發性的團結組織，從一開始它就是有機的，有其興盛和衰敗的演化周期。當其輝煌燦爛時，宗教與俗世文化都因它的激勵而發光，猶如人類文明的種子。領導人物的無能和傳統的僵化導致社會的腐敗，外來文化和政治勢力的入侵使原來光輝的民族成了世界唯物主義下的祭品。因此，文化民族主義者呼籲年輕一代打破傳統主義，在「民俗」的族裔基礎上建立現代科技的文化，讓民族從新走上世界舞台。總而言之，回返「民俗」的世界不是逃避，而是

一種手段，藉此將民族從當前的落後處境中彈射出去，擠身最先進的社會發展階段。[20]

（三）文化民族主義者是精神的改革者

與一般傳統的解釋不同，文化民族主義者認為「衝突」是社會發展的基本要素。從爭鬥中脫穎而出的民族，向來容易衰敗，然後再生。事實上，文化民族主義會定期地以某種運動呈現，尤其是當傳統主義與現代主義之間出現失調情況時，引發這種失調的原因可能是外來的現代化模式衝擊到既存的社會秩序，文化民族主義者利用這類運動來提整合共同體，其慣用的方法就是利用民族的歷史來激勵人心。作為一種整合的運動，文化民族主義對傳統主義和現代主義都加以批駁，認為二者都是墮落，真正的民族願景應該結合兩者的特性：前者產生了獨特的共同體認同感，後者則提供了民族公平的機會參與人類的進步。民族成員之間的衝突之所以發生，主要是因為民族成員與民族的傳統失去了聯繫。

文化復興論者因而讚嘆傳統共同體對人的看重和與自然、家庭、鄉誼與宗教的親密關係。但他們也反對傳統共同體的「脫離現實」，阻礙了所有群體（包括職業、性別、宗教）對民族的均等貢獻，也就是說本土價值觀的墮落大家都有責任。跟理性主義的現代論者一樣，文化民族主義者也相信由菁英輪流領導的社會秩序有其價值，因為是浮動的，所以可以接觸到更廣大的人群。但文化民族主義者反對現代化的理性主義者，認為他們太過於一

---

[20] John Hutchinson & Anthony Smith（eds.）, *Nationalism*（Oxford: Oxford University Press, 1994）, pp. 127-9.

廂情願地接受世界主義的現代化模式，這種外來的模式所產生的「四海一家」思想，只會讓社會道德淪喪。對文化復興論者來說，歷史明白顯示社會的進步不是源自加諸在共同體之上的外來規範，而是起因於傳統階級秩序的內部改革，民族自尊心的恢復才是民族成功地參與世界事務的先決條件。

就此而言，文化民族主義者可以視為道德精神的改革者，他們試著要「恢復」族裔和歷史相對論者心中的民族，改變傳統主義者與現代主義者的衝突方向，將二者結合在一起，共同為建構一個獨特且自主的共同體而努力，能夠在現代世界中與別人競爭。首先，他們必須引進一種新的民族主義意識形態：「傳統」與「現代」的意義是可以改變的。「現代」（或者說「西方」）對其支持者來說，是世界性的進步動力，但表現的方式則是各民族特有的地方性。「傳統」的意義必須從新界定，必須告訴它的支持者：「傳統」是浮動社會的產物，不是一成不變的，它的光榮來自它與別的文化的互動。對「傳統主義者」和「現代主義者」來說，他們的真正母體正是文化民族主義者的計劃——民族，實現該計劃的內部驅動力是一切意義的基礎，不論是個別的或集體的。

文化民族主義經常被學者解釋成與落後社會的知識分子有關，是他們所用的一股主要力量，例如十九世紀的印度與中國，他們在面對西方現代化模式的挑戰時所做出的回應。此處的社會逐漸的走向兩極化，一方面是被動地傾向「西方」，輕視本土的現代化派；一方面是否定所有外來價值的傳統派。像印度的辨喜（Swami Vivekananda）與中國的梁啟超等改革運動中的復興論者，他們所採用的方法不是盲目護衛共同體，反對所有外來的挑

戰，而是引進一種多中心的世界觀，強調各民族的獨特性和公平機會，每一種文化對過去都有貢獻，在未來也都能扮演同樣的積極作用。對傳統主義者來說，辨喜所倡議的是一個「真正的」印度，一個奠基在亞利安文明（Aryan Civilization）之上，結合了其他世界知識中心（波斯與希臘）的新民族，反對任何傳統的性別、種姓，和宗教等障礙。[21]辨喜抨擊宗教上的諸多禁忌（如碰觸外人）與種姓制度，視它們為背離民主文明的墮落。他認為學習外國的文化並不會使印度的傳統文化瓦解，相反地，這些技能和知識其實是印度曾經擁有的，只是加以恢復而已。宗教的「寂靜主義」（Quietism）造成了印度人的身體與社會退化，辨喜主張加以改變，認為踢足球比閱讀「吉塔」（Gita）更能實現救贖。[22]

對本土「西化論者」而言，「復興論者」所描繪的民族通常都是當「西方」還在黑暗時代時便已綻放光明。在李文生（J. R. Levenson）的《梁啟超與近代中國人的思想》一書中，梁啟超被描述成具有這種矛盾心態的知識分子。梁啟超經常說過去的「西方」不會比今日的中國好，今天很多的「西方」價值觀其實來自中國。他以他讀歐洲歷史的經驗為例，訓誡同胞不要盲目地接受西方文化，那樣做毫無意義，因為西方的進步有其獨特的韻律和盛衰循環。[23]同樣的情形也發生在非洲的文化主義者布里登（Edward W. Blyden）身上，他認為「西方」的霸權已是陳年舊

---

[21] 參閱B. T. McCully, *English Education and the Origins of Indian Nationalism*, New York, 1940, 第五章。

[22] C. Heimsath, *Indian Nationalism and Hindu Social Reform*（Princeton, NJ, 1964）, p. 355。「吉塔」意思為詩或歌謠。

[23] J. R. Levenson, *Liang Ch'i cha'ao and the Mind of Modern China*（London, 1959）, pp. 93-4.

事。因此，如同西方知識分子所說，「西方」在物質層面上的過度發展犧牲了精神的內涵，目前已嘗到苦果，內部的危機日益嚴重。非洲人，曾經也有過世界文明的典範，注定要再承擔這樣的使命。只要他們能夠恢復古代對自然、家庭、宗教、社群的信仰，然後調和新的世俗科學，必定可以再造非洲人的光榮，提升人類的道德層次，超越物質的水平。[24]要想進步，就得本土化，「西方」已是過時的文明。[25]

誠如傅偉勳所說，真正健全的文化民族主義要能適宜地轉化本土化的獨特性為普遍性或世界性，讓其他民族或國家也能分享，甚至受其影響而藉以改造本身的文化。[26]過度強調本土化而不了解自己文化與世界文化的關聯性，必然會產生狹隘而自我閉鎖的精神危機。

（四）文化民族主義是一種政治運動

大體上，文化民族主義的出現兩兩種形式。一種是單獨出現，如十九世紀中期開始，面對占有優勢的德語圈和法語圈的音樂創作，有一批自覺本族文化顯得較落後的作曲家們，就有創造民族主義形式的音樂趨勢，這批人統稱為音樂史上的「歐洲主義」派。他們純粹是文化民族主義者，這些作曲家與音樂毫無關係，只對自己本族的音樂創作感興趣。[27]另一種形態是伴隨著政治民族主義出現，二者相互刺激，彼此激盪，混合形成與發展。有時前者較為顯著，占有優勢，有時後者為主，前者只是附隨。

---

[24] R. W. July, *The Origins of Modern African Thought*（London, 1968），pp. 215-9.
[25] Hutchinson & Smith（eds.），*Nationalism*, p. 131。
[26] 傅偉勳，〈文化的民族主義與政治的民族主義〉，頁76-77。
[27] 同上，頁67。

這種類型的民族主義最多。以甘地為例，雖然他以政治民族主義為號召，發動多年的非暴力反英運動，但他自始至終都標榜古印度教以來的簡樸生活模式與宗教信仰，十足顯示了文化民族主義的立場，兩種民族主義在他身上並行不悖，同時發展。

政治民族主義與文化民族主義之間的關係對大多數的學者而言，始終是個難解的議題。一部分的人視文化民族主義為政治民族主義的前身，是民族運動的最初階段，一旦訴求的內容轉向政治的目標時，文化民族主義便告結束。另一部分的人則認為文化民族主義恆常存在，就算國家獨立了，文化民族主義依然是一種凝聚人民的力量，文化民族主義是一種手段與工具，本身不是目的。從民族主義發展的進程來看，任何的民族主義運動都是以政治目的為依歸，局限在文化領域內的民族主義，嚴格說來，不算是民族主義，只是一種烏托邦的不切實際。誠如哈金森所言，「文化民族主義是一種政治運動」，[28]拒絕接受傳統主義者的「孤立主義」，他們所要呈現的民族是個能夠與世界其他社會接軌的進步文化。同時，他們也反對本身的共同體被外來的（自由主義的或社會主義的）發展模式所同化。因為每一個民族都有自己的演化路徑，發展模式必須審慎選擇，才能有效應用民族的自然資源和天賦，唯有如此，才能如赫德所說，每個民族都有其對人類的特殊貢獻。

以下這兩個例子最能闡釋文化民族主義的政治軌跡。

---

[28] Hutchinson, *The Dynamics of Cultural Nationalism*, p. 36。

（一）捷克的文化民族主義

　　在1840年代以前，此種民族主義只局限在語言和文藝的復興，參與者也多是由教師、官員、學生、下級教士和商人等所構成的智識階層，一直要到1848至1849年間因為維也納憲政革命的影響突然取消對政治與新聞的限制後，民族主義的菁英才有機會要求文化的自主和完全的公民權利，並因此成功地召喚城市中產階級和農民的支持，對抗帝制的國家。1348年布拉格大學成立之時便帶有清楚明確的民族主義色彩，相較於其他的捷克大學，堪稱獨樹一幟。在文藝復興運動的早期，捷克文學中出現許多翻譯作品和遊記，而且在宗教改革運動的激勵下，出現了很多有份量的散文作品。學者多布羅夫斯基（J. Dobrovsky）所提倡的捷克民族復興運動更奠定了現代捷克文學的基礎。歷史小說家林達（J. Linda）、詩人科拉爾（J. Kollar）鼓吹泛斯拉夫思想，而馬哈（K. M）則公認為是捷克最偉大的詩人。這些人的作品中都體現了某種程度的愛國主義品味，代表了捷克文化民族主義的一個進程。

　　在捷克的民族主義發展史上，最傑出的人物當推他們的民族解放英雄和連任三次總統的馬薩瑞克（Thomas Garrigue Masaryk）。馬薩瑞克畢生的豐功偉績相當於義大利建國三傑馬志尼、加富爾和加里波底加總起來，葛爾納尊稱他為實踐派的「哲學家皇帝」，對他讚譽有加。[29]他的思想之所以廣受閱讀，不是因為他在政壇上闖出的成就，而是他那種高瞻遠矚的道德家氣度。他一生推動捷克民族主義的原因為的是要對歷史潮流盡一

---

[29] Ernest Gellner著，李金梅譯，《國族主義》（台北：聯經出版社，2000年），頁108。

份心力，這個歷史潮流符合他的道德觀。捷克之所以起而追求獨立，在於哈布斯堡帝國無法讓他們從傳統的威權統治與天主教的教條主義中解放出來。馬薩瑞克要徹底揚棄捷克歷史學家及先知先覺者波拉奇（F. Palacky）偏向「奧匈斯拉夫主義」（Austro-Slavism）的主張，建立一個民主自由的捷克共和國，這是無法擋的歷史趨勢。

葛爾納說捷克是個有肚臍的民族，馬薩瑞克為捷克提供了這個肚臍。對馬薩瑞克來說，十五世紀的捷克人和現代的捷克人雖然不一定是一脈相傳，但捷克的文化民族主義是真實的。何時開始有真正的捷克文化，也許還有討論的空間，但是，捷克的民族主義發展始終未能擺脫政治的包袱，這項事實已獲得了證明。

（二）烏克蘭的文化民族主義

主要係建立在十九世紀末「雪夫肯國科學社」（Shevchenko Scientific Society）的基礎上，這是一個波蘭加里西亞人（Galician）的組織，創立於1873年，用以紀念過世的詩人雪夫肯國（Taras Shevchenko），作為烏克蘭再生的象徵。這個社團在開始時所追求的目標還算溫和：促進烏克蘭民族的語言和文學的發展，並成為一家出版機構。但是發展太快，從原來菁英聚集的學院轉而成為一個像傘形狀的組織，慢慢將各種不同的社會政治運動引導向兩個方向發展：首先是將被加里西亞地區波蘭人和烏克蘭俄羅斯人統治下的人民予以民族化，其次，將他們統一起來，建立一個獨立的國家。雖然地點在加里西亞，但是這個社團依然獲得來自俄羅斯的烏克蘭實質的金援和文化上的支持。

十九世紀末烏克蘭的民族中最著名的人物是赫魯雪夫斯基

（Michael Hrushevesky），他是一位散發著領袖魅力，主張民粹主義的史家，他的歷史論述為烏克蘭提供了對抗波蘭和俄羅斯民族主義的正當性。從1894年開始赫魯雪夫斯基就擔任該社團的負責人。其他著名的民族主義者尚有德雷克米諾夫（Drakomenov），一位重要的進步主義知識分子，以及法朗戈（Franko），學者、詩人和社會主義的知識分子。這三個人將該社團轉化成烏克蘭歷史與科學的研究中心，也因此變成一個催生烏克蘭民族復興的社會／政治動因。

原先烏克蘭的民族主義將重點放在教育上，但是當他們獲得愈來愈多激進派的民粹主義者的支持後（包括少部分出身農民的知識分子和加里西亞中產階級），整個網絡於是擴大到職業、經濟，和準軍事的社團。農業合作和信貸聯盟紛紛成立，用來激勵農民的族裔自尊心和自力更生。大體上，烏克蘭的「復興運動」只是「少數族群」的熱忱，加上波蘭人的堅決反對，因此在1898年後，該社團加入了鼓動共產主義社會者的政策，成為由國家引導的運動，目的是在倫貝格（Lemberg）建立單獨的烏克蘭大學。

進入二十世紀後，此一運動在加里西亞獲得了更多的推動力，起因於民主改革的政策和來自哈布斯堡皇帝的支持，因為他正想利用各種機會打擊勢力愈來愈強的波蘭人。在俄羅斯的烏克蘭，本土的知識分子幾乎都是馬克思主義者，但在1905年的流產革命之後，這群人轉向民族主義，此運動已能從後來的局部政治解放中獲得好處。的確如此，在1914年以前，烏克蘭的文化民族主義影響有限，參與者局限在智識階層和少數加里西亞的中間社會階層。但自此以後，該運動結合了更多的民族主義菁英，他們對現存的政治結構普遍感到不滿。第一次世界大戰期間，俄國沙

皇和哈布斯堡的帝制已搖搖欲墜，這些菁英趁機攫取機會，推出赫魯雪夫斯基擔任烏克蘭人民共和國的總統。烏克蘭於1918年脫離俄國獨立，1922年成為前蘇聯加盟國，1991年獨立。[30]

　　不論是何處的文化民族主義，幾乎都會產生歷史學和藝術的發展，在此發展過程中知識分子所建立的文化論壇，目標經常指向那些僵化的政治和文化秀異分子，藉由批判他們來鼓動新一代受過教育的青年，重新詮釋民族的理念，民族是當下生活的原則，不是過時的東西。文化民族主義雖然有其政治的內涵，但不論從追求的目標來看，或是就組織的模式加以比較，二者之間還是有很大的差別。以下選擇三位著名的文化民族主義者加以分析，分別是英國的博林布魯克、法國的盧梭和德國的赫德。

一、博林布魯克（Henry St. John Bolingbroke, 1st Viscount, 1678-1751）

　　第一代博林布魯克子爵亨利・聖約翰是英國著名的政治家，出生與往生都在倫敦。早年在伊頓公學上學，後來可能進入牛津大學讀書，遊歷歐洲後於1701年進入國會，1712年封為貴族。雖然是保守黨（Tory）的政治家，也是英國教會任命的成員，是個野心勃勃的貴族，而且喜好時髦，並沒有因為是保守派而變得「古板」，他希望後人當他是個偉大的哲學家。當大部分同年紀的人才剛開始從政，他已經對高官厚祿萌生倦意。他有足夠的閒暇和財富，政壇上的不如意反倒給了他機會寫出眾多的哲學作品。數量最龐大，尤其是關於宗教的作品，至今仍然沒有多少人

---

[30]　參閱Hutchinson, *The Dynamics of Cultural Nationalism*, 頁12-19; 30-36。

讀過。博林布魯克對聖經與各種教會威權中超自然的、奇蹟的和形而上的傳統大加撻伐，他頌揚自然權利和自然的法則，如理性與人道主義。博林布魯克是第一個嚴厲批評基督教「時代之岩」（Rock of Ages）的英國人，同時也是崇尚自然與理性宗教的前輩人物，他稱這種宗教為「有神論」（Theism）。

　　博林布魯克的「有神論」如同大部分十八世紀哲學家所信奉的新自然宗教，看來有點不討好。它們的「理性之神」太過遙不可及，沒有一點人性的味道，太科學了，永遠是那樣彬彬有禮和井然有序。他們不大用大寫的字母來稱呼「他」，這個「他」似乎未能激勵他們，也不覺得有必要因為「他」而去舉行再生聚會。他們用「正經八百」的態度和不偏不倚的詞句來討論「他」的屬性——巨大與無助，雖然取悅了很多人，但只是搔個癢罷了。他們必須找尋另外的情感出口，有感覺的崇拜熱誠，能夠奉獻個人的儀式。許多人轉而尋求純粹的人道主義與各式各樣的「好事」（good works）。其他的人，包括博林布魯克本人，則轉向人道主義的民族主義。

　　博林布魯克的民族主義哲學主要呈現在以下的四部簡要的著作中：《愛國君王的理想》（Idea of a Patriot King）、《論愛國主義的精神》（On the Spirit of Patriotism）、《評英國的歷史》（Remarks on the History of England），與《政黨論》（A Dissertation upon Parties）。在博林布魯克看來，「這種事」（指民族主義，但是他不用這個字詞）直接來自「萬事第一因」（First Cause of All Things）－「自然與理性之神」。神在人間創造了民族群體，或者說「他」在人性的本質中植入想要建立民族群體的推動力，因為地理、氣候、語言、性格與政府的不同，每一個民族群體都

不一樣。「他」同時也公佈了兩種最偉大的自然法則作為他們的指導，其中之一是「理性的普遍法則」，一體適用於所有人。另一項是「獨特的律法或法律憲章，由不同的共同體選擇作為統治的規範」，適用於不同的民族群體。經由理性，這兩種律法得以展現出來，因為合乎自然，所以對人有約束力。後者用以護衛人類，前者用以保護民族，二者相輔相成。

依博林布魯克的說法，「自然與理性之神」希望每一個民族政府都是好的政府。如果它們能夠符合個別民族群體的精神，這樣的政府形式理應是非物質的，但是在第二種偉大的自然法則下，這種民族群體對「合法的」君王或政府的崇敬是全民的，不是個人的。任何民族政府最重要的職責是促進民族的利益，不是王朝或階級的利益，真正的民族利益必須搭配和平的外交政策，並且適度的尊重別的民族群體的權利與利益。

基本上，博林布魯克所做的事在建立一種新的民族主義架構，用以取代「教會萬能主義」的舊宗教迷。對於「舊」的懷疑，使他容易被「新」的所騙。因為不願接受源自超自然神的「傳統基督教」，博林布魯克堅稱民族群體直接來自「自然之神」。威權，他曾經用此字來指稱基督教會的專橫，如今卻視它為合理的，是神賜給民族國家的恩典。他確實以新的神取代舊的神，他扮演著「施洗者約翰」（John the Baptist）的角色，宣傳民族主義的福音，並且為民族主義的新「聖約」造了一艘神聖的方舟。

一方面，博林布魯克為所有國家的民族主義提供了哲學的基礎，但他最關心的還是民族主義在英國的表現。他相信不列顛——或至少英國——是個有著特別「天分」的民族群體，英國的

憲政是英國人自由的保證，它的君主制是有限度的（上帝也是個君主，但不是獨裁者，是個權力有限的君主），有其民族的教會和擁有特權的土地貴族，只有英國人才會設計出像神意安排的民族。因此，每一位英國人都有愛國的義務，應當為英國的憲政服務，博林布魯克自己寫了很多作品頌揚伊利莎白女皇和其他輝煌的統治者，歷史上最早的國歌〈統治吧！不列顛尼亞〉（Rule Britannia）便是他的傑作。[31]

博林布魯克的民族主義看起來像是政治的，明顯帶有強烈的貴族氣息。為了追求民族的利益和保護民族的光榮，任何形式的民族政府（尤其是英國）都應該包含貴族的成分。事實上，博林布魯克的貴族政治民族主義是人道主義的，每個民族群體都有其「天分」，都應該建立一個符合其特質的政體。儘管他對英國充滿著愛國主義思想，卻依然具有濃厚的世界公民特質。常年住在國外，他對法國的了解不下於對自己的國家，對歐洲大陸的啟發如同他對英國的影響。就像他同時代的知識分子，博林布魯克對迫害與不寬容感到厭惡，對戰爭與殘酷行為大加撻伐。在他那些卷帙浩繁的著作中，他從未攻擊外國人或貶視任何外國民族群體，從來不鼓吹或暗示侵略主義。在博林布魯克看來，民族主義是最自然且合理的工具，不只是用來促進民族合法的利益，同時也要確保最高級的國際主義，民族主義是人道主義最美好的果實。[32]

---

[31] Louis Snyder（ed.），*The Dynamics of Nationalism, Readings in Its Meaning and Development*（Princeton: D. Van Nostrand Company, 1964），p. 82。

[32] 參閱Carlton Hayes，*The Historical Evolution of Modern Nationalism*（台北：雙葉書局翻印，1968年），頁17-22。

二、盧梭（Jean Jacques Rousseau）

盧梭，法國著名的政治家、教育家和散文作家。出生於瑞士日內瓦，主要靠自學，從事過多種卑微職業。1741年到巴黎，結識了狄德羅（Denis Diderot）和百科全書派。1754年寫出〈論人類不平等的起源和基礎〉，強調人類天性的善和社會化生活的腐蝕影響。後移居盧森堡，在那裡寫出名作《社會契約論》，對法國大革命思想產生巨大影響，提出「自由、平等、博愛」的口號。同年出版小說形式的教育作品《愛彌爾》，因為書中對君權和政府制度的觀點不合當道，被迫流亡瑞士，後應休姆（David Hume）之邀赴英國，在那裡寫作《懺悔錄》。1767年回到法國，繼續寫作，但精神逐漸錯亂，卒於1778年。

盧梭，這位半瘋狂的天才，雖然不大會經營自己的生活，但是對別人的生活卻影響很大。他對現代民族主義的覺醒頗有貢獻，[33]但很少人當他是民族主義的哲學家。他的確寫了很多著作，可是對民族主義這項主題始終欠缺有系統的分析。儘管如此，我們還是可以從他的政治哲學著作中找到他對人道民族主義學說的偏好。在《社會契約論》這本著名的小冊子中，盧梭首先提出這項觀念：政府是契約的結果，是出自個人自由與自願的「同意」，是由「人民」（people）所賦予的。當人民的「普遍意志」改變時，政府便會改變。顯然，盧梭的「契約論」含有「主權在民」的原則，這是民主政治的基礎。這種理論當然不是新的，早在洛克（John Locke）和密爾頓（John Milton）時便已論

---

[33] Snyder編，*The Dynamics of Nationalism, Readings in its Meaning and Development*，頁106。

述過，盧梭做的是一種綜合的工作。這本書出版的時機正好符合時代的心理需求，當時的歐洲知識分子（尤其是法國）正在找尋某種「處方」，可以順理成章地對現行的政府和社會進行改革。盧梭的言詞充滿烏托邦的理想主義，深深吸引了他同時代的「純」理性主義者。除此之外，他幾乎利用了所有啟蒙運動的「行話」，例如「自然的國家」、「自然權」、「自由」、「平等」、「個人主義」，以及「人道主義」。藉由批駁前輩的神學或教會萬能思想傾向，明明白白地將自己的綜合論述導向世俗的社會和政府，盧梭贏得了同時代人對他的尊敬，這個時代的人共同的心態是：憎惡形而上與神學的思想。

「民族」究竟指哪些人，盧梭沒有明確解釋。「民族」可能被假定為任何居住在某一領土內，或由同一政府所統轄的一群人。也有可能指稱一個說相同語言的民族群體。然而，不管如何，這個概念在盧梭的理論中雖然有點隱晦，但當它實際被應用時意義卻很明確：「民族」指的是有相同語言和歷史傳統的共同體，他們聲稱「主權在民」，並且要求政治上的民主。雖然有些民族主義不需要民主政治的支持，但是對大部分最受歡迎的民族主義而言，政治民主仍是它們最強有力的支撐物。盧梭的學說直接影響到政府的形式，因此，人民的「民族自決」也就間接地受其影響。根據盧梭的理論，我們可以推論出這樣的邏輯：「人民」（或稱「民族」）並非由各種不均等的階級所構成，而是由一群享有同樣權利與義務的個人所組成，「人民的」或「民族的」國家，這種想法完全是世俗的，而且絕對是有獨立主權的。

在《社會契約論》和大部分《愛彌爾》著作中，有一些想法似乎與十八世紀初期（例如在博林布魯克時代）的古典啟蒙運

動精神很不協調，到十八世紀後半期以後，在知識分子中，盧梭的觀點充其量只是敲得太重的音符，已經不會影響整個演出的和諧。這個音符其實就是對原始自然的崇敬心和浪漫的態度，讓大家都回歸自然，自然是可愛的，是動人的。我們可以在瑞士冰封的峭壁險崖上、在日內瓦湖的波光漣漪中、在法國鄉村靜謐田園和樹葉茂盛的林間谷地、在挪威雄偉的峽灣、在人跡罕至的美國森林，見識到自然最初的美。盧梭的教育哲學與這種崇奉自然的情感有關，《愛彌爾》便是一部教育思想的名著，受到崇高的重視。[34]

1772年盧梭出版《波蘭政府之思考》，這本書是應一位波蘭貴族之請，就當時波蘭在鄰國虎視眈眈的處境下，提供波蘭如何成為一個民族的告誡。在書中盧梭討論了很多民族主義的觀點。他曾經引述摩西怎樣用異於其他民族的特殊法律與宗教儀式，把猶太人結合而成一個民族。他對波蘭人提出警告：「你們不知道該如何阻止俄國人的併吞，至少要站穩腳跟，別讓他們給消化了。你們的公民最好的德性就是他們的愛國熱誠，這是民族制度所能給你們的特殊精神表現，是永遠衛護你們的唯一堡壘，沒有任何軍隊攻得下的防禦堡壘。」[35]

盧梭提到幾種加速民族情感凝結的謀略，例如以特殊榮譽褒獎有功的愛國志士、復興民族的風俗、舉行民族競技運動、演出民族的戲劇、慶祝有愛國意義的節日。在所有這些方法中，教育最為重要，決定了「人民」是否能成為「民族」。孩子在張開眼

---

[34] 朱諶，《民族主義的背景與學說》（台北：國立編譯館，2000年），頁109。

[35] Hayes, *The Historical Evolution of Modern Nationalism*, p. 26. 譯文參閱朱諶，《民族主義的背景與學說》，頁109。

晴的時刻就應看到祖國，[36]壽終正寢之時也不應離開祖國。每一位真正擁護共和政體者都應吸收母親的奶水，愛他的國家，也就是說律法與自由。這種愛構成了他的存在價值，他所看到的除了他的國家，別無他物。一旦變成孤獨一人時，他便一無所有，一旦他失去了國家，他也就形同不存在，就算仍然活著，可能比死還難過。民族教育只提供給自由人，教育應該是免費的，或者如果可能的話，應該開放給最窮困的人。除此之外，每位公民也應是軍人，這樣的民族軍隊可以為共和國節省很多的錢，隨時都有人準備為國家效勞，而且因為這是他們的利益，是以會比別人更賣力。

在這些勸告中，盧梭擬訂了一套民族主義宣傳的綱要，包括民族軍隊、民族教育、民族劇場、民族習俗和慶典，就算波蘭人沒有立即採用，也會有別的民族群體在不久的將來加以實現，那將是一個較能體驗盧梭的想法，深受啟蒙精神及其伴隨的民族主義所影響的民族。與博林布魯克的貴族民族主義不同，盧梭的民族主義是民主的，亦即他的民族主義中沒有君主，沒有貴族，有的只是個別的公民，尤其是「普通人」（common people），他們才是民族愛國主義的監護人，最能守衛民族的利益。

但是，盧梭的民主民族主義在目標和意圖上跟博林布魯克的貴族民族主義一樣，都充滿了人道主義的精神。盧梭周遊列國，沒有特別偏愛哪一個國家，如果有例外，可能只有日內瓦這個小城邦。他不希望有民族群體拿別的民族群體當墊背來壯大自己。

---

[36] 原文為法文，英文翻譯出入很大。史奈德收錄的文章譯為nation，海耶斯譯為 fatherland，本文用海耶斯譯文。Snyder編，*The Dynamics of Nationalism, Readings in its Meaning and Development*，頁107。

在盧梭著作華麗的煽情主義背後藏著深層的人道主義關懷，儘管外表上很善變，但骨子裡的盧梭卻是個誠實、熱情和極富人情味的人。因為看到人類被鏈子所鐐銬而感到哀傷難過，盧梭相信如果人們了解到他所提供給他們的這些工具的價值，他們就能解開鐐銬，做個自由人。這些工具包括「自然的國家」、「社會契約」、「自由與平等」、「普遍意志」、「主權在民」與「民族主義」，都可以在他的著作中找到。

三、赫德（Johann Gottfried von Herder）

在民族主義的研究中，赫德是個家喻戶曉的人物，很多學位論文都以他為主題，但是我們對赫德的了解也只足夠寫出一個章節，[37]或是毫無系統地引述他的話，[38]赫德的思想顯得如此博大精深，每個人都可以各取所需，各自找到自己想要的材料作為論述的依據，這些詮釋究竟對或錯，事實上無從論斷。在德語世界中，關於赫德的研究已相當詳盡，[39]英語的赫德研究仍然在起步階段，甚至可以說已經沒有研究的新鮮感。「文化民族主義」對西方學者的吸引力從來就不夠強烈，赫德的思想或許對德國的影響很大，但是要作為一種歐洲人共享的普世價值，在西方學者看來，赫德不過是一位德國早期的文化民族主義者。

不像博林布魯克和盧梭，他們都是某種程度的世界公民，他們的民族主義可以適用於不同的國家，雖然都充滿人道主義的關懷，但民族主義的內容仍然有著濃厚的政治意味。因此，他們兩

---

[37] 參閱李宏圖，《西歐近代民族主義思潮研究》，頁123-136。

[38] 參閱蒲薛鳳，《現代西洋政治思潮》（台北：正中書局，1990年），頁212-215。

[39] 參閱Robert Reinhold Ergang，*Herder and the Foundations of German Nationalism*（New York: Octagon Books, 1976[1931]），參考書目。

人能否稱得上「文化民族主義者」會有一些爭議，相較於赫德，至少到目前為止我未曾見過將他歸為「政治民族主義」範疇的文獻。厄爾根（Robert Reinhold Ergang）在《赫德與德國民族主義的基礎》前言中引述了赫德的一句話，用它來界定民族。「民族是一個有自己民族文化和民族語言的一群人」，[40]德文中的「民族」（Volk）一詞，很難用nation一詞來翻譯。在赫德看來，文化是有機的，涉及到對共同傳統的珍愛，離開這個處境之後，這項定義就不適用。對文化與語言的強調使我們將他貼上「語言民族主義」和「文化民族主義」的標籤。

赫德的身分相當多元，他是傳教士、教師、學者、科學家、詩人、文學評論家、作家、教育家，多元的身分意味著他對各種學問的不專精。厄爾根在註解赫德的生平時說他興趣太廣泛，以至於著作雖多卻深度不足，赫德的心思永遠處於不穩定的狀態。「我們在赫德身上看到了高貴的天才過失，追求新觀念他從不遲疑。」赫德自己也說：「一個好心腸的人會因為他對別人的激勵而感到快樂，不是因為他說的話。」[41]赫德是一位觀念的製造者和播種者，在德國的所有作家中，他留給後代的觀念最豐富，這些觀念以今天的眼光來看或許有點過時，尤其是經歷了兩次世界大戰，經過黷武好戰的民族主義洗禮之後赫德的理想主義顯得與時代格格不入。每一種思想都是時代的產物，赫德就是典型的十八世紀產物。[42]雖然身處啟蒙時代，但是赫德並不關心政治，對他來說，文化的發展是接近人性最直接的途徑，「民族群體的文

---

[40] 同上，頁7。
[41] 同上，頁81。
[42] Hayes, *The Historical Evolution of Modern Nationalism*, p. 27。

化正是民族存在的花朵」，[43]「民族群體」的概念是他留給十九世紀最重要的資產。

赫德出生於東普魯士的莫倫根（Mohrungen），家境不好，但雙親都是虔誠的路德教派信徒，童年教育對赫德人格成長的影響很大。赫德回憶父親時說：「當父親因我的表現感到滿意時，臉上便流露出慈祥的光芒，用他的手輕輕地放在我的頭上，說我是『神的安詳』。這是我最快樂和最甜美的獎勵。」[44]另外，有一首可能寫於大學時代的詩，赫德說他母親教導他要「祈禱、感受、思考」。這樣的家庭氣氛造就了赫德的虔信主義。進入格林格斯堡大學（University of Königsberg）就讀後，以下這三個人的思想對他的影響也很大。一位是康德（Immanuel Kant），一位是哈曼（Johann Georg Hamann），另一位是盧梭。從康德處赫德學到如何調和新教信仰與理性主義的矛盾。1762至1764年間，赫德受業於康德，出席了康德所有的講演，包括自然地理學、數學、邏輯、哲學、倫理學與形上學等。兩人亦師亦友，然而因為沒有交集，終於漸行漸遠。但是康德還是很肯定這個學生，「當這個激昂的天才不再那樣騷動不安，以他的才能，會是個有用的人」。[45]赫德也寫了一首小詩讚美康德。

「當沒有東西可想，沒有東西可以感覺，我依然穿著腳鐐，被塵土、汗水與淚水啃蝕，我嘆息：一個奴隸，何來心情歌唱！於是，阿波羅，太陽神，你來了。帶走了腳鐐！我塵世的眼睛為之一亮──他給了我康德。」[46]

---

[43] Ergang, *Herder and the Foundations of German Nationalism*, p. 239。
[44] 同上，頁52。
[45] 同上，頁58。
[46] 同上，頁59。

哈曼的身分是神學家、語言學者、歷史學家和作家，除了神學與文學專家外，很少人知道他。赫德從他身上獲得了對宗教的堅信：宗教絕對不只是思想上的教條，它更是內心的情感，是一種對文化上或政治上共同民俗的珍視，相信民俗語言、民俗文學和風俗民情的重要性。哈曼教導赫德英文，使赫德能夠閱讀英國文學，尤其是莎士比亞。在與哈曼相處的兩年中，哈曼帶給赫德一種對啟蒙運動充滿敵意的「世界觀」（*Weltanschauung*），認為光靠理性不足以理解深層的真相。經由與康德和哈曼的交往，赫德受到盧梭著作的影響。從閱讀盧梭的作品中，赫德浸淫在一種對「原初的」、「自然的」與「本來的」之愛中。他從盧梭身上借用了「人工文化」的概念，因此努力地想要將他那個世代的人拉回到以自然律為基礎的生活方式。感覺上，盧梭的「自然福音」變成了赫德的「民族群體」想法。盧梭對赫德的影響很大，以至於有人稱赫德是「德國的盧梭」，雖然這種比喻有點不倫不類，但卻可以說明赫德對盧梭的熱情，有詩為證：「我要追求自我，我將找到自我，然後再也不要失去自我，……來吧，成為我的嚮導，噢，盧梭！」[47]

　　很多文化民族主義者都是詩人，從赫德的詩中我們可以看到一個浪漫主義的心靈，可惜的是大家只對他的民族主義有興趣，忘了他真正的身分是「詩人」。在《人類歷史哲學大綱》這本書中，赫德建立了影響後世深遠的文化民族主義哲學。生長在一個普遍認為民族群體是純粹人性發展的障礙，赫德獨排眾議，相信民族群體才是促使人類進步的主要因素。赫德曾說：「人類的意

---

[47]　Ergang, *Herder and the Foundations of German Nationalism,* p. 61。

義就表現在不同的民族群體上」，只有在民族群體的架構中人才有意義。在十八世紀的個人主義基礎上，赫德又加了十九世紀的集體主義。

　　根據他的歷史哲學，人類不只是一群人的聚合，而是由明顯不同的民族群體所組成。作為研究主題的不是個別的人，而是一個一個的民族群體。雖然個人的自我並沒有被忽略，但已經被當作只是民族自我的一部分。簡單地說，赫德的歷史哲學將對個人的強調移轉到對民族群體的重視。啟蒙時代的人視民族群體為虛構，是一種一大群人結合而成的人為團體。對赫德來說，民族群體卻是自然、有機的整體，每一個有機體都是依照自然律發展的結果，每一個民族群體都是按照自然所開立的處方發展而成。因此，個人無權選擇他自己的道路，自然早已決定。想像一幅世界景象，如果其中的民族群體沒有明確的區分，那是對創造意義的誤解。就此而言，赫德是菲希特與馬志尼等人的先驅，他們都認為民族群體是不可抗拒的自然力的產物。菲希特在1807年時寫道：「利用任意建立的習俗將普魯士人與其他日耳曼人分開是不自然的，將普魯士人與其他歐洲人分開則是合乎自然的。」[48]

　　赫德可能是第一個提出「文化有機體」概念的人，在他之前不曾有人從「有機的」觀點來理解民族群體，但「有機的」這個概念並不是赫德所創。1764年德國考古學家和藝術史家溫克爾曼（Johann Winckelmann）出版《古代藝術史》，認為希臘的藝術是自然的發展，並且努力要證明這種發展如何受到氣候、民族

---

[48]　同上，頁249。

性格、宗教、政治和習俗的影響，事實上，就是整個希臘文明的處境造就了希臘藝術。大抵上，希臘藝術的興起和衰落都可以從希臘人的生活中找到答案，因此，他提出了歷史發展的有機論。赫德讀過這本書，自然而然地就將這個概念用於解釋文化。對赫德而言，「有機的」不限於藝術，舉凡詩、哲學、語言、宗教都是，總而言之，整個文化都是群體生活的表現。赫德將每一個民族群體的文化都當作有機體，每種文化支流都是大型有機體整體的一部分。赫德之後開始有人將所有文化的不同現象當作民族或人民靈魂的表現，並將此一靈魂等同於個別靈魂，浪漫主義者正是其中之一。

赫德也可能是德國第一個提出「傳統學說」的人，他的「傳統主義」與後來法國的鮑納德（Vicounte Louis de Bonald）所提倡的類型不同，[49]鮑納德想要扭轉時代，回到過去的社會生活。變遷對他們二人而言都是有害的，赫德所憎惡的不是變遷本身，而是不符自然原則的變遷。進步意味著依照民族群體自己與生俱來的天分，一步一步地前進。就赫德的了解，德國的進步在於發展德國民族的獨特天賦和習性。對赫德來說，在民族群體身上可以見識到各種歷史價值，可以看到持續性的理念，也就是活著的人和過世的人，以及尚未出生的人之間的確切關係。個人的生命有終點，但是民族群體會延續下去，這種持續性不會被打斷。赫德要他的同胞發揮這些特質和天賦，做個真正的德國人。他告誡同胞要「追隨父親們的精神腳步」，不要只為了另建一個民族群體而棄絕本國的傳統，要珍惜父親們留下來的習俗和傳統，用

---

[49] 參閱朱諶，《民族主義的背景與學說》，頁110。

它們為基礎。赫德告訴他同時代的人,民族群體的真實精神就在於民族的語言與民族的文學經典中,本土的語言「充滿了祖先的生活與血汗」。在民族群體的文學中,可以看見整個民族靈魂的重現,如果民族群體想要達到完全的發展,千萬要記住語言的重要。

赫德的影響當然不限於德國,他對斯拉夫民族群體的發展影響也很大。斯拉夫是印歐語系中使用斯拉夫語的民族集團,一般認為其祖先居住地在今天烏克蘭西北部到波蘭東南部一帶。西元二世紀到七世紀,由於受到日耳曼民族侵擾,斯拉夫人離開祖居之地,有的往東北遷移,有的南下巴爾幹半島。導致後來陸續產生西斯拉夫族(捷克人、波蘭人)、南斯拉夫人(塞爾維亞人、克羅埃西亞人、保加利亞人)、東斯拉夫人(俄羅斯人、烏克蘭人)等支族。總人口數據說達二億七千萬人,是歐洲最大的民族。[50]然而,回顧斯拉夫民族的歷史,除了少數例外,卻一向很暗淡,赫德說他在地球上所占的空間遠大於在歷史上所占的篇幅,就是這個意思。[51]或許這是因為直到近代為止的歐洲重要時代潮流,包括基督教內部對立、文藝復興、大航海時代與絕對主義、市民革命等等運動,斯拉夫人都因為位處邊陲而無法積極參與,而成為歐洲的邊緣人。

赫德在著作中教導斯拉夫人要珍愛自己的本土語言和民族文學,強調民族文學是所有民族群體知識的源泉。另外,他也建議「溫德人與斯拉夫人、波蘭人與俄羅斯人」都要蒐集民族歌謠。

---

50 辻原康夫著,蕭志強譯,《從地名看歷史》(台北:世潮出版社,2004年),頁94。
51 Kohn, *Nationalism: Its Meaning and History*, p. 106。

在《人類歷史哲學大綱》中赫德要大家採集斯拉夫的習俗、歌謠和傳統，並且要求將斯拉夫民族失落的歷史斷層銜接起來，如此一來這張人類的景觀圖才算完整。在〈斯拉夫民族〉這一章中，他描繪出一幅完美的斯拉夫民族的起源和發展，並且盛讚斯夫人的精神。他像先知一樣地預言：「你們，曾經是個勤勉和快樂的民族，現在雖然沒沒無聞，終有一天必定從無精打采的睡眠中清醒過來，甩掉腳鐐，走出被奴役的命運，重新擁有你們的土地，……慶祝古代的節日……。」[52]

總而言之，赫德所倡議的不是十九世紀那種狹隘的民族主義，他的民族主義本質上是人道主義的，建立在人類是一個整體的概念上。因此，他的民族主義不致淪落到像後來的暴力與排外的民族主義一樣，被人指摘。不像後來的民族主義者，赫德不刻意去強調自己民族的優越性，他也不鼓勵別人接受這種觀點。他的民族主義主張「四海之內皆兄弟」，而不是「德國至上」。民族群體的榮耀對他來說不是最終的目的，在敦促德國人民建立自己的民族群體時，赫德的目的是要他們實踐他們作為人類一分子的使命。他特別強調民族性格的發展和民族的精神活動都是自發性的，因為他相信唯有如此民族群體的發展才能達到至善至美的境界，民族群體獲得了完美的發展，人類才能盡善盡美。對赫德來說，一個民族群體是否存在，最終的判別標準就是該民族對人類所做的貢獻。

---

[52] Ergang, *Herder and the Foundations of German Nationalism*, pp. 258-259。

參、政治民族主義

孔恩說，民族主義的形式有兩種：一種是文化的，帶有「神祕主義」的色彩，一種是政治的，亦即「理性的」，至於哪種類型的民族主義會成為主流則要看該共同體的社會——政治發展的水平而定。[53]政治的民族主義首先出現於「西方」（依孔恩的分類，指的是英國、法國、荷蘭、瑞士，和美國與英國），在這些地方的共同體中，自從文藝復興（Renaissance）以來漸漸發展的城市中產階級本國語文化已經成熟，大部分的民族國家也有明確的疆界。當民族主義出現時，所有的這些國家都得做自我調適，將現行的國家體制變成一個「人民」的國家，民族主義的形式因而變得很務實，而且以立憲為目標。

坎度里（Elie Kedourie）《民族主義》第一章使用了這樣的標題——〈一種新形式的政治〉。他認為作為一種學說的民族主義，主張政府的唯一合法形式是民族自治的政府。葛爾納則視民族主義為一項政治原則，主張政治與民族的組成單位必須等同一致。[54]民族主義與政治的關係密切，這是如今已不用再證明的事實，沒有太多的質疑空間。然而，是否能夠因為這樣就認定所有的民族主義都是「政治民族主義」？對卡曼卡（Eugene Kamenka）來說答案是肯定的：「法國大革命以後的歐洲歷史就是政治民族主義興起與發展的歷史。在此世紀中，歐洲的歷史其實就是世界史。民族主義串聯了十九世紀與二十世紀的歷史，

---

[53] Kohn, *The Idea of Nationalism*, pp. 3-4。
[54] Gellner, *Nation and Nationalism*, p. 1。

……使亞洲、非洲和太平洋地區的歷史與歐洲的歷史產生並聯關係,使他們成為世界史的一部分。」[55]

作為一種特殊的政治意識形態,民族主義的產生有其前提,在法國大革命以前有很多歷史現象對民族主義的興起貢獻很大,例如「部落意識」、「地方主義」和「民族意識」等。這種歷史傳統固然不能忽視,也不要過度強調,它們只是前提,不一定就會產生民族主義。1789年的法國大革命奠定了歐洲民族主義的發展,民族自決成了新歐洲政治秩序的基礎,這是劃時代的轉變,從十二世紀以來便開始發展的「民族意識」,終於等到了開花結果的一天。民族主義是一個新的字彙和概念,在此之前一般人只知「愛國主義」(*patriotisme*),「民族主義」這個字詞仍然要再等五十年,即到了1849年才成為大家通用的語彙。

對卡曼卡來說,歐洲只有一種民族主義,就是「政治民族主義」。如何界定「政治民族主義」是件很困難的工作,卡曼卡認為定義如果有用的話應是在研究結束時再提出來,是以他並未明確地闡釋他這篇文章的標題──「政治民族主義:一個觀念的演進。」作為一種概念工具,民族主義總是讓史家和政治思想家感到相當困惑:一方面會發展成愛國主義和民族意識,另一方面會變成法西斯主義和反個人主義。可以是威權的,也可以是民主的,是向前看的,也是倒退的。不是所有的人都喜歡民族主義,但是如果認為近代的歐洲歷史,或二十世紀的世界歷史,可以不談(政治)民族主義,可以規避民族主義的理念,將是

---

[55] Eugene Kamenka, "Political Nationalism-The Evolution of the Idea", in Eugene Kamenka(ed.), *Nationalism: The Nature and Evolution of an Idea*(London: Edward Arnold, 1976), p. 3.

大錯特錯。

　　受到孔恩「二分法」的影響，「政治民族主義」與「文化民族主義」就像孿生兄弟一樣，任何的這類研究都會或多或少對二者加以比較。但是在卡曼卡的這篇文章中，從頭到尾都見不到「文化民族主義」這個字詞，基本上，他不認為有「文化民族主義」這種東西。「民族意識」與「民族情感」，可以算是較薄弱的民族主義，但是它的發展仍然與最終導致民族國家出現的社會和經濟發展有關，誠如孔恩所說：「（民族主義）是一種政治信念，為現代社會的凝聚奠下基礎，為當權者的要求提供了正當理由。民族主義將人民的忠誠全部集中在對民族國家之上，不論這個國家是已經存在的，或他們所想望的。」[56]

　　因此，許多學者所謂的「文化民族主義」對卡曼卡而言，只是「類似」民族主義。當代的中國人、錫安教徒和印尼人確實可以從他們的文化、社會組織和歷史英雄的事蹟中找到激勵人心的素材，但這些都是短暫的，民族主義中的懷鄉成分甚至比民族主義本身持續的時間更短暫。而且，更重要的是，只會向後看的民族主義沒有社會與政治的前途。卡曼卡以澳洲原住民要求土地權和恢復部落會議，以及美國黑人想恢復非洲的傳統為例，這些運動的目的都是想要經由找回過去的尊嚴來強化其面對未來的信心。從一開始它們的性質便是過渡性的，心理建設其實只是為了社會、政治和經濟改革的進步。在最近二百年歐洲歷史發展中，民族國家似乎成了這種進步最直接和明顯的途徑，許多少數民族如果不是被同化便是因為被殺害或驅除，在社會上消失了。政治

---

[56]　Hans Kohn, "Nationalism", in David L. Sills（ed.）, *International Encyclopedia of the Social Sciences*（New York, 1968）, vol. 11, p. 63.

民族主義向來與這種過程有著密切的關係。

　　卡曼卡認為，如果真有「文化民族主義」的話，也只是過渡性階段，很快會消失，因為規模太小、太薄弱，或是如普拉米那茲（John Plamenatz）所說「輕易通過成為政治民族主義」。[57]卡曼卡始終沒有說明何謂「政治民族主義」，只強調這是一種複雜的現象，包含了各種不同程度的「一般性」與「特殊性」的要素。我們可以從中找到一些比較永久的共同要素，例如「族體內的忠誠」、對外國人的無理仇視、面對一個比自己強勢的文化時內心的不安全感，以及想要獲得支配權力的意志等。我們也可以列出一些屬於個別性的特徵，代表某一時代的文化或某一個地理區域。甚至還可以再詳細說出一些與地區有關的暫時性感覺，例如對社會主義者的恐懼，或對德國人、猶太人、教皇與異端的不滿等，這些都只是一種感覺，不能因此來界定民族主義。雖然沒有「標準的」定義，卡曼卡倒是給了我們一個思考「政治民族主義」的方向：民主政治的概念、政治與社會的進步，與國家的現代化力量。法國大革命以來的民族主義，所追求的似乎就是此種核心價值。

　　「民主」與「進步」是檢視政治民族主義最好的概念。孔恩曾說，西方政治民族主義的目的就是要建立一個自由與理性的公民社會。[58]以英國和美國為例，他們的民族主義體現了個人主義與自由主義的概念，民族是由政治生活所建構的，民族主義的產生是一場對抗專制主義的起義，為了社會的開化，為了所謂

---

[57] John Plamenatz, "Two Types of Nationalism", in Eugene Kamenka（ed.）, *Nationalism: The Nature and Evolution of an Idea*（London: Edward Arnold, 1976）, p. 28.

[58] Kohn, *Nationalism: Its Meaning and History*, p. 29.

的民主政治。因此,政治民族主義是現代的、進步的、反應現況
的。[59]對哈金森來說,他承襲孔恩的「二元論」思想,認為政治
民族主義者與文化民族主義者都對官僚化的國家深惡痛絕,但是
政治民族主義者傾向於以理性作為道德的基礎。他們的理想是一
個由受過教育的公民所組成,信守共同的律法和習俗的公民「政
體」(polity),有點像古代的「城邦」(polis)。他們反對現行
的政治和傳統主義的國家忠誠,認為這種對國家的擁戴阻絕了該
理想的實現,他們所要的是「四海一家」理性主義的民族觀,最
終的目的是超越文化差異的人類共同社會。但是因為當前的世界
被劃分成太多個政治共同體,他們被迫只能在某一領土祖國內來
進行,至少先確保一個國家,有一天才能實現他們的抱負。為了
利用這種目標來動員政治選區內的選民,政治民族主義者可能得
採用「族裔-歷史」的認同,導致整個實現政治理想的過程被
「族裔化」或倒退回到傳統主義。無論如何,政治民族主義者的
目標大抵上還是「現代主義」的:為他們的共同體建立一個代議
政府的國家,公平地參與建造一個「四海一家」的理性主義文
明。[60]義大利的馬志尼、法國的莫哈和葡萄牙的薩拉查是倡議政
治民族主義的重要人物,茲論述如下。

一、馬志尼Giuseppe Mazzini)

在所有西方政治民族主義者中,馬志尼是很好的例子。[61]但
是,相較於文化民族主義者的赫德,學者對他的關注顯然太少。

---

[59] Philip Spencer and Howard Wollman, *Nationalism: A Critical Introduction*(London: Sage Publications Ltd, 2002), p. 99.

[60] 參閱Hutchinson,*The Dynamics of Cultural Nationalism*,頁12-19。

[61] Plamenatz, "Two Types of Nationalism", p. 28。

被尊奉為義大利的「建國三傑」其中之一的馬志尼，一生的思想和經歷正是政治民族主義的最佳寫照。他的一生多彩多姿，是個愛國主義者、國際主義者、流亡者，和革命分子。為了解放並建立他至愛的義大利，他已將死生置之度外。在1831年所建立的「青年義大利」（Young Italy）的誓言中有一段話，任何人讀了都會感動。「以上帝與義大利的名，以所有因外人統治和國內暴政而殉道者的名。……以對生我母親，將來也是我孩子故鄉的國家之愛的名。……以我看到別國公民時了解到自沒有公民權、沒有國家、沒有民族的旗幟時浮現臉上的羞愧。……以我對先賢偉大的記憶和對現在墮落的憤慨。在為孩子死於斷頭台、死於監獄、死於流亡中而哭泣的母親們面前，在千千萬萬義大利同胞面前，我發誓盡一切所能，讓義大利成為一個自由、獨立，與共和政體的國家。」[62]

他想建立一個民主共和的國家，這個心願雖然沒有達成，然而，在義大利人心目中，「馬志尼」一字將名留青史。「生命不是多麼神聖的事，除非它能夠實現或努力去實現一項使命。權力也只是假定的事，只有經由完成某種預期的責任，得來的權利才有意義。」[63]馬志尼不是政治家，不是教授，但是在十九世紀倡議「自由民族主義」的人物中，沒有人比他更具影響力，沒有人像他一樣暢所欲言自己的感情。

馬志尼出生在熱那亞（Genoa）一個受人尊敬的中產階級家庭，父親是開業醫生也是當地一首大學的教授，母親是個散發著

---

[62] 引自Boyd Shafer，*Nationalism and Internationalism Belonging*（Malabar, Florida: Robert E. Krieger Publishing Company, 1982），頁190-191。

[63] 引自Snyder編，*The Dynamics of Nationalism, Readings in Its Meaning and Development*，頁84。

女性魅力，極為活躍的知識分子。孩童時期的馬志尼頗為嬌弱，六歲前連走路都要人扶，但是卻有一顆比身體還早熟的心。從小酷愛閱讀，在熱那亞大學時，已是人人知曉的奇才。他學過法律，讀過很多法律的文獻，醉心於法國大革命的哲學和文學，對中古時期的義大利文學也有濃厚的興趣，尤其是但丁（Alighieri Dante）的作品。從對法國大革命的研究中，馬志尼獲得了自由主義的理念，但丁則給了他浪漫主義與民族主義的啟發。

1815年梅特涅（Metternich）的勝利，是義大利愛國者最黑暗的時代。馬志尼開始思考義大利的命運，一個曾經「偉大」的民族為何如今會變成如此「支離破碎，殘缺不全」，不但毫不起眼，而且還被踩在外國壓迫者的腳跟底下？從二十二歲開始他就經常穿著黑衣黑褲，表達他對國家的哀悼。以這樣的年紀，馬志尼看起來是如此地傷感，既浪漫且哀傷，加上致命的道德觀和一顆虔誠的心，馬志尼告訴自己，義大利一天不統一，不脫離被奴役的處境，他便不敢夢想當律師或從事他所喜愛的文學工作。他堅信，唯有盡到做人的義務，才有資格享受人的權利。

1830年，馬志尼二十五歲這一年，他加入了「燒炭黨」（Carbonari），這是一個與共濟會有關的祕密團體，可能成立於拿破崙占領義大利時期，主張自由主義與籠統的民族主義觀點。沒多久馬志尼便被逮捕，關了六個月後驅逐出境。監獄生活讓他很苦惱，馬志尼告訴自己要當它是「天職」，是「神聖的使命」，一種像「救世主」的身分，他稱之為「現代使徒」。這次的經歷改變了他的信仰，對他而言，「燒炭黨」太過於祕密和「雅克賓」（意指激進），他要建立一個新的組織，馬志尼為它取名為「青年義大利」。

依照馬志尼的計劃，「青年義大利」將不是祕密組織，以「上帝和人民」為格言，召募四十歲以下的義大利知識分子為會員，凡會員應當獻身於國家，使國家擺脫內外的專制者。馬志尼激勵同胞說：「由民族的青年來帶領起義的民眾，你們無法體會青年身上所潛藏的力量，或青年的聲音對於群眾的神奇影響力，你們將會在青年中發現一大群新宗教的使徒。」[64]「青年義大利」的傳播速度很快，吸引了很多中產階級的青年，短短十年間會員增加到六萬多人，馬志尼本人卻流亡在英國和法國，他只能透過傳話來指導這個團體。馬志尼不善組織，更是個拙劣的管理者，但青年對他的敬仰並沒有因此減少。他曾寫過很多的小冊子、書信與訓示，以我們今天的眼光來讀它們，會覺得太誇張，但是對當時年輕的一代而言卻相當有說服力。由於馬志尼個人的影響，「青年義大利」與這個組織背後的理念促成了1831至1870年間整個義大利半島愛國主義的「復甦」。雖然馬志尼一直鼓勵人們，但也一直在策劃謀反。1848年他參加了倫巴第起義，與加里波底在阿爾卑斯山從事愛國運動，1849年也參與了反教宗的運動。對於義大利的統一，馬志尼的貢獻不如加里波底和加富爾，前者是馬志尼的信徒，後者則傾向於保皇黨，不是共和主義者，他們為義大利這個新民族國家所制定的政策大部分還是符合馬志尼的自由民族主義精神。

　　馬志尼的自由民族主義從以下的著作中可以看出來，特別是他的《自傳》，與〈論人的責任〉、〈民族性〉、〈信仰與未來〉等。這些作品，都不是嚴謹且經過深思熟慮的論著，其中充

---

[64]　參閱朱諶，《民族主義的背景與學說》，頁122-123。譯文稍有出入，原文出自 Hayes，*The Historical Evolution of Modern Nationalism*，頁153。

滿情緒性的煽動言詞，但並不因為偶爾的「神祕」色彩而減損它的真實性。馬志尼的作品反映了一種邊沁（Jeremy Bentham）與法國早期革命分子的自由主義、當代詩人與小說家的浪漫主義，以及菲希特與黑格爾的哲學理想主義三者的奇妙結合。根據馬志尼的說法，法國的「雅克賓」黨人之所以失敗，因為他們太過強調權利，而不是義務。〈人權宣言〉無法成為理想主義的基礎，不能成為人類行為的準則，沒有明白界定何謂幸福，忽略了權力行動的最大驅動力——熱誠、愛，與責任感。法國大革命是自私的：以人權宣言為開端，結束時，權力只有一人獨享，那人就是拿破崙。

在馬志尼看來，拿破崙那個時代引進了權利的觀念，在新的時代義大利人要的是做人的義務，這是一個「集體活力的時代」。[65]生命的本身是一場神聖的使命，每個人都應把它當一回事。此一使命牽涉到我們稱之為「義務」的道德責任，「我們必須說服人們，他們是上帝的子民，來到人間是為了實踐一項律法：不要為自己而活，要為他人而活。人生的目的不是去計算能享受多少幸福，而是要讓我們自己和別人都過得好。為了兄弟的利益而到處與不公義和錯誤的事情搏鬥，這不是權利，這是義務」。馬志尼強調，人最大的責任對象是全體人類。為了使人能夠順利實現對全人類的義務，於是有了民族主義者和民族國家的建立。「民族是上帝指派用來為人類謀取福利的工具，這才是它的道德本質。……祖國不過是人類的工廠」。

馬志尼認為，民族有二項重要的功能：首先，民族必須按

---

[65] Hayes, *The Historical Evolution of Modern Nationalism*, p. 155。

照道德律法去教育和訓練它的人民。其次，民族必須從全人類的立場來考量，安排和引導自身的行動。1852年2月11日馬志尼在倫敦共濟會的「客棧大廳」（Great Hall, Freemason's Tavern）發表了一篇著名的演說，在談到「我們不是無政府主義者」時說：「我們的問題是教育，專制與無政府都是教育的敵人，二者都要加以唾棄。前者摧毀自由，後者破壞社會。我們要教育『自由的』代理人，讓他們來承擔『社會的』工作。」[66]

對教育的強調使馬志尼被誤以為是文化民族主義者，事實上他關心的不限於義大利，他是個國際主義者。他一生的所做所為都是為了所有「被壓迫的」民族群體。1834年他創立了「青年歐洲」（Young Europe），會員信條是相信一個全人類自由、平等、友愛的將來，願意為實現未來而奉獻自己的思想與行動。在此之前已有「青年波蘭」、「青年匈牙利」、「青年愛爾蘭」和「青年義大利」。對所有歐洲的青年他都想加以收攏，用民族主義的熱情來激勵他們。馬志尼若不是正在策劃對抗義大利的暴君，便是正在謀劃推翻其他地方的專制君主。他對人類的未來充滿信心，那是一個完全由世界各國的青年以協同合作的道德民族主義重建的世界。

對於他自己的國家義大利，在人道的重建上，馬志尼扮演著相當重要的角色。這是他的職責，也是所有義大利人的義務，「對義大利的愛超過其他人世間的事」，但不是盲目愛國，不能因為愛義大利而傷害別的民族。馬志尼始終是個理想主義者。讓義大利獲得自由、讓義大利統一、讓義大利變成共和國，這是所

---

[66] 引自Snyder編，*The Dynamics of Nationalism, Readings in Its Meaning and Development*，頁185。

有義大利人的責任，唯有如此，義大利才能負肩負它對全人類的使命。義大利雖然不復往昔的光榮，但馬志尼仍然堅信「一個被奴役了數個世紀的民族，憑藉美德與自我犧牲，必定可以再生」，馬志尼相信義大利將第三度站上世界舞台。曾經在神聖羅馬帝國時它用強迫的手段統治世界，後來則以教皇的權威主宰世界，將來「第三義大利」（Third Italy）將再度興起，經由所有民族的同意來領導世界。到時候，一個「浴火重生」的義大利將在認定它已消逝的民族中，綻放天使般的光芒。

馬志尼是個溫和但意志堅強的人，他的思想本能地反對恐怖主義和雅克賓的不寬容，但程度不如他反暴君的堅決。基本上，馬志尼是個自由主義者，比較接近於「雅克賓」黨徒，不像「邊沁」信徒，因為他堅信共和，而且對民主政治有著崇高的敬意，也就是說，對「全體」民族有信心（大部分是中產階級的自由主義者），他們有邊沁所缺乏的特質。然而，馬志尼也是那種「為最多數的人追求最大好處」的人，強調個人的自由，強調義務重於權利，並且戮力於促進國際的了解和和平。正如同時代的其他自由主義者，馬志尼從德國的理想主義中獲得了論證的「裝備」，然後用浪漫主義運動的語言和情感加以裝飾，就民族主義的情感強度而言，馬志尼遠勝於其他的政治民族主義者。[67]

二、莫哈（Charles Matrras）

「一個了解自己角色的民族主義者會將它當作第一守則：為了祖國的利益，好公民應該犧牲自己的情感、興趣和信仰方

---

[67] 參閱Hayes，*The Historical Evolution of Modern Nationalism*，頁151-157。

式。」──莫哈（Charles Maurras）。[68]莫哈出生於法國東南部普羅旺斯（Provence）的一個小鎮，就讀於天主教學校，二十歲時來到巴黎，加入青年知識分子團體。跟巴漢（Maurice Brrès）一樣，[69]受到法國文學評論家、歷史學家和實證主義哲學家丹納（Hippolyte Taine）與歷史學家勒南（Ernest Renan）的影響。生長在普法戰爭法國失去亞爾薩斯和洛林二省土地，對德國復仇氣息旺盛的時代，莫哈的民族主義思想從原先的「個人利己主義」（personal egoism）轉向「民族利己主義」（national egoism），並在此時寫了很多文章投稿於巴黎的期刊，在1895年時集結出版成論文集。重要的著作包括《君主政治研究》、《當法國人不愛自己的時候》、《宗教的政治》與《我的政治思想》。

當德雷福斯事件（Dreyfus crisis）引發法國政治危機時，莫哈開始認真地宣傳他的「完整民族主義」（*nationalisme intégrale*）。詹京斯（Brian Jenkins）在《法國的民族主義》一書中說，對許多人來說，德雷福斯（Alfred Dreyfus）有沒有罪不是大家關心的事，真正重要的是該事件分裂法國，重創了軍方的權威。[70]在麥克馬洪元帥（Marshal Macmahon）遺孀的支助下，莫哈開始從事「法蘭西人行動」（Action Francaise），代表了他的「完整民族主義」的頂點，目的在恢復傳統的法國王朝體制。莫哈認為既然只有君主政制才符合民族的願望，滿足全民族的需求，那麼完整的民族主義就應實行君主政治。莫哈之所以主張君主政制來自他的感情──對王室的效忠。實施君主體制才可以振

---

[68] 引自 Brian Jenkins，*Nationalism in France: Class and Nation Since 1789*（London: Routledge, 1990），頁87。

[69] 參閱朱諶，《民族主義的背景與學說》，頁114-116。

[70] Jenkins, *Nationalism in France*, p. 98.

興法國，這是從經驗主義的歷史研究中所獲得的結論。莫哈這種復古的政治計劃代表一種極右勢力的抬頭，「法蘭西人行動」真正重要的是，誠如一位歷史學家所言：「是右派的重要指導中心……，為一群保守的群眾提供學說與威權來源。」[71]莫哈利用這個組織號召了很多著名的政論家和媒體工作者，經由寫文章和出版書籍來宣揚「完整的民族主義」。

何謂「完整的民族主義者」？莫哈的定義是：最重要的是他必須是法國人，而且不帶任何條件。他到處宣揚：「一個真正的民族主義者一切以國家為優先。因此，當他在處理所有懸而未決的事情時，都會考慮到國家的利益。」[72]在闡述身為法國人的要件和如何做個獨特的法國人時，莫哈顯然是以巴漢的「心理決定論」為依據。[73]巴漢曾說：如果我歸化於中國，當然要遵守中國的法律，但是終不能擺脫實際的法國人思想，終不能完全使我的思想和法國的習俗完全脫離。於是，他提出說明：家族或民族的過世祖先比活著的人更有影響力，更應該受到尊重，崇奉祖先的觀念以崇敬故土為基礎。「故鄉的土地和古代的墓地支配著人類的靈魂。」很多知識分子故意和他們的故鄉脫離關係，把最能滋養他們的根苗從土地拔了起來，把祖先墳墓的記憶磨滅，把家族的臍帶割掉，使自己成為一個斷根人，對於此種現象巴漢感到憂心，於是就寫了《斷根人》（*Les Déracinés*）。如同巴漢，莫哈也從「對死者的崇敬」進到「對故土的崇敬」，故土除了決定祖先的特質外，也會制約未來子孫的活動。從故土到種族，

---

71 同上，頁99。
72 Hayes, *The Historical Evolution of Modern Nationalism*, p. 204.
73 關於「決定論」（Determinism），參閱Kohn，*Nationalism: Its Meaning and History*，頁75。

然後是民族，這個進程必定會發展出獨特的傳統，一旦脫離此一傳統就會受到外國的影響，這種事不符合自然，有害真正民族主義的發展。

　　至於何為法國民族主義的基本傳統，大致上，莫哈同意巴漢的主張，認為應是區域主義、工團主義、法文、天主教、英雄崇拜、對德國人的世仇，以及對海外擴張的偏愛。但是，作為孔德（Auguste Comte）的信徒，莫哈強調的重點不同於巴漢，他對自己強烈批評自由主義和雅克賓主義予以微妙地合理化，在他看來，這兩種意識形態曾經暫時性地危害到法國民族主義堅固的傳統。承襲孔德的精神，莫哈也認為個人只是抽象的東西，社會的單位不是個人，而是團體，特別是家庭。社會生活的延續取決於對某些科學律法的遵守，在這些律法中尤其以「經由力量的運作而得來」的律法最為卓越。所有偉大、光榮與持久的法國傳統都是經由強力保存社會秩序而產生，是在最強悍的人領導之下，擊敗無政府與脫序狀態所獲得的結果。

　　根據莫哈的說法，造成強人無法出頭並且使傳統社會秩序陷於危險處境的惡魔不是別人，正是個人主義，一種不受歡迎的「舶來品」，是猶太人的基督教和德國理想主義的「私生女」。猶太人的基督教既不是法國人的也不符合科學，它只會讓強人變軟弱，根本就是一種奴隸的宗教。猶太人的基督來到人間，救贖奴隸卻罷黜強者，提升下層的人而壓抑上層的人，目的只為突顯「他」的慈悲。如果基督的平等與人道教義是危險的，那麼康德的正義、責任和個人道德觀同樣也危險。翻閱整個社會結構的歷史，我們會驚訝地發現人類的社會本質與人的意志無關，重要的是事實的現況，跟所謂的正義扯不上關係。人只要證明一些事

實，對於它們是合乎道德或不道德，不是人能夠決定的。雅克賓主義與自由主義最大的錯誤就是高估了個人，總是把「愛」與「道德」掛在嘴上。個人主義，完全是不合自然的，不健康的，充滿著過度的煽情主義和荒唐的同情心。這些錯誤必須無情地予以矯正，才能復興法國民族主義。

三、薩拉查（António de Oliveira Salazar）

　　薩拉查是葡萄牙著名的獨裁者，1889年4月28日出生於科英布拉（Santa Comba Dāo），原本想當個傳教士，後來放棄宗教生涯，1910年時進入科英布拉大學（University of Coimbra）攻讀法律，1914年畢業，教了幾年的書（1917-1926）。1926年5月28日一場政變結束了「第一共和」（First Republic），薩拉查當上了財政部長，但只有短短的十三天。回到科英布拉後，繼續學術生涯，但沒多久又被徵召回公職，政府認為只有薩拉查才能應付嚴峻的經濟危機，薩拉查似乎是神指派給葡萄牙的救世主。1928年他成為權傾一時的財政部長，不但管財政，連國家的政策都在他的掌控之下，經由公民投票他被選為終身總統。1933年時薩拉查推行一種類似德國與義大利的法西斯體制的新憲法，提出「新國家」構想的極權制度。1936至1944年在西班牙內戰的敏感時期還兼任國防部長，薩拉查支持「民族主義者」對抗「人民陣線」（Popular Front），因為他害怕一旦共和派獲勝，他的獨裁地位恐怕不保。1968年9月6日因病退休，1970年7月27日卒於里斯本。在軍警特的支持下，薩拉查總共掌權達三十六年之久，他的經濟政策只肥了那些寡頭，此時期的葡萄牙是歐洲最窮的國家。

　　由於出生在貧窮的天主教農民家庭，薩拉查在政治上表現出

來的是極端的保守主義和威權主義特質。他反對各種形式的自由化運動，雖然在聯合國的壓力下對殖民地的解放運動有所讓步，但仍然堅持獨裁的統治形式。薩拉查認為政治是變動的實體，不能嚴格地固定在一個框框中來敘述，因此他不想寫任何有關政治理論的書。他的政治哲學是：「持懷疑態度以研究，持信心態度以實踐。」[74]我們只能從他後來取名為《和平中的革命》的演講集來了解他的思想。在1951年11月22日的演講中他說：「制度沒有主義，如同軀體沒有生命。」意思是說如果國家是主義之付諸行動，那麼，熱衷於意識形態是合理的邏輯。而且，國家有義務來保衛和傳播其專有的意識形態，給予適度的強化，國家應秉持公正立場，但不能採取中立態度，放任與無為是不可思議的事，漠視主義就等於是對自己主義的否定。

在薩拉查的觀念裡，國家只是為人民服務的一個工具，民族才是「基本實體」。「國家為民族而存在，權力的結構有利於民族，公共服務的創設和運作都是為了民族。」基於如此認知，所有行動的最高目標都應臣服於民族，全部個體或群體都是民族結構的要素。為了保障對於民族奉獻的最高有效性，黨不能等同於國家，民族不應該和政黨混淆。國家應該反映民族是一完整的有機體，民族主義為的就是保護人民的利益。薩拉查說：「吾人毫無顧忌地以葡國的民族主義為新國家的基礎。」這個基礎需要靠權威來支持，薩拉查指出：「國家是民族群體的政治組織，政治秩序不是由社會信手製造出來的，它是智慧與權威的產物。」有了權威才能產生強有力的政府，才能造就強國。

---

[74] 朱諶，《民族主義的背景與學說》，頁149。

薩拉查沒有建立有系統的民族主義理論，他的思想甚至不能稱之為民族主義，嚴格說來，他跟兩次世界大戰期間許多國家的元首——如阿根廷的貝隆（Juan Peron）和印尼的蘇卡諾（Achmed Sukarno）——都是某種形式的法西斯主義者，[75]他用民族主義的訴求來鞏固獨裁政權，他的民族主義沒有實質內容。在1958年9月2日的演說中，薩拉查面對葡萄牙的情勢，再度重申他的政治哲學基本理論，並且給了「民族」一詞一個很美的定義：「我想一個古老的民族是類似於一個人，她能夠與別的民族睦鄰而存，但是她的靈魂與肉體則是不可觸知。」[76]以葡萄牙的情勢而言，薩拉查的民族主義沒有市場，當一個國家是如此地貧窮，人民沒有政治自由、生命沒有保障之時，政治民族主義是一條死胡同。葡萄牙財政的惡化造就了薩拉查的當權，但薩拉查未能善用經濟民族主義來提升民族的福祉，以致再多的演講和說教都只是空話。在民族主義研究的盛宴中，葡萄牙從未參與，也未被邀請。

肆、經濟民族主義

　　民族國家應該被當作經濟政策的主要單位，甚至在處理世界性的問題時也應如此，這是一個不用多言的事實。如果國家的努力能夠導向增進全民的福祉，而不是權力的爭奪，大抵上每一個民族都可以經由經濟的合作和交換獲得好處。「利己主

---

[75] Anthony Smith, *Nationalism in the Twentieth Century*（New York: New York University Press, 1979），p. 68.

[76] 引自朱諶，《民族主義的背景與學說》，頁154。

義」愈開明，這樣的結果就愈明顯。即使在一個以私利為尚的民族世界中，經由合理分配資源，而不是「贏者通吃」（beggar-my-neighbor）奪取所有實質或短暫的利益，從經濟福利的角度（非權力）而言，任何民族都還是有利可圖。——尤金·斯塔利（Eugene Staley）[77]

經濟學所要解決的是個人和有組織的群體因物質需求而產生的社會現象，民族主義則是這種現象中最重要的一種，它跟經濟的發展關係密切，研究民族主義卻不分析經濟因素，形同緣木求魚。經濟學家很少使用「民族主義」這個字詞，而是用合成的「經濟民族主義」，或用專業的術語——「新重商主義」（neo-mercantilism）（民族主義在經濟領域中運作）。這兩個概念雖然不完全一樣，但在經濟學的文獻中學者很少去討論其間的異同。

對民族主義研究的學者來說，「經濟民族主義」只是對依循經濟路線而發展的民族主義之稱呼。這是一種「防衛」哲學，用以確保民族在承平時期能夠安居樂業，一旦戰爭開打也能自給自足。[78]經濟民族主義認為任何民族只要它們能夠努力從事他們最具優勢的生產，並且與世界其他地方的物產互動，都可以讓他們的人民享受最高的生活水平。這種哲學相信每一個民族都有適合自己的工業活動，最能展現其民族的才能，例如：英國的煤礦工業和紡織業、德國的化學與光學工業、平版印刷業和碳酸鉀工業等，以及美國的大宗生產方式。每一個民族必須盡可能地不要依賴別的民族，能夠獨立發展自己的工商業。

---

[77] Eugene Staley, *World Economy in Transition*（New York: Council on Foreign Relations, 1939），p. 227.

[78] John F. Cronin, *Economics and Society*（New York, 1939），p. 333.

按照這樣的邏輯，經濟民族主義肯定會引發國際爭執，除非能將它控制在世界性的基礎上。民族一直保有這種想法：經濟體系應建立在自己特有的資源和能力上。可是，與此同時他們又不願完全接受這是國際貿易自由的必然結果。經濟民族主義不一定會對某一國家的優勢做出回應，相反地，傾向於保持世界的分裂狀態，大家都怕對方，都處在戰爭的邊緣。民族主義在經濟上的權宜之計包括整個關稅網絡（目的在於將出口最大化，將進口最小化）、進口配額與管制、補助國內企業、限制國際匯兌、勸阻國際資金的活動等。一般咸信在現代世界，經濟活動不再可能自我孤立，然而，經濟民族主義似乎仍保有這種特質。感情的因素、傳統的包袱，以及不願擴大成世界政府，使得民族國家成為經濟控管的最高代理人。

　　經濟民族主義的發展與政治民族主義和文化民族主義的出現是同時進行的，都是開始於中古時代結束現代社會形成之初。當其時，因為火藥的引進使封建社會加速衰敗，宗教改革摧毀了許多天主教國家。經濟學家發現最能解釋民族主義興起的理由就是地理大發現之旅、探險家所帶回的經濟利益、貴重金屬的匯集，以及商業革命等。有了這些新的經濟力量，國家開始被看作是經濟的單位。中古時代那種舊式的地方性保護主義，慢慢被「經濟民族主義」這種國家保護主義所取代。經濟民族主義的出現與整個工業文明的複雜環境有關。經濟民族主義昌盛的地方通常是工業化程度很高的民族國家。第一次工業革命（1750-1850）是最重要的推動力：引進工廠制度、通訊與交通工具的改進、中產階級與普羅階級的成長，以及民族之間為了經濟利益的你爭我奪，都是重要的因素。

第一次工業革命主要以英國為中心並逐漸影響到其他國家，當時的經濟民族主義本質上是自由主義的，受亞當・史密斯（Adam Smith）的「自由放任主義」（laissez faire）所鼓舞。1860到1870年代歐洲與美洲大陸紛紛出現大型企業，德國與義大利接連發生戰爭，巴爾幹半島上眾多民族都想要完成統一。在美國則發生了內戰，這是一種民族精神的強化，但是卻以「地方主義」（sectionalism）的方式來表現。「新工業革命」進一步助長經濟民族主義的實行，在各種宣傳活動的刺激下，各個民族的人民逐漸相信他們的安全與購買能力取決於國家的財富、工業發展的程度，以及能否維持優勢的貿易平衡。像「全民資源」、「國民生產力」、「國家的自己自足」、「國家的信用制度」與「人民的福祉」這些譴詞造句成了世界通用的語彙。這類名詞在1914至1918年間，和1939至1945年間更是不時出現，多到沒有必要去統計。曾經獲得諾貝爾和平獎的英國和平主義者安吉爾爵士（Sir Norman Angell），在他所寫的《大幻覺》（*The Great Illusion*, 1910）一書中力圖證明就算獲得戰爭的勝利，在經濟上也會損失慘重，靠民族主義和軍國主義來遂行經濟的需求，那是「大幻覺」。[79]即使到了今天，經濟民族主義仍然未能擺脫追求經濟利益的本性，這種唐吉訶德式的狂想對世界和平始終是一大威脅。

　　要完全了解經濟民族主義的發展，我們必須回到它與「重商主義」之間的關係。「重商主義是強烈的民族國家主義時代，經濟與政治關係日益密切的情形下所產生的一種結果。」[80]在中古時代，經濟的控制逐漸分散並且形成相對小型的區域。民族國家

[79]　Sir Norman Angell, *The Great Illusion*, New York and London, 1910.

[80]　張金鑑，《西洋政治思史想》（台北：三民書局，1976年），頁279。

的興起和貿易擴張，使莊園或自治市的行政管理方式變得落伍，許多限制都必須加以廢除。在一個經濟邊界不斷擴張的時代，國家需要一些新形式的商業管理，以便取代疲弱的基爾特組織。為了增進國家的財富與權勢，各種經濟理論紛紛提出，其中一些理念被命名為「重商主義」。雖然各個國家仍然未能建立一套明確的制度，但是還是產生了某些一般性的政策，讓我們可以掌握這個時代的特質，了解它們對歐洲封建社會轉型到民族國家的影響。

　　早期「重商主義」的原則如下：「金銀通貨主義理論」（bullionist theory），主張貴重金屬是國家財富的基礎。義大利作家施拉（Serra）於1613年出版《金銀獲致論》，首開「重商主義」的系統研究，英國的威廉・配第（William Petty）於1662年出版《稅捐論》，特別指出金、銀、珠寶對國家的重要性。[81]「推銷規劃理論」（merchandizing theory），要求獎勵貿易，以它作為最值得的經濟活動形式。「保護主義理論」（protectionist theory），倡議對進口商品提高關稅以遏制外國的競爭，支持國內工商業發展。「對自己有利的貿易平衡」（favorable balance of trade），經由這種策略使出口多於進口來獲取更多的金銀。這種「重商主義」的方法利用扶植工商業、給予補助金、關稅保護、制定生產規章，以及全國性的改革來激勵企業發展。殖民地被認為是取得原料最方便的地方，對母國而言所要承擔的代價最低。為了保護母國與殖民地，需要建立強力的海軍，平時可以用來護衛商船，一旦發生戰爭也可以確保國家的立場，顯揚國家的

---

[81] 同上，頁280。

威嚴。

　　「重商主義」真正感興趣的不是他們已取得的好處，而是那些想要完成的理想。在一個當對外貿易的組織還不甚健全的時代，民族國家能能夠獲取如此多的利益（雖然不是每一個國家都一樣），或多或少，「重商主義」都可算是成功的政策。除此之外，「重商主義」對於政治中央化的發展貢獻也很大，帶給專制君主更大的權力，中產階級變得更有錢。另一方面，「重商主義者」努力從事國內的改革（例如廢除通行費與關稅），但是未能推行至全國。事實上，「重商主義」帶來的是貪污、腐敗、利益輸送，與道德水準的低落。

　　到了十八世紀後期，「重商主義者」所精心設計的經濟統制結構開始爆裂，不滿國家過度干預商業行為的商人們開始要求事業自由。1776年亞當·史密斯出版《國富論》（*Wealth of Nations*），堅持既然貿易是相互有利的事，就應該讓生產領域和商品流通獲得完全的自由，不論在國內或與國際的往來，自此以後，「重商主義」逐漸失去重要性。大概就在這個時候，現代民族主義的發展也定型了，差不多就是今天我們所看到的樣子。「重商主義」被認為影響有限，它的一些規章反而成了累贅，但是對移轉地方性經濟成為全國性經濟的強調，影響力還是存在。「新重商主義」（舊形式的再生）開始出現於十九世紀，持續舊的關稅壁壘、過多的配額管制、限定市場的理想，與維護獨占事業——運作的形式比以前更完美。[82]所有「重商主義」時代的國家統制策略又在新的經濟民族主義中找到出路，工業民族主義這

---

[82] Maurice Dobb, *Political Economy and Capitalism: Some Essays in Economic Tradition* （London, 1937），p. 244.

種思想獲得了更多人的支持，自「重商主義」時代以來從未有如此盛況。

　　主張經濟民族主義的人很多，但多數是經濟學家，雖然論述中經常使用民族與國家等詞語，基本上他們並不是民族主義者。經濟民族主義是民族主義的一種形式，因此必須就民族主義者的立場來理解它，本章所論述的學者多為德國的經濟民族主義者，因為這些人是典型的民族主義者，他們的影響並不限於德國。

一、菲希特（Johann Gottlieb Fichte）

　　從學術的分業來看，菲希特應該算是哲學家，然而大部分的時候我們都當他是民族主義的思想家，更因為他的《告德意志同胞書》，[83]也有人從教育史的觀點來研究他。身為德國著名的民族主義者，他的民族主義思想被定位為文化民族主義，常被與赫德相提並論，很少人知道他曾經很用心研究經濟民族主義。1800年菲希特出版《自給自足的商業國》（*Die Geschlossene Handelstaat*），使菲希特擠身為德國理想主義的三大龍頭之一，與康德、黑格爾齊名，並且明確地表達他是德國的民族主義者。菲希特的民族主義在文化氣息方面承襲自赫德，政治的觀點則從盧梭和法國的雅克賓黨人處獲得啟示。他是法國大革命的崇拜者和辯護者，後來雖然譴責法國大革命並且極端頌讚德國的語言與文化，那是因為他就像赫德一樣，是個文化民族主義者，也因為他認為拿破崙把法國大革命帶上邪路。菲希特晚年時從原本的雅克賓主義立場，退回到嚴厲譴責德國的君主與王公貴族。

---

[83]　菲希特，《告德國國民書》，台北：幼獅文化出版社，1983年。

菲希特之所以涉足經濟的領域，毫無疑問地是來自他對大革命期間法國經濟發展觀察。在雅克賓派當道時法國已經呈現相當程度的自給自足，實質的工業國家化、國家對穀物的管制和固定價格、全國使用紙鈔的經驗等都讓菲希特印象深刻。菲希特將這些發展合理化成為一種哲學經濟體制，在他看來，此一體制可以修補「重商主義」和「自由放任政策」的弊病，提供給各個民族國家一種新的選擇模式。按照菲希特的說法，民族國家應該成為經濟生活的單位，個人「財富」的保證人。如今，追求「財富」是理所當然的事，因此，為了擔保「財富」的取得，國家應詳細規定經濟生產群體的工作與薪資，並且提供工作和薪資給非經濟生產者，他們是不可或缺的族群，如教師、公職人員與軍人。讓每一位公民都有工作和所得，但沒有必要給太多的錢。

　　民族國家不應是「重商主義」的，也不要主張自由貿易。菲希特認為「重商主義」會導致國際之間的猜忌和戰爭，自由貿易的結果只是讓個人被無情的剝削。民族國家應該設法讓自己的經濟發展盡量不要依賴別的國家，採取閉關自守的策略，阻絕外國的商業入侵，如此一來它的公民才能受惠，使戰爭與征服找不到藉口。首先可能需要從國外進口一些機器設備和技術人員，作為自給自足的基礎。原料的進口也不能間斷，這些原料可能是國內的氣候難以生產的，但是這種貿易應減到最低程度，並且完全交由民族國家的政府來負責。民族國家唯一需要和其他國家實際接觸的應是知識分子，只有受過良好教育的公民才可以到國外旅行，不是每個人都可以隨便出國。

　　菲希特相信，在這樣的安排下，必定可以為國民帶來最大的幸福。如果每個民族都遵守「各掃門前雪」，關心自己公民的

福祉，那要軍隊何用？也不用再忍受戰爭的痛苦。這樣的公民將有充裕的時間發展出自己的民族性格，體驗民族的最高榮耀，並且突顯高貴的愛國主義情操。總的說來，菲希特的答辯可視為雅克賓民族主義的經濟附屬物，一種國家社會主義。這種思想對後來希特勒的「新秩序」影響很大，在希特勒口述他的祕書赫斯（Rudolf Hess）整理而成的自傳《我的奮鬥》（*Mein Kampf*）中，明顯可以看到菲希特思想的影響。[84]

菲希特的這本《自給自足的商業國》被後世學者判定為他最好最有深度的作品，而且，雖然未能在當時產生立即的影響，但是其中某些要點確實對後來的經濟民族主義者產生重大的影響，一再地被提出來討論。例如布朗克（Louis Blanc）在他的法國「民族工廠」計劃中，便特別強調菲希特的「工作的權利」。「民族國家是一個能讓整個人性的美德實現的機構」，這個觀念便是由拉薩雷（Ferdinand Lassalle）盜用自菲希特，作為後來德國「社會民主黨」（Social Democratic Party）的基石。羅德貝爾特的國家社會主義——主張民族國家應當主導公民的所有經濟活動——顯然也是菲希特的構想。當代俄國的布爾塞維克政府中大部分的經濟實驗，也讓人聯想到1800年菲希特的那本書中的忠告。[85]

如果菲希特是經濟雅克賓民族主義的倡導人，那麼其他的人可能只是為了保存傳統的民族主義，不是真的想提倡經濟政策。英國的「基督教社會主義」與法國的「社會主義天主教」，都曾在1830至1840年代大肆抨擊工廠老闆的自私，譴責經濟民族自由

---

[84] 王曾才，《西洋現代史》（台北：東華書局，1979年），頁265。
[85] 參閱Hayes，*The Historical Evolution of Modern Nationalism*，頁263-266。

主義不符合天主教徒的性格，誇大新工業體制下民眾的苦難。這些批評反映了一項事實，他們代表著保守的勢力，在工業革命之後他們的經濟利益嚴重受到威脅，於是他們利用傳統道德和愛國主義做包裝，來批評經濟菲希特的經濟民族主義。日內瓦國際關係研究中心教授海柏林（M. A. Heilperin）在《經濟的民族主義》一書最後一句話說：「所有這些意見，僅是一位哲學家的夢想，《自給自足的商業國》可能只是難以理解的命運。我們現在討論民族集體主義的優點，菲希特的制度應該被廣泛地知曉，並作為嚴肅省思的對象。」[86]

　　1813年普法戰爭又起，年過半百的菲希特請纓上陣，想要實現年輕以來為民族而戰的願望，但被政府否決。1814年1月27日，在聽到德軍越過萊茵河向前追擊法軍的捷報時，含笑與世長辭，享年五十二歲。

二、李斯特（Friedrich List）

　　在德國的經濟民族主義者之中，李斯特的影響無人能及，他的著作首度從經濟的水準來闡釋民族的概念。在日漸高漲的民族主義和每況愈下的自由主義長期的拉鋸戰中，李斯特的民族經濟體制依然保留著文學浪漫主義和早期民族主義者的理想。他將整個注意力放在「動態的民族富裕過程」，而不是「靜態的民族財富」。他反對古典學派「四海一家」的原則，他要求全心全意投入「民族的」理念，其立論的基礎是：民族的統一向來是過去發展累積的結果。在他看來，德國若想統一必須先建立「關

---

[86] 引自朱諶，《民族主義的背景與學說》，頁138，部分文字稍作修正以配合本章的行文。

330 世界民族主義觀察與研究——疫苗民族主義的興起

稅同盟」（Zollverein）。原先在德國，李斯特只是一個沒沒無聞的先知，但是當德國統一後，他被稱讚為「沒有德國的偉大德國人」，體現了自亞里斯多德以來最好的思想，是不可多得經濟天才。李斯特被日後德國的「歷史學派」經濟學家奉為宗師，其他國家的經濟民族主義者也深受其啟發，像愛爾蘭的葛里菲斯（Arthur Griffith）即為一例。[87]不過對我們而言，李斯特值得研究的地方在於：他清清楚楚地建立了一套「自由主義」的民族概念。[88]

李斯特的父親是個富有的製革工人，使李斯特能夠受很好的大學教育。青年時期的李斯特，正好是拿破崙橫掃歐洲的時代，德國的愛國主義覺醒也感染到李斯特，使他成為一位誠摯的自由主義者和狂熱的民族主義者。1815年以後，因為提倡自由與民族統一使他丟了教授工作和大有可為的公職，更不幸的是為此而被判刑十個月。1825年出獄後，移居美國，成了美國公民。1832年被美國總統傑克遜（Andrew Jackson）委派為美國駐萊比錫（Leipzig）領事，李斯特才能重返國門。暫住美國時期，[89]受到漢米爾頓（Alexander Hamilton）的啟發，李斯特積極參與當時的民族經濟論戰。對李斯特來說，經濟作為的目的在於「達成民族的經濟發展，為將來加入國際社會預作準備」。[90]德國學

---

[87] 葛里菲斯是愛爾蘭的民族主義政治家，生於柏林，1898年曾在南非當過礦工和新聞記者，主編《愛爾蘭團結報》。1905年創辦《新芬報》，主編該報至1915年。兩度入獄，是愛爾蘭「新芬黨」的創立者，1922年成為愛爾蘭眾議院的院長，卒於柏林。關於「新芬黨」（Sinn Féin）參閱Patric O'Mahony and Gerard Delanty，*Rethinking Irish History: Nationalism, Identity and Ideology*, New York: St. Martin's Press, Inc., 1998。關於對葛里菲斯的評論，參閱E. Strauss, *Irish Nationalism and British Democracy*（London, 1951），頁218-220。

[88] Hobsbawm, *Nations and Nationalism Since 1780*, p. 30.

[89] 李金梅翻譯成「訪問美國」，這是錯誤的，李斯特的身分已是美國公民。參閱Eric Hobsbawm著，李金梅譯，《民族與民族主義》（台北：麥田出版社，1997年），頁37。

[90] 引自Hobsbawm，*Nations and Nationalism Since 1780*，頁30。

者對於「經濟」一詞有獨特的看法，他們喜歡用「民族經濟」（*Nationaloekonomie*）或「國民經濟」（*Volkswirthschaft*），其意義與英文的「政治經濟」不盡相同。李斯特倡議組織「關稅同盟」，用以結合各個日耳曼小邦，作為德國統一的基礎。1841年李斯特將他的思想具體化，出版著名的《政治經濟的民族體系》（*Das nationale System der politischen Ökonomie*）。全書內容分四大部分：（1）建立民族概念，替代世界主義。（2）建立生產力概念，替代交換價值體系。（3）建立整體聯合概念，替代個人主義。（4）申論獲致整體聯合利益的經濟政策主張。[91]

　　李斯特抨擊經濟自由主義的「四海一家」原則，尤其質疑「自由貿易」的普遍有效性。李斯特同樣反對這種看法：「經由共同體中個別成員直接的私利追求，可以促進整體的最高利益。」對他而言，民族的重要性遠大於世界或個人。民族有其自己的存在價值，是個人與人類之間的中道，因為獨特的語言、風俗習慣、歷史發展、文化和制度，自成一個整體。個人與人類全體的安全、安康、進步與文明有賴於這樣的整體。為了增進合宜的民族財富，私人的經濟利益與其他的各種利益都只是次要的。讓民族的生活能夠繼續維持下去的，不是它在某一時刻所擁有的「匯兌價值」的數量，而是民族經濟資源成熟的、多邊的與長程的發展。因此，可能會發生這樣的情形：在某種情況下，國家不但限制了人民的經濟活動，而且剝奪了公民的某些利益，目的正是為了提升民族的整體利益，為後代子孫設想。

　　李斯特解釋說，並不是每一個民族的處境都一樣，在熱帶地

---

[91]　學說內容參閱林鐘雄，《西洋經濟思想史》（台北：三民書局，1987年），頁195-206。

區的許多民族仍然相當落後，所從事的生產幾乎都是原料類型。氣候較溫和的地方，發展的速度有快有慢，但大致上都會經歷以下四個階段的經濟發展：（1）畜牧的階段。（2）單純的農業階段。（3）製造業與農業相結合的階段。（4）商業與製造業伴隨農業的階段。最後的階段才是經濟演進的顛峰，最適合民族的獨立和民族文化的發展。只有住在氣候溫和地帶的民族，才能實現這種理想，要達到最後階段另外得制定一些法令，採行某些行政措施。例如，有些民族或準民族會採用「產業政治學」，亦即有目的地來增進商業、製造業與農業。

進入經濟發展的第二階段時，民族應該遵循自由貿易政策，藉由與較富庶和先進國家的交流（例如進口成品、出口原料），來激勵並改進農業的狀況。一旦民族的經濟能夠進步到自行製造產品時，便進入了第三階段。此時期應該實行「關稅保護」政策，才能保護國內產業順利成長，使它們不會在國內市場上遭遇較成熟的國外產業的競爭。最後的階段，即第四階段，此時期的民族經濟已不用擔心與外國競爭，自由貿易可能再度成為通行的原則，但是要小心，避免倒退回到上一階段：某些社會法規可能有助於維持農業與製造業，雇主與員工之間的平衡，政府的補助也有助於民族商隊的茁壯。

對當時德國的現況，李斯特開出來的經濟處方是：為了經濟的進展，德國必須將它的南北邊界延伸到海岸，積極從事製造業與商業的擴張，方法是將所有日耳曼小邦聯合起來，有了這樣的聯盟才能保護「初生的」實業，促進民族海運的發展。此後，德國才能進入第四階段，民族在政治上的統一必可達成，民族文化必可興旺。

在政治上，李斯特承認自己是自由主義者。他非常欣賞英國與美國的政治制度，夢想統一的德國會是個中產階級的政府，一切依憲法而運作，除了經濟領域外，能夠完全保障個人的自由。在德國，李斯特的政治自由主義完全沒有市場，但是他的經濟民族主義卻大受歡迎。他那個時代的自由派人士大都是經濟的自由主義者，思想來源主要是「古典的」英國經濟學家。他們以「四海一家」的精神在德國宣傳「教義」，猜想工業革命應該是一致的現象，一體適用於所有民族。就此而言，李斯特是個異數，是一個現實主義者。他知道工業革命在不同的時期影響了不同的民族，一種對英國的工業化有利的經濟政策不一定符合德國的工業化。李斯特已經察覺全世界的民族主義情感日漸高漲，尤其是在德國。

結果是：當其他自由派的經濟理論逐漸暗淡，李斯特民族經濟理論的影響反而日益盈滿。那些保守與傳統派的民族主義者開始接受李斯特的經濟教義，但是李斯特的政治理論還是得不到寵幸。有愈來愈多的德國實業家，不論是民族主義者或其他的政治信仰，在李斯特的民族計劃中看到了一片令人欣慰的曙光──早晚有一天要將英國這個競爭對手打倒。即使是下一代的自由派民族主義者（他們的成長環境受民族主義影響的程度遠大於受自由主義的影響），也逐漸同意李斯特的主張，到1800年時，由俾斯麥所領導的德國，實際上所走的經濟道路正是當年李斯特篳路藍縷開拓出來的。[92]

---

[92]　參閱Hayes，*The Historical Evolution of Modern Nationalism*，頁267-272。

三、羅德貝爾特（Karl Rodbertus）

　　除了李斯特之外，德國另一位頗具影響力的經濟民族主義者就是羅德貝爾特，可能比李斯特更保守，也更激進。羅德貝爾特的父親是大學教授，基本上他也是個學者。在哥丁根和柏林研究法律，並且打算從事一般性的法律事業，1836年羅德貝爾特買了一塊土地，打算在這個地方一面讀書一面寫作，並管理這塊房地產。他很少參與政治，幾乎不曾出外旅遊，憎惡「煽動」與「宣傳」的言論，但是他的作品卻對馬克思、拉薩勒、華格納與俾斯麥等人產生重大影響。羅德貝爾特是民族主義者，但絕對不是自由派人士。他的態度很保守，甚至是可以稱之為傳統主義者。他希望德國統一，統一的德國必須實行民族的王朝體制，珍惜民族的歷史和民族文化。但是在經濟主張上，許多中產階級的自由主義者認為他太激進了，事實上，他簡直就是一個社會主義者。

　　羅德貝爾特將人類的進程分成三個經濟與社會發展階段：首先是「古代的」，在此時期，「人」本身就是資產。第二階段，稱之為「過去與現在」，資產主要在於土地與資金。第三階段，「遙遠的未來」（still remote），資產完全取決於勞力。羅德貝爾特聲稱在「現在」階段，非勞力的階級（土地與資金的擁有者）能夠從工人身上榨取錢財，經由邪惡的經濟競爭制度他們迫使工人只能賺到僅供糊口的收入。根據羅德貝爾特的說法，補救之道在於將土地與資本國家化，也就是廢除私有財產並建立一個社會主義的民族國家，唯有如此，才能進入另一個更完美的階段。羅德貝爾特承認像這種激進的改革一定會遭遇困難，因此需要一個強大的官僚體系、高度的愛國情感和道德精神，可能要花

上五百年的時間來準備。無論如何，事在人為，凡事起頭難，但並非遙不可及。首先，不要迷信「自由放任」理論，商品的生產與分配盡量由民族國家來控管，由一位「社會的」皇帝來指導，由一個合乎道德的官僚來管理。[93]

四、金斯雷（Charles Kinsley）

金斯雷本人並不是經濟學者，但是與羅德貝爾特相同的是都具有社會主義的傾向，他是一位著名的基督教社會主義者，是工人的代言者。金斯雷的思想和個性深受父母親的影響，父親來自英國鄉村的舊式家庭，母親則來自西印度受人尊敬的大農場主，歷代以來曾經有過奴隸為他們工作。金斯雷便是在這樣的環境中成長，他對自己的民族、民族的光榮傳統，和歷史制度引以為豪，對那些次等的「人種」相當輕蔑。繼承父親的衣缽，他也成了英國教會的神職人員，最後晉升到受人尊敬的地位，成了維多利亞女王的宮廷牧師。事實上，金斯雷是愛國者中的愛國者，也因為他是如此虔誠的英國民族主義者，他關心英國人民精神上的幸福，同樣也關心他們的經濟生活，認為民族應承擔這樣的責任。「如果你覺得身為英國人是高貴的事（尤其是英國的戰士或水手），那麼，就依上帝的『聖約』，做個英國人。」能在最尊貴的民族中、在最受人尊敬的教會中盡一己之責，這是一種高尚的特權。金斯雷認為，依據上帝的「聖約」，英國民族應該頒佈一些社會法案，制定一些經濟政策，幫助英國人取得最大的利益。對金斯雷以及相當多想法相同的傳統主義者而言，

---

[93] 同上，頁272-273。

愛國主義意謂一種全國的社會改革，而社會改革則意味著民族主義的強化。[94]

五、俾斯麥（Otto von Bismarck）

　　德國的民族主義濫觴於拿破崙時代，真正蓬勃發展則是在1864至1871年統一運動時期。1871年以前支撐德國民族主義的主要是情感的因素，不是經濟的考量。關心德國經濟的民族主義中多數是自由主義者，他們宣傳的是自由民族主義中的「四海一家」經濟理念。俾斯麥這位人稱「鐵血宰相」的德國政治家，本身屬於傳統主義類型的民族主義者，不是專業的經濟學家，對新式工業的興趣不大，甚至對經濟問題的相關討論頗覺厭煩。身為民族統一戰爭中普魯士的首相和新成立的德意志帝國的宰相，他開始接受當時已經很流行的古典經濟學家的理論，遵循顯然是自由派的經濟與財稅政策。民族統一戰爭和光榮的勝利使德國的民族主義情感加速膨脹，很多德國人開始思考，德國要走出自己的道路，不只在政治上，經濟上也要與眾不同。結果，原本寥寥無幾的經濟民族主義理論家，突然間人數快速增加，愈來愈多的德國人信奉他們的訓誡，接受他們的指導。

　　在這群人中自然包括了俾斯麥。到了1880年，俾斯麥的民族主義思想開始由政治的民族主義轉向經濟的民族主義。值得注意的是，如同數以千計的德國民族主義者一樣，當民族統一完成後他們才開始投入經濟民族主義政策的實現，當此之時，德國的工業發展也正在突飛猛進。如果工業革命確實對德國產生影響的

---

[94]　參閱Hayes，*The Historical Evolution of Modern Nationalism*，頁266-267。

話，應該是帶給他們一種提升自由的國際主義承諾，不是理想主義的那種「四海一家」。1878年俾斯麥公開表示他將以關稅保護主義作為德國的民族政策，這種政策符合「國家恩惠」的德國舊傳統。一方面可以幫新成立的政府增加稅收，另一方面可以紓解要求德意志小邦捐獻的壓力。更可以保護剛剛「萌芽」的企業，照顧農業發展，增進民眾的生活水平。有了關稅保護政策，便可促進各個主要階級的福祉，例如製造業者、農人與工人。藉由稅收增加國家的財富，為國家徵召更多的軍人，提振軍隊的士氣，最重要的是讓民族不論在戰時或承平之時，都能自給自足，在國內愈強壯，在國際上就愈受尊敬。

　　1879年經過民主程序選出來的國會議員批准了俾斯麥的政策，正式通過保護關稅立法。從此以後，關稅雖然幾經修改，但幾乎是只漲不跌。愈來愈高，1902年時達到史無前例的頂點。顯然，工業的成長愈快速，民族主義者要求保護的呼聲就愈高。保護措施與工業發展愈一致，相應的「解放農場」也就更迫切。1879年，俾斯麥迫使他那有名無實的「老闆」威廉一世皇帝，在一年一度的「王座演說」（speech from the throne）中說，必須經由國家立法以促進工人階級的福利。[95]1881年，為了實踐此一目標，俾斯麥透過威廉一世宣佈一項工人保險法案，此後又增加了一些疾病保險等組織與措施。同樣的情況也一體適用於因為年老或沒有充分理由要求救濟的人，他們所享受的福利沒有達到民族國家的計劃。如何該讓這些規定落實是一項艱鉅的工作，然而，這也正是任何一個以基督教和民族主義為根基的共同體責無

---

[95] 參閱毛莉雯，《論俾斯麥之國家社會立法》，台北：輔仁大學歷史研究所碩士論文，1989年。

旁貸的使命。在1880年代俾斯麥很快就找到了「合適的方法與手段」，他建立了整個工人保險體制，將它與關稅和工廠立法結合在一起，補助商業投資，將鐵路、電報與電話「國有化」，使德國在短短時間內從經濟上的「自由放任」變成經濟的民族主義。

在歐洲和美國的工業化國家中，德國是唯一追求經濟民族主義的開路先鋒，此後才開始有追隨者。在1880年至1910年間，像德國這樣的民族國家幾乎都採納關稅保護主義、勞工立法，和其他可以激勵實業發展的政策。在幾個強權國家中英國算是例外，它之所以堅持自由貿易並不是因為它相信自由貿易的普世價值，事實上是因為它認為這種政策對英國有暫時的利益。在其他方面，英國認為歐陸其他採用經濟民族主義的國家不斷在告訴它的人民，為他們帶來物質幸福的其實不是經濟上的政策，而是國家所制定的法律。

伍、歷史學派

一、羅謝爾（W. Roscher）

李斯特和羅德貝爾特兩人都對歷史很有興趣，並且在其經濟民族主義中都利用了歷史，或者說應用歷史哲學來加強他們的經濟論述。但他們還不算是「歷史學派」，「歷史學派」真正的奠基者是哥丁根與萊比錫大學教授羅謝爾，他的名著是出版於1843年的《歷史方法的國民經濟學講義大綱》（*Grundriss*），有點像是旅遊指南，在書中他批評古典經濟學家「先驗的」推理，稱之為「邏輯狂熱症」（logic-mania）。羅謝爾認為如果經濟學想要

成為真正的科學（利用觀察為基礎），經濟學家應該先研究歷史，從中建立他們的系統。另外，他又說，經濟學必須是民族發展的學科，學者的理論必須要能被實際運用。1874年羅謝爾出版經世名著《德國民族經濟史》，另外還有關於德國農業、工業、商業、財政與貧窮疏困的書。

二、華格納（Adolf Wagner）

另一位「歷史學派」的著名學者是華格納。早年曾在多柏德（Dorpat）和海德堡（Heidelberg）大學當教授，1870年以後轉到柏林大學。華格納擅長演講，是著名的作家，對於組織與行政尤其拿手。華格納認為重農主義者、亞當·史密斯與其他自由派經濟學者將理論建立在「自然權」與「個人主義」上，這是錯誤的假定。相反地，他強調個人的經濟立場不是取決於所謂的自然權利或其他的自然力量，真正形塑個人經濟立場的是個人所出生的民族環境、約束個人生活的民族法律、所依附的民族國家，這些都是歷史的產物。華格納接著說，經濟現象不是孤立的，不會憑空出現，自由與資產這些概念部分是經濟的，同時也是法律與民族的，其間的關係難以割捨。所以，研究經濟問題卻忽視民族的律法與政治，結果必定是徒勞無功。

華格納與其他志同道合的「歷史學派」成員主持了許多研究，探討民族經濟生活中各個階段的歷史，並且出了好幾冊的書，這些著作不但內容淵博，對於現實的政治也很有用，它們指出了當代國家要如何做才能提升民族的經濟利益。大體上，「歷史學派」傾向於支持與德國民族歷史和創造力相容的政治保守主義，並且主張實行保護主義措施和社會立法，這是最能夠保存

並強化民族傳統與民族士氣的方法。1872年，德國「歷史學派」的一些領導人和一群有同理心的著名法律學者與官員在愛森拿荷（Eisenach）召開大會，會後發表一篇對抗經濟自由主義的宣言，指出德國民族國家是最大的人類道德教育機構，德國將儘速通過立法好讓其他的民族分享德國文化的最高利益。據參與愛森拿荷會議的人說，民族國家不是一個「被動的警察」，而是「有愛心的父親與精神上的導師」。由他來促進民族的農業、民族的工業、民族的商業，與民族的勞動。大會結束後，他們成立了「社會政治聯盟」（Union for Social Politics），這個組織在未來十年一直努力於遊說民族政府採用保護關稅政策以對抗自由貿易，並且要求政府保護德國工人，減少意外的發生，使生病與年老者都能獲得安養。顯然，他們的努力有不錯的成果。

政治經濟的「歷史學派」在德國的勢力很強，其他國家的門徒也競相模仿。接受這種主張的人大都是基於民族主義（或歷史）的動機與利益考量，不論在哪裡，經濟發展的民族性格總是被特別強調。「歷史學派」的計劃方案有時候被人嘲笑為「主席社會主義」（socialism of the chair）或「休息室的社會主義」（parlor socialism），基本上這是民族主義者的想法，盛行於十九世紀末到二十世紀初。「歷史學派」結合了華格納、羅謝爾、羅德貝爾特、李斯特、金斯雷，甚至還包括李斯特等經濟民族主義者的思想，代表了經濟發展史上的一個變遷階段。這種變遷通常發生在「進步的」國家，由自由的（雅克賓的），或傳統主義的民族主義轉變成現代的（完整的）民族主義。[96]

---

[96] 參閱Hayes，*The Historical Evolution of Modern Nationalism*，頁273-277。

陸、結語

　　文化、政治與經濟，不是絕對的概念，在本章所舉的例子中，民族主義者幾乎都兼具這三種特質。依據研究取向的不同，同一位民族主義者會出現在不同的領域。以國人熟悉的孫中山為例，他的學說思想經常被推崇為民族主義的集大成，很難斷然地將他歸納為文化民族主義者、政治民族主義者或經濟民族主義者。或許有人會喜歡用「三位一體」這個術語來形容其間的關係，然而，太過強調「綜合性」就會喪失研究的意義，研究的價值就是要找出獨特性，發現每一種民族主義或每一位民族主義者與眾不同的特點。用赫德的話來說，民族主義是「有機的」，所以，不會有相同的民族主義模式，也不會產生像複製品一樣的民族主義者。不同的時空背景下，自有其對民族主義的不同需求，文化、政治與經濟都只是一種手段，一種過程，本身不是目的，一般來說，文化民族主義是最初期和最粗淺的民族主義，它的興起不需要太嚴苛的條件，任何民族、不論人口多寡、土地大小、居民類型等，都可以產生某種形式的文化民族主義。由於文化的意義太廣泛，宗教、語言、文學與教育各方面的運動，只要有助於提升民族自尊心與民族意識者，都是文化民族主義的範疇。

　　這種形態的民族主義有以下的特色：規模小、數量多、防衛性、內斂性、落後性、變動性，不易引起注意，而且如果沒有政府大力支持，光靠民族主義者來推動，不會有太大成效。它是各民族內部的運動，可能會被其他國家的民族主義者加以模仿，但不會走出民族的範圍。文化民族主義的訴求，心理的層面大於實

質的意義。1907年印度著名的大詩人泰戈爾寫了一本書，書名就叫做《民族主義》。書中充滿了文化民族主義者對往昔情懷的傷感，泰戈爾認為，所有的政府本身都帶有某種機械的成分，舊式的印度政府是手搖織機，而西方現代政府是動力織機。手搖織機的產品，表現出人活生生的手指魔力，它的嗡嗡聲和生命的音樂交融在一起。但是動力織機在生產中是無情的，沒有生命的，準確而單調。[97]泰戈爾的想法就是典型文化民族主義者的矛盾情結——想要從傳統中找尋可以用來抗拒先進科技文明的壓迫，但是對他們來說，唯一能自我安慰的就是悠久的傳統，傳統成了文化民族主義者的核心價值。無論如何，只有「傳統」的光榮不足以為民族帶來幸福，政治與經濟的發展才是民族發展的基礎。

要發展政治與經濟的民族主義須具備一定程度的客觀條件，因為這兩種類型的民族主義最後都會產生國際衝突。「小國寡民」者固然沒有競爭的本錢，「自給自足」或「自由放任」則更需要充足的人力、物力與自然資源，而且需要政府的配合與支助。政治民族主義通常是一種「完整的」民族主義，帶有侵略的性質，任何一個民族的強盛必然造成均勢的破壞，領土或疆界的變更，結果往往就是戰爭，義大利的統一是馬志尼政治民族主義的實現，同時也是武力所造就的。法國雖然已是統一的民族，然而正如莫哈所說，法國的政治民族主義充滿了對德國的世仇和對海外擴張的偏愛，莫哈是個煽動家，強調為了確保法國的利益不惜訴諸武力。因此，政治民族主義經常成為獨裁者的藉口，希特勒的國家社會主義、墨索里尼的法西斯主義、薩拉查在葡萄牙的

---

[97]　Elie Kedourie, *Nationalism*（Oxford: Blackwell Publishers, 1993），pp. 106-7.

專政都是利用了民族主義，民族是他們的權力來源，政治民族主義則為他們提供了擴張的正當性。

　　經濟民族主義認為任何民族只要它們能夠努力從事最具優勢的生產，並且與世界其他地方的物產互動，都可以讓他們的人民享受最高的生活水平。這種哲學相信每一個民族都有適合自己的工業活動，最能展現其民族的才能，經由經濟上的自給自足，達成民族的獨立與平等。事實上這只是理想主義的夢想，國際的現實通常是強者恆強，弱者恆弱，人道主義是小國的鴉片，無法為民族帶來富強。奈倫曾說，民族主義是經濟發展不均衡的結果，經濟民族主義者必須體認這種現實，不能逆勢而為。多數的民族國家（除了英國明顯例外）都倡議某種程度的保護關稅，這是弱者的政策，「自由放任」是強者的政策，透過關稅保護、社會立法、獎勵實業才能落實經濟民族主義，「自由貿易」是經濟發展的最後階段。

第七章
結論

　　1991年蘇聯的解體為二十世紀最後一波民族主義浪潮劃下句點，未來還會有另一波的民族主義運動嗎？也許還會有國家的建立和個別民族主義出現，但從有限的歷史來看，短時間內沒有再度引發民族主義浪潮的可能性。美國的族裔問題雖然複雜，但畢竟不同於奧匈帝國，印第安人與黑人能夠要求在美國這塊土地上另建屬於自己「民族群體」的國家嗎？中國大陸的西藏和新疆雖然有分離主義在進行，但它也不像蘇聯，它原本就是一個國家，分離主義不是因為民族認同，而是政治信仰與利益的衝突。未來的世界愈來愈沒有「建國」的空間，民族主義的情感愈來愈不容易繼續被政治菁英所操弄。雖然在發達的大眾媒體幫助下，群眾的情緒容易被煽動起來，但要驅使這種情感去為「國家」犧牲性命，顯然不夠充分。

　　三十餘年前安德生說民族是「想像的共同體」，這種看法已經過時，不再適用。「共同體」的意識需要靠不斷的象徵、符號和詞語等視覺與聽覺的刺激，才能維持其熱度，光靠想像無法凝聚民族主義。如果在奧運競技場上和各種國際性的比賽中禁止高聲吶喊，不為獲獎者升起國旗，不奏國歌，民族主義的狂熱肯定會立即減少一半。民族主義需要灌溉，但也得具備可以滋生的

土壤，亦即歷史的時空環境。霍布斯邦說，隨著民族國家的式微，民族主義也會逐漸消失。[1]他認為未來的世界歷史絕不可能是「民族」和「民族國家」的歷史，不管此處的民族是指文化上的、政治上的、經濟上的或語言上的定義。未來的世界歷史將主要是「超民族的」（supra-national）和「內民族的」（infra-national）舞台。這句話只對了一半，就「內民族」的發展趨勢而言，一些老牌民族國家的分離運動一直沒有獲得完善的解決，某些特定國家的族裔衝突和族群矛盾，即使國際力量介入也只能求得一時的平靜。

在這些國家中民族主義是一種與生俱來的宿命，獨立與建國未必就是最終的目的。一些小國家會一直在教育體系和日常生活中不斷強調民族主義，因為它們必須藉由這種團結意識形態的操弄來維護統治的正當性。今天的世界，有條件建立國家的民族群體，差不多都已是國家，不論是民族國家或多族裔國家，民族主義逐漸變成一種愛國主義。[2]對那些無能力建國的民族而言，民族主義則容易走向恐怖主義。民族主義並沒有消失，只是換了面貌，繼續在國家的體制內運作。至於「超民族」的國際架構，經過多年的實驗之後，除了經濟性的組織外，幾乎都不易發揮真正的效力。所有的超民族組織都要有強國的支持，然而強國的存在卻也是民族主義抗拒的對象，民族主義不會因為有了「歐盟」就消失，許多小國家對於WTO（世界貿易組織）是又愛又恨，如果有能力抗拒，他們寧願選擇菲希特的「自給自足的商業國」。

---

[1]　Eric Hobsbawm, *Nations and Nationalism Since 1780*（London: Cambridge University Press, 1990），p. 190.

[2]　參閱Maurizio Viroli, *For Love of Country: An Essay on Patriotism and Nationalism*（Oxford: Clarendon Press, 1995），頁161-187，〈沒有民族主義的愛國主義〉。

所以，就算黑格爾的「米涅瓦之鷹」繼續在黃昏時飛出，[3]也不能就此認為民族主義已經消失。

民族主義也許不再偉大，但是它的強韌性卻不容忽視。全球化摧毀了部分民族認同基礎，使民族識別的象徵與符號因國際標準化而被淡化。有能力選擇其他認同與依附的人愈來愈多，對他們來說，民族主義只是一種懷鄉之情，可有可無，不再是被拂在土地上的宿命。他們原本就不是民族主義訴求的對象，他們的態度不能代表民族主義的發展趨向，真正民族主義的支持者是那些必須依賴故土，離開了群體之後無法安身立命的人。這也就是為什麼全球化不但沒有讓民族主義消失，反而更激起弱勢民族強烈懷抱民族主義，利用這種集體情感來克服因國際競爭而處於劣勢的次等情結。

比利格：「為什麼在已經是民主政治的國家中，我們還是無法忘記我們的民族認同？」[4]答案就在布魯巴克的書中，民族主義是一股力量，雖然不能用「復甦」或「衰退」來形容，但這股在日常生活中不斷滋生與重製的力量，對當代的文化和政治生活相當重要。[5]比利格稱這種民族主義為「平凡的」、「乏味的」或「陳腐的」玄想（mysticism），[6]因為太過於平凡以至於所有的神祕主義都蒸發不見了，除了「祖國」一詞偶爾還有為之犧牲的代價之外，已沒有任何理想性可言。民族主義已經越過專家學者的領域，被報紙媒體強行帶進一般民眾的生活中，政客們熱衷

---

[3] 參閱第四章有關坎度里的論述。

[4] Michael Billig, *Banal Nationalism*（London: Sage Publications, 1995），p.93.

[5] Rogers Brubaker, *Nationalism Reframed: Nationhood and the National Question in the New Europe*（Cambridge: Cambridge University Press, 1996），p. 10.

[6] Billig, *Banal Nationalism*, p. 175。

於使用簡短的詞語來揮舞民族主義的旗幟，透過旗海飄揚來呈現的民族主義，已經不是二十世紀以前的民族主義形式，是一種政治運動，與所謂的「民族」早已沒有關係。

這二百多年來，世界歷史上出現的民族主義究竟有多少種，沒有任何一位學者可以給我們一個明確的答案。雖然我們可以利用學術研究的經驗法則和方法建構出各種民族主義的類型學，但是正如學者所提出的各種民族主義理論，都只能說明部分的事實，其他的事實如果不是得放棄就是得另外再建立新的類型學，結果仍然一樣，這種循環會繼續下去。民族主義研究最大的困難，在於「時代性」這個概念，不同時空的民族主義會有不同的訴求、內涵與類型，也許會產生模仿的效應，但是，基本上，歸根究柢之下不會有相同的民族主義。因為這涉及到我們對何謂民族主義的認知，亦即如何適切地定義民族主義。

史密斯在《全球化時代的民族與民族主義》末了時說，許多學者認為有多少民族和民族主義者，就有多少種民族主義，這是對民族主義意識形態的一種完全誤解。[7]在民族主義的研究中，史密斯走的是一條孤寂的路，他的話向來是「曲高和寡」。在他看來，我們肯定可以從各種民族主義的活動、態度和假定中找到充足的相似性，並據此歸納出一個單一的範疇，他稱之為「多中心的民族主義」。[8]本書承襲史密斯的精神，相信民族主義的多樣性，一方面以個案的方式論述數十位民族主義研究者的學說大要，這些學者分屬不同的民族、時代與社會，代表各個不同學術

---

[7]　Anthony Smith, *Nations and Nationalism in a Global Era* (Cambridge: Polity Press, 1995), p. 149.

[8]　Anthony Smith, *Theories of Nationalism* (New York: Holmes & Meier Publishers, 1983), p. 192.

的涵養，每一個例子都有它的意義。另一方面，相信分類是我們接近民族主義的最佳途徑，建立類型學有其必要性，不論是「二分法」或「多元論」，對我們理解民族主義都有正面的幫助。

自海耶斯以後，很少有學者想用一本書的篇幅去分析民族主義的類型。海耶斯的《現代民族主義的歷史演進》是一部典型的類型學，[9]可惜此書出版已超過半個世紀，其中分類方式和立論觀點都無法滿足日新月異的社會學理論，社會學家在研究民族主義時幾乎不使用他的著作，難怪霍布斯邦要說他不推薦讀者去讀所謂「民族主義雙父」的書。[10]霍布斯邦認為他們兩人對民族的界定過於老生常談，缺乏洞見，只有民族主義者才會特別留意他們的過時言論。霍布斯邦的批評與我所指的「時代性」有密切的關係，海耶斯未能見識當今的民族主義發展以及學術界百家爭鳴的狀況，然而霍布斯邦似乎也低估了「老生常談」的影響力，作為一種「情感共同體」，民族主義與人類的歷史一樣長久。海耶斯讓我們了解到民族主義的持久性，霍布斯邦則告訴我們民族主義必須不時地重新界定。

我們回到卡曼卡說過的話：「定義如果有用的話應該是在研究結束時。」[11]本書分析了數十種民族主義的類型，其中也包含了各式各樣的民族主義定義，要在這個定義的辭海中再創造另一個定義不是太困難的事，重點是這樣做有何意義。定義問題不在於對或錯，而是有沒有用，用於學者的研究，或是用於民族主

---

9 Carlton Hayes, *The Historical Evolution of Modern Nationalism*, 台北：雙葉書局翻印，1968年。

[10] Hobsbawm, *Nations and Nationalism Since 1780*, p. 3。

[11] Eugene Kamenka（ed.），*Nationalism: The Nature and Evolution of an Idea*（London: Edward Arnold, 1976），p. 3.

義的宣傳，或是政治菁英的操弄。我不完全接受「功能論者」的主張，但我相信民族主義只是一種工具，有人用它來救亡圖存，振興民族精神，也有人用它來號召群眾，從事社會運動或發動戰爭。不論基於何種理由，一旦「飛鳥盡」，必然是「良弓藏」，但也只是「藏」而已，沒有消失，只有將民族根絕了才能消除民族主義。

　　雖然現代論者經常批判原生論者的主張，我倒覺得麥諾格的「睡美人」理論很有吸引力，尤其是對民族主義者來說。民族主義如同所有的工具，不用時就會被收起來，需要時便會出現，但我們可以選擇不用它，尤其當我們發現民族主義的弊端總是多於它所創造的利益之時，就應該更審慎地使用這種工具。民族主義是福祉或災難，還是會有很多人認為這是見仁見智的問題，但在成熟的民主政治國家中，已經可以利用民主政治的機制來解決族裔的衝突，以開放的社會讓公民享有更多認同的選擇，以多元的價值觀讓不同文化背景的人可以相互尊重。

　　雖然倡議民族主義理念的人還是會不時出現，但是以撕裂族群或鼓吹種族仇殺為訴求的民族主義，不但難以獲得國內的支持，也會引來國際的干預。較大型的國家不鼓勵帶有族裔情感的民族主義，他們寧願稱它為「愛國主義」，或美化為「樸素的愛國主義」。愛國主義的對象是國家，民族主義的對象是屬於多數民族的族群，二者不完全相同。奈倫說，民族主義像羅馬的雙面神「雅努斯」（Janus），一面向內看，一面向外看。論者經常以這個比喻來強調民族主義是雙面有刃的劍，其實這是多餘的老調，既然是劍本來就應該是兩面有刃，重點不是「刃」，而是人。會用劍的人不會傷到自己，不會用劍的人，也傷不了別人。

這是一本以人為研究主軸的民族主義論述，目的不在於創造一種新的民族主義理論，而是要引導讀者從世界史的觀點來理解民族主義，尤其是對歐美這幾十年來的民族主義研究成果，做一次全面性的閱覽。作者相信，對大多數的人來說，民族主義是一種宿命，不管喜歡或不喜歡，這種「情感共同體」一直是活生生的歷史事實。即便進入全球化的時代，民族與民族主義依舊是一股無處不在的力量，想要加以取代或超越，是很愚蠢的想法，「疫苗民族主義」就是最好的例證。我們必須體認民族主義作為一種「宗教替身」的屬性，[12]了解各種時空下民族主義的模式和它的運作邏輯，才能將民族主義的「災禍」轉化為「福祉」。

---

[12] Smith, *Nations and Nationalism in a Global Era*, p. 160。

▋參考書目

于蕙清，〈民族主義「原生論」與「建構論」之評析〉，《正修學報》第
　　15期（2002年11月），頁39-47。

王中江，〈評《民族主義與中國現代化》（劉青鋒）〉，《香港社會科學
　　學報》1997年3月，頁213-219。

王立新，《美國對華政策與中國民族主義運動，1904-1928》，北京市：中
　　國社會科學院出版社，2000年。

札卡瑞亞（Fareed Zakaria）著，盧靜等譯，《後疫情效應：CNN「札卡
　　瑞亞GPS」主持人給世界的10堂課》（*Ten Lessons for a Post-Pandemic
　　World*），台北：天下文化出版社，2021年。

安德森（Benedict Anderson）著，吳叡人譯，《想像的共同體：民族主義的
　　起源與散佈》（*Imagined Communities: Reflections on the Origin and Spread of
　　Nationalism*），台北：時報出版社，1999年。

史明，《台灣民族主義與台灣革命》，台北：前衛出版社，2001年。

史密斯（Anthony Smith）著，龔維斌、良警宇譯，《全球化時代的民族與
　　民族主義》，北京：中央出版社，2002年。

朱浤源，〈從族國到國族：清末民初革命派的民族主義〉，《思與言》第
　　30卷第2期（1992年6月），頁7-38。

江宜樺，《自由主義、民族主義與國家認同》，台北：揚智文化出版社，
　　1998年。

江宜樺，〈民族主義的國族認同理論〉，《愛學術》，2021年3月20日檢
　　索，（http://www.aisixiang.com/data/15942.html）。

江宜樺，〈自由民主體制下的國家認同〉，《台灣社會研究季刊》第25期
　　（1997年3月），頁83-121。

吉伯納（Monterrat Guibernaut）著，周杰譯，《無國家的民族：全球時代
　　的政治社群》，台北：韋伯出版社，1999年。

光武誠著，蕭志強譯，《從地圖看歷史》，台北：世潮出版社，2003年。

朱諶，《民族主義的背景與學說》，台北：國立編譯館，2000年。

李宏圖，《西歐近代民族主義思潮研究》，上海：上海社會科學院出版社，1997年。

汪榮祖，〈章太炎與現代史學〉，收錄在《史學九章》，台北：麥田出版社，2002年。

芮逸夫，〈中華國族解〉，載《中國民族及其文化論稿》上冊，台北：藝文印書館，1972年。

周英雄，〈搖擺與否定：葉慈的文化民族主義初探〉，《中外文學》，25卷10期，1997年3月，頁138-159。

姜新立，〈民族主義之理論概念與類型模式〉，劉青峰編，《民族主義與中國現代化》，香港：中文大學出版社，1994年。

埃尤夫（Nadav Eyal）著，胡宗香譯，《反抗：當激進變成主流，正在改寫世界經濟、政治、文化的反全球化抗爭》（*Revolt: The Worldwide Uprising Against Globalization*），台北：天下雜誌出版社，2021年。

徐波、陳林，〈《民族主義研究學術譯叢》代序言〉，收錄在坎杜里著，張明明譯，《民族主義》，北京：中央編譯出版社，2002年。

華特金士（Isaac Kramnick, Frederick M. Watkins）著，張明貴譯，《意識型態的時代：從1750年到現在的政治思想》，台北：聯經出版社，1983年。

陳儀深，〈二十世紀上半葉中國民族主義的發展〉，中央研究院近代史研究所編，《認同與國家——近代中西歷史的比較》，台北：中央研究院近代史研究所，1994年。

陳曉明，〈文化民族主義的興起〉，《二十一世紀雙月刊》，第39期，1997年2月，頁35-43。

陳柏煉，〈阿拉伯民族主義興起的歷史背景〉，《思與言》，第30卷第4期，1992年12月，頁33-70。

許紀霖，〈走向反現代化的烏托邦：一個文化民族主義者的心路歷程〉，劉青峰編，《民族主義與中國現代化》，香港：中文大學出版社，1994年。

郭洪紀，《文化民族主義》，台北：揚智出版社，1997年。

紀登斯（Anthony Giddens）著，胡宗澤、趙力濤譯，《民族國家與暴力》

（ *The Nation-State and Violence* ），台北：左岸文化出版社，2002年。

葛爾納（Ernest Gellner）著，李金梅譯，《國族主義》（ *Nationalism* ），台北：聯經出版社，2000年。

葛爾納（Ernest Gellner）著，李金梅譯，《國族與國族主義》（ *Nations and Nationalism* ），台北：聯經出版社，2001年。

菲希特（Fichte, Johann Gottlieb）著，《告德國國民書》，台北：幼獅文化出版社，1983年。

傅偉勳，〈文化的民族主義與政治的民族主義〉，劉青峰編，《民族主義與中國現代化》，香港：中文大學出版社，1994年。

蒲薛鳳，《現代西洋政治思潮》，台北：正中書局，1990年。

詹金斯（Keith Jenkins）著，江政寬譯，《後現代歷史學後現代歷史學——從卡耳和艾爾頓到羅逖與懷特》，台北：麥田出版社，2000年。

福山（Francis Fukuyama）著，區立遠譯，《歷史之終結與最後一人》（ *The End of History And the Last Man* ），台北：時報出版社，2020年。

劉青峰編，《民族主義與中國現代化》，香港：中文大學出版社，1994年。

韓錦春、李毅夫，〈漢文「民族」一詞的出現及其初期使用情況〉，《民族研究》，第2期，北京，1984年。

Acton, Lord. "On Nationality", in Gopal Balakrishnan（ed.）, *Mapping the Nation*, London Verso, 1996[1862].

Akzin, Benjamin. *State and Nation*, London: Hutchinson, 1964.

Alter, Peter. *Nationalism*, London: Edward Arnold, 1994.

Anderson, Benedict. *Imagined Communities: Reflections on the Origin and Spread of Nationalism*, London and New York: Verso, 1991[1983].

Anderson, Eugene N. *Nationalism and the Culture Crisis in Prussia, 1806-1915*, New York, 1939.

Anderson, Malcolm. *States and Nationalism on Europe Since 1945*, London: Routledge, 2000.

Angell, Sir Norman. *The Great Illusion*, New York and London, 1910.

Armstrong, John. *Nations Before Nationalism*, Chapel Hill: University of North Carolina Press, 1982.

Barnard, Fredrik M. "National Culture and Political Legitimacy: Herder and Rousseau", *Journal of the History of Ideas*, XLIV（2）, 1983.

—— "Patriotism and Citizenship in Rousseau: A Dual Theory of Public Willing", *The Review of Politics*, 46（2）, 1984.

Bauer, Otto. "The Nation", in Stuart Woolf（ed.）, *Nationalism in Europe: 1815 to the Present*, London: Routledge, 1996.

Baycroft, Timothy. *Nationalism in Europe, 1789-1945*, Cambridge: Cambridge University Press, 1998.

Bell, Daniel. *The End of Ideology*, New York: Free Press, 1962.

Bhabha, Homi（ed.）, *Nation and Narration*, London: Routledge, 1990.

Billig, Michael. *Banal Nationalism*, London: Sage Publications, 1995.

Bolingbroke, Lord. "A Letter on the Spirit of Patriotism", in *The Works of Lord Bolingbroke*, London, 1844 [reprint 1967].

Brass, Paul. "Elite Groups, Symbol Manipulation and Ethnic Identity among the Muslim of South Asia", in D. Talor and M. Yapp（eds.）, *Political Identity in South Asia*, London: Curzon Press, 1979.

——. *Ethnicity and Nationalism: Theory and Comparison*, New Delhi: Sage, 1991.

Brehony, Kelvin J. and N. Rassool（eds.）, *Nationalisms: Old and New*. New York: St. Martin's Press, 1999.

Breuilly, John. *Nationalism and the State*, Manchester: Manchester University Press, 1993.

——. "Approaches to Nationalism", in G. Balakrishnan（ed.）, *Mapping the Nation*, London: Verso, 1996[1994].

——. "Reflection on Nationalism", in S. Woolf（ed.）, *Nationalism in Europe, 1815 to the Present*, London: Routledge, 1996.

Brown, David. *Contemporary Nationalism: Civic, Ethno-Cultural, and Multicultural Politics*, Routledge, 2000.

Brown, Michael E.（ed.）, *Nationalism and Ethnic Conflict*, MIT Press, 1997.

Brubaker, Rogers. *Citizenship and Nationhood in France and Germany*, Cambridge, Mass.: Harvard University Press, 1992.

——. *Nationalism Reframed: Nationhood and the National Question in the New Europe*, Cambridge: Cambridge University Press, 1996.

——. "Myths and Misconceptions in the Study of nationalism", in John A. Hall
　　(ed.), *The State of Nation: Ernest Gellner and the Theory of Nationalism*,
　　Cambridge: Cambridge University Press, 1998

Bullock, Alan and Oliver Stallybrass (eds.), *The Fontana Dictionary of Modern
　　Thought*, Fontana Books, 1977.

Calhoun, Craig. 'Nationalism and Ethnicity', *Annual Review of Sociology*, 19, 1993.

——. *Nationalism: Concepts in Social Sciences*, Buckingham: Open University Press, 1997.

Carr, Edward H. *The Nationalism and After*, London: Macmillan, 1945.

Connor, Walker. *Ethno-nationalism: The Quest for Understanding*, Princeton: Princeton
　　University Press, 1994.

Conversi, D. "Reassessing Current Theories of Nationalism: Nationalism as Boundary
　　Maintenance and Creation", *Nationalism and Ethnic Politics*, 1 (1), 1995.

Cronin, John F. *Economics and Society*, New York, 1939.

Deutsch, Karl W. *Nationalism and Social Communication: An Inquiry into the Foundations
　　of Nationality*, Mass: MIT Press, 1966[1953].

——. "Nation and World", in Ithiel de Sola Pool (ed.), *Contemporary Political
　　Science: Toward Empirical Theory*, New York, 1967.

Dobb, Maurice. *Political Economy and Capitalism: Some Essays in Economic Tradition*,
　　London, 1937.

Ergang, Robert R. *Europe in Our Time*, Boston, 1953.

Ergang, Reinhold Robert. *Herder and the Foundations of German Nationalism*, New
　　York: Octagon Books, 1976[1931].

Fishman, Joshua. *Language and Nationalism*, Rowley, Mass.: Newbury House, 1973.

Geertz, Clifford. *The Interpretation of Cultures*, New York: Basic Books, 1973.

Gellner, Ernest. *Thought and Change*, London: Weidenfeld & Nicolson, 1971.

——. *Nations and Nationalism*, Ithaca: Cornell University Press, 1983.

——. "The Coming of Nationalism and its Interpretation: The Myths of Nation
　　and Class", in G. Balakrishnan (ed.), *Mapping the Nation*, London: Verso,
　　1996[1993].

——. "Reply to Critics", in J. A. Hall and Jarvie (eds.), *The Social Philosophy of
　　Ernest Gellner*, Atlanta and Amsterdam: Rodopi, 1996.

———. *Encounters with Nationalism*, Oxford: Blackwell, 1994.

Greenberg, L. S. *Nationalism in a Changing World*, New York, 1937.

Greenfeld, Liah. *Nationalism: Five Roads to Modernity*, Cambridge, MA: Harvard University Pr., 1992.

Guibernau, Monterrat. *Nationalisms: The Nation-state and Nationalism in the Twentieth Century*, Polity Press, 1996.

Gyorgy, A. and G. D. Blackwood, *Ideologies in World Affairs*, London: Blaisdell, 1967.

Hall, John A. 'Nationalism: Classified and Explained', *Daedalus*, 122（3）, 1993.

——（ed.）, *The State of the Nation: Ernest Gellner and the Theory of Nationalism*, Cambridge: Cambridge University Press, 1998.

Hall, John A. & Ian C. Jarvie（eds.）, *The Social Philosophy of Ernest Gellner*, Amsterdam: Rodopi, 1996.

Hall, Stuart. "Cultural Identity and Diaspora", in J. Rutherford（ed.）, *Identity: Community, Culture and Difference*, London: Lawrence & Wishart, 1992.

Handler, Richard. "Nationalism and the Politics of Culture in Quebec", in E. George（ed.）, *New Directions in Anthropological Writing: History, Poetics, Cultural Criticism*, Clifford Marcus, James. Madison: The University of Wisconsin Press, 1988.

Handman, Max S. "The Sentiment of Nationalism", *Political Science Quarterly*, 36, 1921.

Hayes, Carlton. *Essays on Nationalism*, New York: The Macmillan Company, 1926.

———. *Nationalism: A Religion*, New York: The Macmillan Company, 1960.

———. *The Historical Evolution of Modern Nationalism*, 台北：雙葉書局翻印，1968年。

He, Baogang and Yingjie Guo. *Nationalism, National Identity and Democratization in China*, Vermont: Ashgate Publishing Company, 2000.

Hechter, Michael. *Internal Colonialism: The Celtic Fringe in British National Development*, New Brunswick, NJ: Transaction, 1975.

———. *Containing Nationalism*, New York: Oxford University Press, 2000.

Heimsath, C. *Indian Nationalism and Hindu Social Reform*, Princeton, NJ, 1964.

Hobsbawm, Eric & T. Ranger（eds.）, *The Invention of Tradition*, Cambridge: Cambridge University Press, 1983.

Hobsbawm, Eric. *Nation and Nationalism Since 1780: Programme, Myth, Reality*,

Cambridge: Cambridge University Press, 1990.

Holbraad, Carsten. *Internationalism and Nationalism in European Political Thought*, Macmillan: Palgrave, 2003.

Horowitz, Donald. *Ethnic Groups in Conflict*, Berkeley, California: University of California Press, 1985.

Hroch, Miroslav. *Social Preconditions of National Revival in Europe: A Comparative Analysis of the Social Composition of Patriotic Groups among the Small European Nations*, Cambridge: Cambridge University Pr., 1985.

——. "From National Movement to the Fully-Formed Nation: The Nation-Building Process in Europe", *New Left Review*, 198, 1993.

——. "Real and Constructed: the Nature of the Nation", in John A. Hall（ed.）, *The State of the Nation: Ernest Gellner and the Theory of Nationalism*, Cambridge: Cambridge University Pr., 1998.

Hutchinson, John. *The Dynamics of Cultural Nationalism: The Gaelic Revival and the Creation of the Irish Nation State*, London: Allan & Unwin, 1987.

Hutchinson, John & Anthony D. Smith（eds.）, *Nationalism*, Oxford University Press, 1994.

Ichheiser, Gustav. "Some Psychological Obstacles to an Understanding between Nations", *Journal of Abnormal and Social Psychology*, xxxvi, 1941.

Ignatieff, M. *Blood and Belongings: Journeys into the New Nationalism*, London: Vintage, 1994.

James, Paul. *Nation Formation: Towards a Theory of Abstract Community*, London: Sage, 1996.

Jenkins, Brian. *Nationalism in France: Class and Nation Since 1789*, London: Routledge, 1990.

July, R. W. *The Origins of Modern African Thought*, London, 1968.

Kamenka, Eugene（ed.）, *Nationalism: The Nature and Evolution of an Idea*, London: Edward Arnold, 1976.

Kamenka, Eugene. "Political Nationalism-The Evolution of the Idea", in Eugene Kamenka（ed.）, *Nationalism: The Nature and Evolution of an Idea*, London: Edward Arnold, 1976.

Kaufmann, Chaim . "Possible and Impossible Solutions to Ethnic Civil Wars", in Michael E. Brown（ed.）, *Nationalism and Ethnic Conflict,* Cambridge: The Mit Press, 1997.

Keating, Michael. *Nations Against the State: The New Politics of Nationalism in Quebec, Catalonia and Scotland,* London: Macmillan, 1996.

Kellas, J. *The Politics of Nationalism and Ethnicity,* London: Macmillan, 1991.

Kendourie, Elie. *Afghani and Abduh,* London and New York: Frank Cass, 1966.

——（ed.）, *Nationalism in Asia and Africa,* New York: The World Publishing Company, 1970.

——. *Politics in the Middle East,* Oxford: Oxford University Press, 1992.

——. *Nationalism,* Oxford: Blackwell Publishers, 1993.

Khan, Amir. "What is 'vaccine nationalism' and why is it so harmful?"，《半島電視台》（Aljazeera），2021年2月7日

Kitching, G. "Nationalism: The Instrumental Passion", *Capital & Class,* 25, 1985.

Kohn, Hans. *A History of Nationalism in the East,* trans. Margaret M. Green, New York, 1929.

——. "Pan-Movements", in *Encyclopedia of the Social Sciences,* XI, New York, 1935.

——. *The Mind of Modern Russia,* New Brunswick, N.J.: Rutgers University Press, 1955.

——. *The Idea of Nationalism: A Study in Its Origins and Background,* New York: The Macmillan, 1956

——. *The Age of Nationalism: the First Era of Global History,* New York: Harper and Row, 1962.

——. *Nationalism: Its Meaning and History,* New York: Van Nostrand Reinhold Ltd, 1965.

——. "Nationalism", in David L. Sills（ed.）, *International Encyclopedia of the Social Sciences,* New York, 1968.

Koht, Halvdan. "The Dawn of Nationalism in Europe", *The American Historical Review,* Vol. LII, January, 1947.

Kristeva, Julia. *Nations Without Nationalism,* Columbia University Press, 1993.

Lake, David and Donald Rothchild, "Containing Fear: the Origins and Management of Ethnic Conflict", in Michael E. Brown（ed.）, *Nationalism and Ethnic Conflict,*

MIT Press, 1997.

Lerner, Daniel. *The Passing of Traditional Society*, New York: Free Press, 1958.

Levenson, J. R. *Liang Ch'I Cha'ao and the Mind of Modern China*, London, 1959.

Llobera, J. R. *The God of Modernity: The Development of Nationalism in Western Europe*, Oxford and Providence: Berg Publishers, 1994.

——. *The Role of Historical Memory in (Ethno-) Nation-building*, London: Goldsmiths College, 1996.

Lobscheid, Wilhelm (ed.), *English and Chinese Dictionary, with the Punti and Mandarin Pronunciation*, Part III, Hong Kong: Daily Press Office, 1869.

Lockey, Joseph B. *Pan-Americanism: Its Beginnings*, New York, 1920.

Mann, Michael. *The Source of Social Power*, Volume I, Cambridge: Cambridge University Press, 1986; Volume II, 1993.

——. "The Emergence of Modern European Nationalism", in J. A. Hall & I. C. Jarvie (eds.), *Transition to Modernity: Essays on Power, Wealth and Belief*, Cambridge: Cambridge University Press, 1992.

——. "A Political Theory of Nationalism and its Excesses", in S. Periwal (ed.), *Notions of Nationalism*, Budapest: Central European University Press, 1995.

McCrone, David. *The Sociology of Nationalism: Tomorrow's Ancestors*, Routledge, 1998.

McCully, B. T. *English Education and the Origins of Indian Nationalism*, New York, 1940.

Mill, John Stuart. "Nationality", in S. Woolf (ed.), *Nationalism in Europe, 1815 to the Present: A Reader*, London and New York: Routledge, 1996[1861].

Morgenthau, Hans J. "The Paradoxes of Nationalism", *Yale Review*, XLVI, June 1957.

Munck, Ronaldo. *The Difficult Dialogue: Marxism and Nationalism*, London: Zed Books Ltd, 1986.

Nairn, Tom. *The Break-Up of Britain: Crisis of Neo-Nationalism*, London: NLB, 1981[1977].

——, Tom. "The Modern Janus", *New Left Review*, No. 94, 1975.

O'Leary, Brendan. "Ernest Gellner's Diagnoses of Nationalism: a Critical Overview, or What is Living and What is Dead in Ernest Gellner's Philosophy of Nationalism", in John A. Hall (ed.), *The State of The Nation: Ernest Gellner and the Theory of Nationalism*, Cambridge: Cambridge University Pr., 1998.

O'Mahony, Patric and Gerard Delanty, *Rethinking Irish History: Nationalism, Identity and Ideology*, New York: St. Martin's Press, Inc., 1998.

Özkirimli, Umut. *Theories of Nationalism: A Critical Overview*, Basingstoke: Macmillan, 2000.

Plamenatz, John. "Two Types of Nationalism", in Eugene Kamenka（ed.）, *Nationalism: The Nature and Evolution of an Idea*, London: Edward Arnold, 1976.

Ress, H. S. *The Political Thought of the German Romantics, 1793-1815*, Oxford, 1955.

Renan, Ernest. "What is a Nation", in S. Woolf（ed.）, *Nationalism in Europe, 1815 to the Present*, Routledge, 1996.

Rose, Holland. *Nationality in Modern History*, New York, 1916.

Seton-Watson, Hugh. *Nationalism, Old and New*, London, 1965.

———. *Nations and States*, London: Methuen & Co., 1977.

Shafer, Boyd C. "A Review on Mid-Twentieth Century Nationalism", *American Historical Review*, LXXI, Apr. 1966.

———. *Nationalism: Myth and Reality*, London & New York, 1968.

———. *Nationalism and Internationalism Belonging*, Florida: Robert E. Krieger Publishing Company, 1982.

Shils, E. "Primordial, Personal, Sacred and Civil Ties", *British Journal of Sociology*, 1957, 8（2）.

Silverman, M. *Deconstructing the Nation: Immigration, Racism and Citizenship in Modern France*, London: Routledge, 1992.

Smith, Anthony. *Theories of Nationalism*, London: Duckwoeth, 1983[1971].

———. *Nationalism in the Twentieth Century*, New York: New York University Press, 1979.

———. *National Identity*, Reno, Nevada: University of Nevada Press, 1991.

———. "The Problem of National Identity: Ancient, Medieval and Modern", *Ethnic and Racial Studies*, 17（3）, 1994.

———. *Nations and Nationalism in a Global Era*, Cambridge: Polity Press, 1995.

———. "Opening Statement: Nations and their Pasts", *Nations and Nationalism*, 2（3）, 1996

———. "Nationalism and the Historians", in G. Balakrishnan（ed.）, *Mapping the Nation*, London: Verso, 1996.

———. *The Ethnic Origins of Nations*, Oxford: Blackwell Publishers, 1998.

——. *Nationalism and Modernism: A Critical Survey of Recent Theories of Nations and Nationalism*, London: Routledge, 1998.

Snyder, Louis L. *German Nationalism: The Tragedy of a People*, Harrisburg, Pa., 1952.

——. *The Meaning of Nationalism*, New Brunswick: Rutgers University, 1954.

——（ed.）, *The Dynamics of Nationalism: Reading in its Meaning and Development*, Princeton, New Jersey: D. Van Nostrand Co., Inc, 1964.

——. *The New Nationalism*, Ithaca, New York: Cornell University Press, 1968.

——（ed.）. *Encyclopedia of Nationalism*, Chicago, IL: St James Press, 1990.

Snyder, Tim. "Kazimierz Kelles-Krauz（1872-1905）: A Pioneering Scholar of Modern Nationalism", *Nations and Nationalism*, 3（2）, 1997.

Spencer, Philip and Howard Wollman（eds.）. *Nationalism*, London: Sage Publications, 2002.

Staley, Eugene. *World Economy in Transition*, New York: Council on Foreign Relations, 1939.

Strauss, E. *Irish Nationalism and British Democracy*, London, 1951.

Sturzo, Don Kuigi. *Nationalism and Internationalism*, New York, 1946.

Sulzbach, Walter. "The New Nationalism", *South Atlantic Quarterly*, LI, Oct. 1952.

Sylvia, Kedourie. *Elie Kedourie CBE, FBA, 1926-92: History, Philosophy, Politics*, London and Portland OR: Frank Cass, 1998.

Symmons-Symonolewicz, K. 'Nationalist Movements: An Attempt at a Comparative Typology', *Comparative Studies in Society and History*, VII, Jan. 1965.

——. "Book Review: Nationalism and the State", Canadian Review of Studies in Nationalism, XII（2）, 1985.

——. "The Concept of Nationhood: Toward a Theoretical Clarification", *Canadian Review of Studies in Nationalism*, XII（2）, 1985.

Tamamoto, Yoshinobu. *Globalism, Regionalism and Nationalism: Asia in Search of Its Role in the Twenty-first Century*, Oxford: Blackwell Publishers, 1999.

Tamir, Yael. *Liberal Nationalism*, Princeton: Princeton University Press, 1993.

Taras, Ray. *Liberal and Illiberal Nationalisms*, Macmillan: Palgrave, 2002.

Taylor, Charles. "Nationalism and Modernity", in John Hall（ed.）, *The State of The Nation: Ernest Gellner and the Theory of Nationalism*, Cambridge: Cambridge

University Pr., 1998.

Tilley, Virginia. "The Terms of the Debate: Untangling Language about Ethnicity and Ethnic Movements", *Ethnic and Racial Studies*, 20（3）, 1997.

Todorov, Tzetan. *On Human Diversity: Nationalism, Racism and Exoticism in French Thought*, Cambridge, Mass.: Harvard University Pr., 1993.

Toynbee, Arnold. *The World and the West*, New York, 1953.

Treanor, P. "Structures of Nationalism", *Sociological Research Online*, 1997, vol. 2, no.1. http://www.socresonline.org.uk/socresonline/2/1/8.html

van den Berghe, Perrie. "Race and Ethnicity: A Socio-biological Perspective", *Ethnic and Racial Studies*, 1（4）, 1978.

——. "Does Race Matter", *Nations and Nationalism*, I（3）, 1995.

Viroli, Maurizio. *For Love of Country: An Essay on Patriotism and Nationalism*, Oxford: Clarendon Press, 1995.

Wallerstein, I. *The Modern World System*, New York: Academic Press, 1974.

Ward, Barbara. *Five Ideas that Change the World*, New York: W. W. Norton & Company, Inc., 1959.

Weber, Max. *The Theory of Social and Economic Organization*, ed. Talcott Parsons, New York, 1947.

Whitaker, Arthur P. *The Western Hemisphere Idea: Its Rise and Decline*, Ithaca, New York, 1954.

Wilford, Rick and Robert Miller, *Women, Ethnicity and Nationalism: the Politics of Transition*, Routledge, 1998.

Wirth, Max. "Types of Nationalism", *American Journal of Society*, XLI, 1936.

Woolf, Suart（ed.）, *Nationalism in Europe, 1815 to the Present*, Routledge, 1996.

Yuval-Davis, Nira. "Gender and Nation", in Rick Wilford and Robert L. Miller（eds.）, *Women, Ethnicity and Nationalism*, London: Routledge, 1998.

Yoshino, Kosaku. *Cultural Nationalism in Contemporary Japan: a Sociological Enquiry*, Routledge, 1992.

Zubaida, S. "Nations: Old and New, Comments on Anthony Smith's 'The Myth of the Modern Nation and the Myths of Nations'", *Ethnic and Racial Studies*, 12（3）, 1989.

Do觀點67　PF0304

世界民族主義觀察與研究
──疫苗民族主義的興起

作　　　者／羅志平
責任編輯／石書豪
圖文排版／蔡忠翰
封面設計／劉肇昇

出版策劃／獨立作家
發　行　人／宋政坤
法律顧問／毛國樑　律師
製作發行／秀威資訊科技股份有限公司
　　　　　地址：114 台北市內湖區瑞光路76巷65號1樓
　　　　　電話：+886-2-2796-3638　傳真：+886-2-2796-1377
　　　　　服務信箱：service@showwe.com.tw
展售門市／國家書店【松江門市】
　　　　　地址：104 台北市中山區松江路209號1樓
　　　　　電話：+886-2-2518-0207　傳真：+886-2-2518-0778
網路訂購／秀威網路書店：https://store.showwe.tw
　　　　　國家網路書店：https://www.govbooks.com.tw

出版日期／2021年7月　BOD一版　定價／450元

|獨立|作家|
Independent Author

寫自己的故事，唱自己的歌

讀者回函卡

世界民族主義觀察與研究：疫苗民族主義的興起
／ 羅志平作. -- 一版. -- 臺北市：獨立作家,
2021.07
    面； 公分. -- (Do觀點；67)
BOD版
ISBN 978-986-06839-0-5(平裝)

1.民族主義

571.11   110013094

國家圖書館出版品預行編目